数学的コミュニケーションを
展開する授業構成原理

金本良通 著

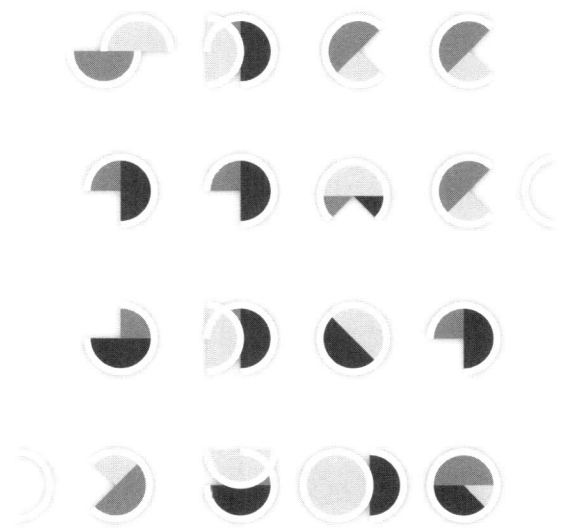

教育出版

出版に寄せて

岩崎　秀樹（広島大学大学院教育学研究科教授）

　随分と昔のことになろうが，「教授」と「学習」の間に小さな等号をつけて，例えば「教授＝学習過程」といった使い方がまかり通っていたような時代があった。因みにその等号には反射律はなく「学習＝教授」という使用は寡聞にしてみたことはない。つまり学習は教授に全面的に従属していた。ある意味で教授の時代がピークを迎えたのは数学教育現代化の頃ではなかったであろうか。コンピューターが流通する走りと重なって，そうした道具的基盤の下で，タクソノミー理論によって武装されたプログラム学習が一世を風靡し，子どもたち一人ひとりをブースに閉じ込め，学力のアップや技能の習熟さらには概念理解を図った時代は，なお記憶に新しい。新たな教育動向を先導する全国の附属学校に配置された教育機器やそれを満載した教室は，今はどこに行ったのだろうか。現代化の本来の意図は，そのため随分と損をしたように思う。

　そうした時代状況を担う「教授」は，どのような共同性／協同性の装いをとっても，結局そこに加わる子どもたち一人ひとりの知識の所蔵によって，評価されたように思う。しかし学習は本質的に，どのように孤立した状況でなされたにしろ，共同性／協同性に向かって開かれていなければ，意味をなさない。自らの認識の正誤や理解・誤解は一人では分からない，といった分かりきった理由だけでなく，知識の構成には社会的な相互作用が組み込まれていて，そのプロセスこそ本質であって，それが学習に仕組まれていなければ知識・技能の限界効用はせいぜい受験にとどまるであろう。確かに知識・技能は「わたし」の所蔵になるが，その構成に「われわれ」が関与してはじめて，わたしの知識・技能は未来の活用に開かれる。

　こうした「学習」の捉え方と「教授」概念の変更が実を結ぶとき，決して教授は学習に隷属するのではなく，むしろその専門性を飛躍的に増さなければならない，という困難に直面する。教員の質を喫緊の課題とする現代がつきつけるアポリアといってよい。まさに「教えるから学ばない」のであって，この状況は，電子空間というかつてなかった情報メディアによって未知なものがあたかも既知のようになる時代，ますます加速されているといってよいであろう。

　本書はこうした困難な教育状況に対して，「コミュニケーション」という角度から戦いを挑んでいるといってよい。今日的教育課題を展開する理論的戦闘隊形や子どもの認識を保証する守備的陣形は本書を読んでいただくしかないが，

一点だけ読書への誘導灯をともすとすれば，"reflexivity"となる。Cobb等の用いるこの語によって，学習にとって社会的相互作用が不可欠となり，コミュニケーションが本質的な役割を担うことが明らかにされる。

　算数・数学という教科の特質からいえば，今日的な教育課題に対処する上で，「コミュニケーション」というテーマ設定は，最適の視座といえよう。数学の語源をたどると，$\mu\alpha\theta\eta\mu\alpha\tau\alpha$（マテーマタ）というギリシャ語に行きつく。そしてこのギリシャ語の本来の意味が「学習」であることを知れば，論証の方法に貫かれた学問体系が，共同性／協同性に支えられた学習に起源する姿が浮かび上がってくる。しかしどのような知的活動であれそれが数学として一旦組織化されれば，一種の固定化を孕み，そのことは同時に生き生きとした知的活動を阻害する可能性を内包する。$\mu\alpha\theta\eta\mu\alpha\tau\alpha$（マテーマタ）によって絶対主義的な孤高の数学観が定着する以前の，談論風発の数学風景がよみがえる。その始まりにおいて，数学はまさに学習のメタファーであり，逆に学習は数学のメタファーと考えてよいのかもしれない。

　だから数学の新たな教授と学習の形が求められなければならない時代に直面している。ドイツの教育学者ヨハネス・キューネルの言葉を引用して，その有り様を伝えておきたい。

> 《ある知識を教えるにせよ，技能を習得させるにせよ，児童・生徒にできるだけ簡単に，できるだけ困難がなく，楽しい方法で何かを教え込む教授方法（指導方法）が重要なのではない。教え込むこと，提示すること，伝達することは，むしろ過去の授業文化の概念であって，それらは，今日ほとんど価値がない。……（中略）……児童・生徒は，知識を受け取ったり，技能を習熟させられたりする存在ではなく，自らの能力を発展させる存在である。将来の教授法を特徴づけるのは，指導と受容ではなく，児童・生徒の学習活動の組織化と児童・生徒自身の活動である。》　　　　　　　　　　　　　　（Wittmann, 2001）

　キューネルは1916年に出版した『将来の教授法』でこれを述べている。教師が本来的に子どもの活動を組織する専門職であることを，およそ100年前に明らかにしている。そこでは「指導」を「児童・生徒の学習活動の組織化」，そして「受容」を「児童・生徒自身の活動」にシフトすることが，指摘されている。金本先生はこの古くて新しい課題に対して，コミュニケーションという視座から解答を与えようとしている。教授に新たな視点を求めようとする先生方，新たに教職に就こうとする方にとって，本書は必読の書といえよう。

　　平成25年　文化の日

まえがき

　算数数学の授業実践は豊かである．そして，新たなものは，多様な要素が総合的に存在するその実践の中から生み出されてくるものである．このような状況において，数学教育学研究は，いかに現実の課題を捉え，そして，提言することができるのであろうか．

　本書は，筆者が埼玉大学着任以来続けてきた研究である数学的コミュニケーションに関する研究とカリキュラム編成原理に関する研究を基に平成23年度に広島大学に提出した博士学位論文「数学的コミュニケーションを展開する授業構成原理の研究」（広島大学，平成24年3月1日学位授与）を，出版に当たって書き直し，今日の教育動向の中で補論を付け加えたものである．これらは，数学的コミュニケーションを視点として，新たな理論の構築とともに学校現場の課題に応えていくことを試みたものである．

　本書は，算数数学の授業において数学的コミュニケーションを展開するための理論の構築を研究目的とするものであり，そのことは同時に実践的側面からは，子どもたちの数学的コミュニケーション能力の育成を図る授業構成原理について考察し，提案することとなる．そして，これらを算数数学の創造という文脈の中に位置づけようとするものである．

　第1章では，本書の展開に当たっての準備的考察と必要な概念規定として，「コミュニケーションモデルの設定とコンテクスト概念の検討」，「意味と表現との相互構成的な関係の理論的・実証的検討を基にした数学的コミュニケーションの規定」，そして，これらの検討と規定を基にし，既存の数学カリキュラムの特徴をも踏まえての「数学的コミュニケーション能力の定義とその構成要素の提起」をし，さらに，その能力概念がどのような特徴をもつものとして位置づくかを明らかにしている．

　第2章及び第3章では，これらの規定を基にして，数学的コミュニケーションを展開する授業の特徴を明確にするために，数学的コミュニケーションの内部的構造と外部的構造を分析している．

　そして，第4章において，それら数学的コミュニケーションの内部的構造と外部的構造を統合する理論の構築を進め，第5章において，それを基にした授業構成原理を提起することへと進んでいる．このような統合的なコミュニケーション構造理論の構築は，授業実践における学習展開とその学習に取り組む学

級をはぐくむことが不可分の関係であることに着目し理論化したものである。
　補論において共同性／協同性と創造性について論じているのは，このような統合的なコミュニケーション構造理論の構築と授業構成原理の提起を，算数数学の教科の本質を捉え，今日的な授業実践の方向性とともに示すためである。

　ここで，本研究において要点となるいくつかのことを記しておきたい。
　第1に，コミュニケーションモデルとして推論モデルを採用し拡張して使用している点である。それは，算数数学の授業でのコミュニケーションにおいて用いられる言葉や記号の解釈はコンテクスト概念を用いないと意味を確定することができないからであり，さらには，コンテクスト概念に着目することにより数学的コミュニケーションの内部的構造と外部的構造を接続することが可能となるからである。第1章で考察している。
　第2に，数学的コミュニケーションについて，コミュニケーションが成立している場におけるコンテクストの不可欠な部分としての「数理的な事象について考えている」ということと，「算数数学の多様な表現・表記が使える」ことでもって規定をしている点である。この2つの面への同時的着目は，後期ウィトゲンシュタイン哲学を背景に，先行研究としてのSfard,A.の研究に依拠し，相互構成性の考察を経て，また，教育心理学的研究で補完しつつ，理論的・実証的に議論を展開することとなる。もちろん，このことは，数学的コミュニケーションを規定した場合に検討しなければならない問題として，「算数数学の表現」と「算数数学の表現の使用の仕方」の検討をも浮かび上がらせることになる。第1章で考察している。
　第3に，数学的コミュニケーションの内部的構造と外部的構造を接続し，拡張的・一貫的に捉え，統合的なコミュニケーション構造理論を構築するに当たって用いている公共性と相互構成性の2点である。
　まずは，コンテクストの公共性への着目によって，言語的コンテクストから社会的コンテクストへと拡張的に捉え一貫的把握を可能にするとともに，統合的なコミュニケーション構造理論の構築を行うことができる。授業におけるコミュニケーションを捉えるためには，共有という概念を設定しつつその中に公共化という概念を設定しなければ，授業のもつコミュニケーションの本質は解明できない。子どもの考えが公共化されるということは，単に共有されるだけではなく，その授業の目標の実現として「みんなで決めたこと」としてその考えを理解し，また，その考えを基にして学習を進めていくことである。「みんなで創っていく」ことを本質として捉えているといってもよい。第2章で考察している。

他方，社会的コンテクストを体現しているものとしての学級の文化及び学級というコミュニティに着目する。数学的コミュニケーションの外部的構造としてのコミュニティである。そして，このコミュニティと意味との相互構成的な関係性を根拠に，意味構成の活動とコミュニティ構成の活動を一体的に捉えることができ，統合的なコミュニケーション構造理論を構築することが可能となる。第3章及び第4章で考察している。

　これらの要点を理論的・実証的につないでいくことによって，統合的なコミュニケーション構造理論が構築され，それに依拠した授業構成原理が示されることとなる。そして，その中において，理論構築において基本としてきた「算数数学の表現の使用」と「公共化」を軸に据え，授業における子どもたちへの働きかけとコミュニティへの働きかけとを一体的なものとして捉え構造化した授業構成原理が示されることになる。第5章で考察している。

　ここまでが博士学位論文の内容の範囲であるが，これらの知見を今日の算数数学のさらなる授業実践へと生かしていくために，補論において今日的な課題となっている共同性／協同性と創造性について論じ，さらなる提言へと発展させている。

　本書が，数学教育学研究における言語とコミュニケーションに関する学術的研究にたずさわっておられる人たち，また，算数数学の授業実践において子どもたちの学び合いを大切にし，算数数学の創造を目標にした授業展開を目指しておられる人たち，特に個における創造活動とともに協同的な創造活動を大切にしようとされている人たちにとって一助となることができれば幸いである。

　　平成 25 年 10 月　　　　　　　　　　　　　　　　　　金本　良通

目　　次

出版に寄せて　広島大学大学院教育学研究科教授　岩崎秀樹　　iii
まえがき　v

序章　授業における数学的コミュニケーションを研究するに当たって ── 1

1　研究の意図──算数数学の学習指導上の焦点及び理論的背景の概観 ── 1
2　研究目的と課題──数学的コミュニケーションの特質を明らかにし新たな授業構成理論を構築するために ── 6
3　研究方法と本書の構成 ── 8
　(1)　本書の構成──理論的検討と実践的実証的検討を織り合わせて ── 8
　(2)　実践的実証的検討に当たって ── 12

第1章　数学的コミュニケーション及び数学的コミュニケーション能力の規定 ── 15

1　コミュニケーションモデルの検討と本研究で用いるモデル ── 16
　(1)　コミュニケーションモデルとしての推論モデル ── 16
　　①　コードモデルとその限界性　16
　　②　推論モデルと言語的コンテクストの定義　19
　(2)　推論モデルの拡張とそれによるコミュニケーションの解釈 ── 21
　　①　推論モデルの拡張　21
　　②　拡張された推論モデルによるコミュニケーションの解釈　22
　(3)　コンテクスト概念についての数学教育学研究上の特徴 ── 23
　　①　教材の検討としてのコンテクストへの着目　24
　　②　授業展開の分析としてのコンテクストへの着目　24

- (4) 表現に対する意味の種類とコンテクスト ……………………………… 26
  - ① 意味及びコンテクストの階層性　26
  - ② 意味の分類　27
  - ③ 発話上に明示されたコンテクスト　29
2 数学的コミュニケーションの規定とその根拠及び背景 ───────── 30
- (1) 意味と表現との相互構成的な関係 ……………………………………… 30
  - ① 授業事例の分析　31
  - ② 意味と表現との相互構成的な関係についての検討と知見　36
  - ③ 数学的コミュニケーションの定義への示唆　39
- (2) 数学的コミュニケーションの定義 ……………………………………… 39
- (3) 算数数学の表現の範囲 …………………………………………………… 40
- (4) 算数数学の表現の使用の仕方の範囲 …………………………………… 41
- (5) 「数学的」ということについての補完的考察 ………………………… 43
  - ① ウィトゲンシュタインのテーゼ　44
  - ② サピア＝ウォーフ仮説　45
  - ③ 言語獲得の発達に関する心理学的研究の知見　46
3 数学的コミュニケーション能力の規定 ───────────────── 52
- (1) 数学的コミュニケーション能力の定義及びその構成要素 …………… 52
- (2) 数学的コミュニケーション能力の構成要素の具体化 ………………… 54
- (3) 数学的コミュニケーション能力の構成要素の規定の背景 …………… 55
  - ① アメリカのNCTMのカリキュラムの場合　56
  - ② フィンランドの国家カリキュラムの場合　59
- (4) コンピテンス概念に基づく数学的コミュニケーション能力の発達 …… 64
4 第1章のまとめ ──────────────────────────── 71

第2章　数学的コミュニケーションの内部的構造の検討 ─── 73

1 言語的コンテクストの自己組織の明確化 ───────────────── 74
2 言語的コンテクストの転換による意味の構成 ───────────────── 79
3 言語的コンテクストの自己組織の広がり ───────────────── 84
- (1) 既習の表現の使用の仕方の発展による新たな表現と意味の構成 ……… 85
  - ① 数学教育学研究におけるメタファーやアナロジーの研究　85

② アナロジーによる言語的コンテクストの自己組織　88
　(2) 複数の表現の関連づけによる新たな意味の構成 …………………… 91
　4　数学的な意味の構成における公共的な言語的コンテクストの役割 ――― 94
　(1) 公共的な言語的コンテクスト ……………………………………… 95
　(2) 数学的な意味の構成におけるコミュニケーション機能の分析 ……… 98
　5　第2章のまとめ ――――――――――――――――――――― 104

第3章　数学的コミュニケーションの外部的構造の検討 ――― 105

　1　規範という社会的コンテクストの役割 ――――――――――― 106
　(1) 規範の規定 …………………………………………………………… 106
　(2) 活動の在り方を規定する規範 ……………………………………… 106
　(3) 規範という社会的コンテクストの構成 …………………………… 109
　　① 規範の再帰的構成　110
　　② 自己や教師の役割に関する規範　112
　　③ 数学的活動の本性に関する規範　113
　(4) 情意形成の特徴及び情緒的行動の自覚における規範の役割 ……… 115
　2　外部的構造としてのコミュニティ ――――――――――――― 116
　(1) 数学的コミュニケーションにとってのコミュニティの役割 ……… 116
　(2) 多層的なコンテクスト構造 ………………………………………… 120
　(3) 多層的なコンテクストの構成行為 ………………………………… 122
　(4) 外部的構造にひらかれた学級というコミュニティ ……………… 125
　3　第3章のまとめ ――――――――――――――――――――― 126

第4章　数学的コミュニケーションの内部的構造と外部的構造の統合 ――― 129

　1　外部的構造に向かう公共的な言語的コンテクストの拡張 ――――― 130
　2　コミュニティとの相互構成性に基づく数学的な意味の構成 ――――― 131
　(1) 相互構成性 …………………………………………………………… 132
　(2) 数学的な意味とコミュニティとの相互構成的関係 ……………… 137

(3)　相互構成性に基づく統合的なコミュニケーション構造理論の提起 ……… 143
3　第4章のまとめ ────────────────────────── 145

第5章　数学的コミュニケーションの展開と数学的コミュニケーション能力育成のための授業構成の在り方 ─────── 147

1　数学的コミュニケーションの分析から
　　数学的コミュニケーション能力の育成へ ───────────── 148
2　数学的コミュニケーションの内部的構造及び外部的構造から見える
　　授業の実際 ───────────────────────────── 151
　(1)　言語的コンテクストの自己組織化と授業 ……………………………… 151
　　①　言語的コンテクストの自己組織化　151
　　②　言語的コンテクストの転換　152
　　③　言語的コンテクストの発展　153
　　④　言語的コンテクストの関連　154
　　⑤　言語的コンテクストの公共化　155
　(2)　社会的コンテクストの内面化と授業 …………………………………… 156
　　①　社会的コンテクストの内面化と役割　157
　　②　多層的なコンテクストへの着目とコミュニティの構成　158
3　統合的なコミュニケーション構造理論に基づく授業構成の諸課題 ─── 160
　(1)　統合理論に基づく授業構成の原則 ……………………………………… 160
　(2)　授業展開の諸場面での強調点 …………………………………………… 162
4　相互構成性に基づく授業構成原理 ─────────────── 165
　(1)　授業構成原理の骨格 ……………………………………………………… 165
　(2)　算数数学の表現を媒介にした活動の充実──言語ゲーム論の展望 ……… 167
　　①　数学的な意味の構成としての「言語の使用」　168
　　②　「言語の使用」の発展性・多様性　170
　(3)　算数数学の授業実践に向けて──算数数学の表現を用い，話し合い活動を通じて共有・公共化し，協同的に創っていく授業の展開とそれを支えるコミュニティの相互的構成 ……………………………………………………… 172
5　第5章のまとめ ────────────────────────── 176

終章 本研究の総括と今後の課題 ── 179

1　研究の結論と成果 ── 179
　(1)　課題1「数学的コミュニケーションの内部的構造」について …… 180
　(2)　課題2「数学的コミュニケーションの外部的構造」について …… 181
　(3)　課題3「内部的構造と外部的構造の統合」について ── 181
　(4)　課題4「授業構成の在り方」について ── 182
　(5)　研究の成果 ── 183
2　研究の意義 ── 184
3　今後の課題 ── 185

補論　算数数学の論理的・創造的な構築を基軸に据えた
　　　　数学的コミュニケーションの展開 ── 189

1　共同性／協同性と創造性 ── 190
2　創造性の教育課程への位置づけ ── 193
3　「算数数学の創造」への取り組みに向けて ── 198

引用参考文献　　201
あとがき　　213

授業における数学的コミュニケーションを研究するに当たって

1 研究の意図——算数数学の学習指導上の焦点及び理論的背景の概観

　数学教育学は，理論と実践の二つの相補的側面をもつ設計科学といえる(Wittmann, 1995；ヴィットマンほか，2004)。本研究のテーマは，数学的コミュニケーションを展開するための理論の構築にあるが，このことは同時に実践的側面からすれば，子どもたちの数学的コミュニケーション能力の育成を図る授業構成原理を検討・考察することになる。

　これまで，算数数学の学習指導には，意識するしないにかかわらずプラトン的あるいは絶対主義的な数学観が底流していたように思われる (cf. 湊・浜田, 1994)。この視座に立てば極端な場合，数学の記号的性格とその内部的自律性を支える論理から，ある独自の普遍性が強調されるばかりで，それは「一人で勉強する教科」の典型となっていた。したがってこのことは，コミュニケーションを前提とする子どもたちの主体的な学習を保証できない (湊・浜田, 1994) ことを指す。

　いわゆる数学教育現代化の失敗以降，算数数学教育の潮流は大きく問題解決に切り替えられ，「問題を解決するのは子ども」であることが主張され，教室の風景に子どもたちの話し合いや「練り上げ」活動が強調されるようになったが，それが形式や表面的な学習指導に留まっていたのは，底流する数学観の論理的帰結として，コミュニケーション活動の本質が看過されていたからにほかならない。しかし今日のように算数・数学科の目標及び指導内容の中にすら，コミュニケーションを含め表現力の充実が叫ばれるようになれば，別の数学観

及び視座が求められることは言を俟つまでもない。本研究は，数学教育学研究における言語とコミュニケーションに関する近年の研究（Cobb & Yackel, 1998；Sfard, 2000；他）に依拠し，それらを発展させ活用することにより，新たなる視座に立とうとするものである。

　数学的コミュニケーションの重要性について今日的な意義に関連させて，また，近年の数学教育学研究についてさらに概観するとともに，本研究の意図を明確にする。
　第1に，今日においては，教育課程上の改善として，とりわけ表現力の育成が目標及び指導内容に明示的に位置づけられるなどの改善がなされている。小学校及び中学校の平成20年版学習指導要領算数科及び数学科は大きな改訂となっており（cf. 金本, 2008d；金本, 2008e；金本・赤井・滝井, 2008），本研究との関連では，目標及び指導内容の中に表現力に関わる記述が充実されたこと，とりわけ算数的活動及び数学的活動に関して表現する活動が充実されていることが注目される（文部科学省, 2008a；文部科学省, 2008b）。また，教育課程改訂の議論の過程においても，「数学的な表現を用いて」・「解釈する」・「表現する」・「説明する」・「伝え合う」・「コミュニケーション」等の記述を見ることができ，どのような表現力を期待しているかを読み取ることができる（村松・金本・梶浦, 2006；金本, 2008b）。本研究は，このような背景の中で，また，アメリカ，イギリス，フィンランド等に見ることのできる数学カリキュラム（金本, 1995；金本, 1998；金本, 2008a）をも背景にしながら，数学的コミュニケーションを展開するための授業構成原理を明らかにし，数学的コミュニケーション能力の育成のための視点を提案しようとするものである。
　第2に，数学的コミュニケーションの授業における位置づけは数学教育の理論を支える思想的基盤によって異なるが，ここでは注目すべき先行研究について触れておきたい。
　次に掲げる研究は，算数数学学習が進められるに当たっての表現とコミュニケーションの役割を，使用される記号ばかりでなく，学級のもつ「文化」をも含めて考察しているものである。

　　Cobb,P., Yackel,E., & McClain,K. (Eds.) (2000).
　　　　Symbolizing and Communicating in Mathematics Classrooms : Perspectives on Discourse, Tools, and Instructional Design.
　　　　　　　　　　　　　　　　　　　　　　　　Lawrence Erlbaum Associates.
　　Seeger,F., Voigt,J., & Waschescio,U.(Eds.) (1998).

The Culture of the Mathematics Classroom. Cambridge University Press.
Kirshner, D. & Whitson, J.A.(Eds.)(1997). Situated Cognition：Social, Semiotic, and Psychological Perspectives. Lawrence Erlbaum Associates.
Forman,E.A., Minick,N., & Stone.C.A.(Eds.)(1993). Contexts for Learning：Sociocultural Dynamics in Children's Development. Oxford University Press.

　これらの研究は，教室（学級）の状況，思考の道具・説明の道具としての表現，コミュニケーション等に関わった研究であり，数学的コミュニケーションを展開する授業構成の在り方及び数学的コミュニケーション能力の育成のための視点を検討するに当たり，基盤となる研究である。また，心理学的研究分野における状況的学習論は重要な示唆を与えるものであり，その立場にいる上野（1999）の次の研究をも基盤とするものである。また，それは，上記の研究の一部が状況的学習論の立場に立つものでもあるからである。
　　上野直樹（1999）.『仕事の中での学習─状況論的アプローチ─』東京大学出版会.
　上野（1999）は，1980年代半ば以降の認知発達研究を検討する中で，「さまざまな実践の中での道具，知識，コンテキスト，社会組織といったものの相互的な構成のあり方」（上野, 1999, p.ii）が焦点になっていることを明らかにしている。そこでは，「学習とは，個人の中に何かができあがること，個人が何かを習得するといったことではなく，むしろ以上にあげたようなさまざまなものの相互的な構成の中に見られるもの」（上野, 1999, p.ii）として捉えようとしている。このようなことから，教室（学級）の状況，道具としての表現，そして，それらとの関わりでコミュニケーションを捉えようとするに当たって，基盤的研究として位置づけることができる。

　本研究は，特に学級というコミュニティにおける学習者の数学的コミュニケーションに焦点を当てる。数学的コミュニケーション能力は個人に属する能力ではあるが，その能力を発揮しての数学的コミュニケーションという活動は，学級というコミュニティの特性に依存することになる。このことから，逆に，教育の場において数学的コミュニケーションという活動を通じて数学的コミュニケーション能力の育成を図ろうとするとき，それはどのようなコミュニティを構築していくかということと切り離すことができない。
　これらのことから，第1に，コミュニケーションの規定，とりわけ数学的コミュニケーションの規定の仕方を検討する必要が生じるとともに，第2に，そ

れが存在するコミュニティの特性を明らかにする必要が生じる。前者については,

> Sfard,A.（2000）. Symbolizing Mathematical Reality into Being―Or How Mathematical Discourse and Mathematical Objects Create Each Other. In P.Cobb, E.Yackel, & K.McClain（Eds.）, Symbolizing and Communicating in Mathematics Classrooms （pp.37-98）. Lawrence Erlbaum Associates.

を先行研究として重視することとする。また，後者については,

> Cobb,P. & Yackel,E.（1998）. A Constructivist Perspective on the Culture of the Mathematics　Classroom. In F.Seeger, J.Voigt, & U.Waschescio（Eds.）, The Culture of the Mathematics Classroom（pp.159-190）. Cambridge University Press.

を先行研究として重視することとする。そして，これらの研究の上に，本研究を位置づけるとともに,心理学また言語哲学上の知見を援用して,数学的コミュニケーションに関する新たなる理論構築を試みる。

　Sfard（2000）の研究は，コミュニケーションにおいて表現と意味の関係がどのようなものとなっているかについて,「後期Wittgenstein」哲学を援用し,意味は表現の使用の仕方として規定されるとしている。すなわち，授業では,すでに構成されている様々な意味との何らかの関連や発展として，新しい表現の使用あるいは既存の表現の新しい使用の仕方とともに，新しい意味が構成されると考えている。いわば，分離することのできない相互構成的なものとしての意味と表現について検討をしている。

　これは表現を重視した立場であり，本研究において数学的コミュニケーションの概念を規定するに当たって，このようなSfard（2000）の捉え方を根拠とし,コミュニケーション理論とともに用いる。それは,学校教育の場におけるコミュニケーションは自然発生的なコミュニケーションとは異なり，表現の使用そのものに教育的意図が含まれているからであり，また,「後期Wittgenstein」の言語哲学的知見を基盤として据えているからでもある。

　Cobb & Yackel（1998）の研究は，数学の学習活動が行われている教室の「文化」に関するものである。本研究では，それを「学級の文化」と呼ぶことにするが，Cobb & Yackel（1998）によると,「学級の文化」は次のような３つの要素で構成されている。

　第１は，社会的規範（social norms）という「社会的コンテクスト」であり，これらは算数数学という教科に特定されないものとしてある。第２は，社会数

学的規範（sociomathematical norms）という「社会的コンテクスト」であり，これらは算数数学という教科の特質に応じた活動に関わる規範である。第3は，数学的実践（mathematical practices）である。この数学的実践は，ある数学的な問題解決活動の際に構成される，「推論する」・「議論する」・「記号化する」ことについての共有された方法，いわば，そのコミュニティにおいて共有された方法に着目したものである（Wood, 1999）。これらが共有されたものとして存在することによって，「学級の文化」としての構成要素となる。

さらに，この「学級の文化」について，Cobb & Yackel（1998）は，それぞれを社会的側面と心理的側面とから捉えている。第1は，社会的側面から見た学級の社会的規範であり，心理的側面から見た，学習者自身の役割や他者の役割や数学的活動（mathematical activity）の特徴についての信念（beliefs）である。第2は，社会的側面から見た社会数学的規範であり，心理的側面から見た数学的な信念及び価値意識である。そして，第3は，社会的側面から見た学級の数学的実践であり，心理的側面から見た数学的活動である。これらはそれぞれ同じものの2つの側面であり，それらは相互に構成し合っているという相互構成性（reflexivity）という概念でもって捉えられている。

この"reflexivity"はもともとエスノメソドロジーの概念として，通常は「相互反映性」と訳されている（cf. クロン, 1996）。しかしながら，本研究では，上野（1999）等を先行研究として位置づけていることから，そこでの用語に倣うこととした。例えば，次のように述べられている。

> 「状況論的アプローチのコンテキストに関する第二の強調点は，語ることや行為とコンテキストの関係が，いわば，相互的に構成されるということである。すなわち，そのときどきで語られたことや行われたことは，あるコンテキストの中で意味を持つ（文脈依存的, indexical）が，同時に，ある時点で語られたことや行われたことは，別の時点で語られたことや行われたことのコンテキストを構成している。つまり，ある道筋の中での行為や発話は，それぞれが，相互構成的（reflexive）に，それぞれのコンテキストを構成し，また，コンテキストに埋め込まれて，その意味を特定することを可能にしている」（上野, 1999, pp.71-72）

このように「相互構成的」・「相互に構成される」等の用語を用いて論述されていることに依拠して，本研究でもこれらの用語を用いる（金本, 2000b）。また，このように見ると，例えば Cobb & Yackel（1998）が述べる次のような特徴が，本研究で注目する事項の一つになる。

> Further, it would be stressed that the teacher's and students' activities and the classroom mathematical practices are reflexively related in that one does not

exist without the other.（Cobb & Yackel, 1998, p.181）

個人の数学的活動と学級の数学的実践の相互構成性を指摘している。

このような「文化」をもったものとして，算数数学の授業が行われる学級というコミュニティが存在することとなる。したがって，本研究では，これらの研究の延長上に，コミュニティを，社会的規範や社会数学的規範，また，現に取り組んでいる問題に対する数学的実践，及び，そのコンテクストを共有し，そこに何らかの「参加構造（participation structure）」（大谷，1997；茂呂，1997）をもった教師と子どもたちによる集団のことであると規定する（金本，2001）。このことからは，現に取り組んでいる問題が異なることによりコミュニティは異なると考えることができるとともに，コミュニティの構成要素で変化しない部分があることによって，その部分に着目した場合に同一のコミュニティと考えることができる。このような規定は，上野（1999）の「コミュニティとは，特定の実体を持ったグループとか，社会組織としてではなく，ある種の行為とか実践と見なされるべきものである。つまり，コミュニティは，コンテキストの組織化の一形態なのである」（p.128）という規定の一部に依存をすることにもなる。

しかしながら，これらの先行研究では相互構成的であることを指摘はしても，学習者に焦点を当てて捉えたコミュニケーションにおけるコンテクスト（本研究では「言語的コンテクスト」と称する）と，Cobb & Yackel（1998）の研究が示すような，学級の文化としてそこに存在する社会的コンテクストとを一貫的に捉え授業におけるコミュニケーションについて論述するところまでには至っていない。本研究は，そこに焦点を当てようとするものである。

2 研究目的と課題――数学的コミュニケーションの特質を明らかにし新たな授業構成理論を構築するために

本研究の目的は，数学的コミュニケーションを展開する授業構成原理を明らかにすることにある。

その数学的コミュニケーションの構造を検討するために，コミュニケーションにおける表現の使用と意味構成に着目するが，意味構成にとって社会的コンテクストの重要性は，表現及びその使用の内部的構造に比べて十分に検討され

ていたとは言い難い。この点にメスを入れて，個人と学習集団の双方向的な意味構成活動として数学的コミュニケーションを考える。この考察の下で，算数数学の授業における数学的コミュニケーション能力の育成が図られるような授業構成の原理が，構想される。

その目的の達成のために，次の4つの研究課題を設定する。また，これら4つの研究課題を追究するための準備的考察と必要な概念規定として，「コミュニケーションモデルの設定とコンテクスト概念の検討」，「意味と表現との相互構成的な関係の理論的・実践的実証的検討と，そのことを基にした数学的コミュニケーションの規定」，そしてこれらの検討と規定を基盤とし，また，既存の数学カリキュラムの特徴をも踏まえての「数学的コミュニケーション能力の定義とその構成要素の提起」を行う。そして，これらの規定を基にして，数学的コミュニケーションを展開する授業をつくるために，その内部的構造と外部的構造を分析し，そこから授業構成原理を構築することになる。

第1の課題は，算数数学の授業における数学的コミュニケーションの内部的構造，すなわち，表現の使用と意味構成における言語的コンテクストの自己組織の特徴を明らかにすることである。

ここで，「言語的コンテクスト」とは，言語（あるいは発話）の意味理解において組織されるコンテクストのことである。そして，このような言語的コンテクストの組織化の様子，例えば三角形と台形の面積公式についての意味構成などに関わっての言語的コンテクストの組織化の様子を明らかにすることを，数学的コミュニケーションの内部的構造の検討とする。

第2の課題は，算数数学の授業における数学的コミュニケーションの外部的構造，すなわち，表現の使用と意味構成に伴うメタレベルのコンテクストである社会的コンテクスト，特に学級の規範の役割及び外部的構造にひらかれた学級というコミュニティの役割を明らかにすることである。

数学的コミュニケーションの外部的構造とは，言語的コンテクストのメタレベルに位置する社会的コンテクストである社会的規範や社会数学的規範（Cobb & Yackel, 1998），また，それらを保持しているコミュニティに関する構造である。このような規範に関するコミュニケーションやコミュニティにおけるコミュニケーションに注目し，これらがどのような構造を持っているかについて分析する。そのことが，数学的コミュニケーションの外部的構造として明らかにしたいことである。

第3の課題は，数学的コミュニケーションの内部的構造と外部的構造との統合のための枠組みを提起することである。

そのことは，表現の使用及び意味構成，そして，そのメタレベルに位置づくものとを一体的に捉えることとなる。そのために，意味構成とコミュニティ構成が相互的になされていることに焦点を当てることとする。
　第4の課題は，数学的コミュニケーションの内部的構造及び外部的構造の特徴を基にして，また，それらを統合するための新たな理論を基にして，数学的コミュニケーション能力の育成が図られるような授業をどのように構成していけばよいかを考えるための視点，すなわち授業構成の視点を得ること，そして，これらから得られる授業構成の在り方を提言することである。

3　研究方法と本書の構成

(1) 本書の構成——理論的検討と実践的実証的検討を織り合わせて

　本研究では，前述の研究課題に対して，理論的検討と実践的実証的検討を行うことにより理論構築を進め，そこから授業構成の視点を得，さらに授業構成の在り方を提言する。
　論文としての構成は次の通りである。
　第1章では，コミュニケーションモデルの検討を経て，数学的コミュニケーション及び数学的コミュニケーション能力の規定について論じる。
　コミュニケーションを捉えるモデルとしてはコードモデルと推論モデルとがあるが，本研究では，コードモデルの限界性を指摘した上で推論モデルを拡張して用いる（cf. 金本，2004）。さらに，コンテクスト概念についての数学教育学研究上の位置を明らかにした上で，表現に対する意味の種類とコンテクストについて検討する。そして，これらの基本的な概念の整理と検討を基に，数学的な意味と表現との相互構成的な関係の理論的・実践的実証的検討，また，言葉と意味とに関する哲学的・心理学的な知見を踏まえて（Bauersfeld, 1995；黒崎, 1997；黒田, 2000；今井・鉢生, 2007；今井・佐治, 2010），数学的コミュニケーションの規定を行い，さらに，数学的コミュニケーション能力の定義とその構成要素を示す（cf. 金本，1998；金本，2007a）。
　第2章では，コミュニケーションモデルを援用し，算数数学の授業における数学的コミュニケーションの内部的構造，すなわち，表現の使用と意味構成に

おける言語的コンテクスト（金本，1998；岸本，1995；Boaler，1993；Hechman & Weissglass，1994；Sierpinska，1995；Wood，1999）の自己組織の特徴を明らかにすることに取り組む。本研究では，コミュニケーションモデルとしての推論モデル（Sperber & Wilson, 1986；Blakemore, 1992；今井，1995）を発展的に援用し，そのモデルの特徴であるコンテクスト（本研究では「言語的コンテクスト」と称する）に着目し，その自己組織の特徴について授業を基に明らかにする。さらに，学級における授業という特性を踏まえた言語的コンテクストの組織化を捉えるに当たって公共的な言語的コンテクストの概念（cf.金本，2001）を導入し，その特徴を明らかにする。このような言語的コンテクストの組織化の様子を明らかにすることを，数学的コミュニケーションの内部的構造の検討とする。

第3章では，算数数学の授業における数学的コミュニケーションの外部的構造，すなわち，表現の使用と意味構成に伴うメタレベルのコンテクストである社会的コンテクスト，とりわけ学級の規範の役割を明らかにすることに取り組む。本研究における数学的コミュニケーションの外部的構造とは，言語的コンテクストのメタレベルに位置する社会的コンテクストである社会的規範や社会数学的規範（Cobb & Yackel, 1998）等に関する構造である。そして，このような規範に関するコミュニケーションに着目し，これらがどのような役割をもち，また，どのような構造をもっているかについて，情意研究（Cobb, Yackel & Wood, 1989；McLeod, 1988；McLeod, 1992）や「学級の文化」についての先行研究（Cobb & Yackel, 1998）等の検討とともに授業事例について分析することを通して明らかにする。特に本研究においては，それらを基に「多層的なコンテクスト」（金本，2000a）の構造を明らかにし，その概念とともに学級という「コミュニティ」（金本，2001）を規定する。数学教育学研究上でのコミュニティの研究（ランパート，1995；他）は，学問としての数学を理解していくことを規範的に捉えた研究に特徴づけることができるが，本研究では，状況的学習論（上野，1999）や文化心理学（田島，2000）での研究を援用して，コミュニティ概念の規定を行う。その結果，数学的コミュニケーションの外部的構造が明らかにされる。

第4章では，数学的コミュニケーションの内部的構造と外部的構造についての統合的なコミュニケーション構造理論を提起することに取り組む。

そのために，まず，公共的な言語的コンテクストと社会的コンテクストとの関連を明確にし，公共的な言語的コンテクストを拡張して外部的構造へと接続する。次に，これらを結節面として内部的構造と外部的構造の統合的把握のための数学的コミュニケーションの新たな理論を構築する。そのために，数学的な意味の構成とそのことが進められる学級というコミュニティの構成との相互構成的な関係を明らかにする（金本，2001）。

先の第2章では，数学的コミュニケーションの内部的構造を明らかにすることとして，授業における言語的コンテクストに着目している。特に授業の特性を踏まえた言語的コンテクストの組織化として，「公共的な言語的コンテクスト」を提起し，公共的な言語的コンテクストとの関わりにおいて授業でのコミュニケーションの特徴を明らかにしている。その際，公共的なコンテクストの根幹となる「授業の目標」は「数学的な意味の構成」である。このような「公共的な言語的コンテクスト」の概念を第4章において拡張する。すなわち，第1章において，発話の理解に関わって「コンテクスト」を定義している。「発話の理解にあたって，発話の内容と共に推論の前提として用いられ，結論を導く役割をする想定」（今井，1995，p.21）（本研究ではこれを「言語的コンテクスト」と呼ぶ）であるが，第2章において，授業の目標との関わりで公共化された考えの中でそれが推論や意味の構成に当たって前提とされる場合，それを「公共的な言語的コンテクスト」と呼ぶこととしている。そのような公共的な言語的コンテクストは，授業の目標としての「数学的な意味の構成」に関わっている。第3章では，「数学的な意味の構成活動の在り方」に関わって設定される社会的コンテクストについて整理し，学級の規範をそのような社会的コンテクストとして位置づけている。そして，第4章では，何らかの活動（発話も含む）Pに対して活動Qを導き出すことになる「想定」を，「活動の在り方」にまで拡張して捉える。そして，その役割を果たすものとして「社会的コンテクスト」を捉えることにより，「公共的なコンテクスト」について，言語的コンテクストにおけるものから社会的コンテクストにおけるものまで統合的に捉えることが可能となる。このことは，「数学的な意味の構成」が数学的活動を通して行われることと，そのような数学的活動が学級の中で数学的実践として存在していることからの必然となると考えている。

　第5章では，改めて数学的コミュニケーションの内部的構造の特徴及び外部的構造の特徴から数学的コミュニケーションの展開と数学的コミュニケーション能力の育成のための規範的な示唆を得るとともに，統合的なコミュニケーション構造理論を基にした示唆を引き出し，授業構成の在り方を提言することとする。それは，言語的コンテクストの自己組織の特徴，社会的コンテクストの構成の特徴，それらのコンテクストの公共性の意識化とコミュニティ構成からみたコミュニケーションの特徴の3点から明らかにされる。とりわけ最後の点は，数学的な意味とコミュニティとの相互構成性に着目した視点となる。なお，内部的構造及び外部的構造の特徴を基にした示唆及び統合理論の提起による示唆は，数学的コミュニケーションを展開し，子どもたちの数学的コミュニケーション能力の育成を図る授業構成の在り方について，とりわけいくつかの

構成要素についての，さらには，それらを超えたところのものであるコミュニティ構成に関する具体的・原則的なものとして引き出される。本研究における理論的構築は具体的な授業事例に関わってなされていることから，そこから得られる示唆はその具体性に依存をしており，他方で理論的背景と新たな理論の構築によって，その示唆の記述を原則的な形で書き示すことが許容されると考えている。

　これらの全体的な流れは次の図のようになる。

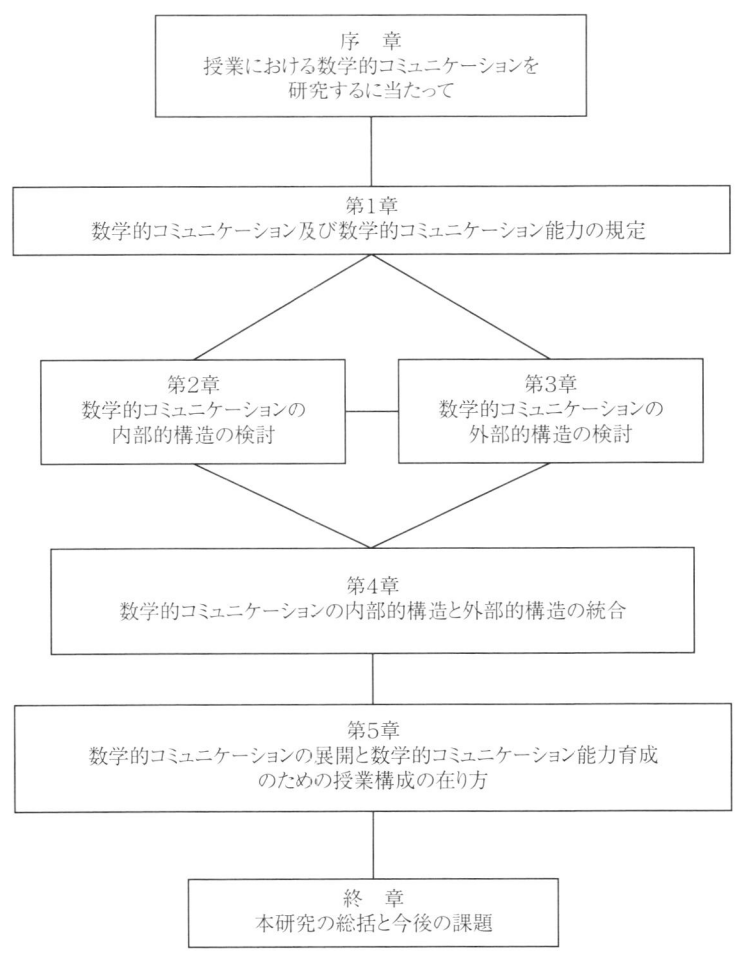

(2) 実践的実証的検討に当たって

　実践的実証的検討に当たってのデータの収集とその分析に関して，データの収集は，埼玉大学教育学部附属小学校ならびに埼玉県公立小学校にて行った。授業をＶＴＲないし録音テープに収録した。また，適宜，子どもたちのノート記述をデータとして収集した。データ収集した附属小学校での授業は学級担任による授業である。ただし，教科によっては学級担任でない教師が授業を行うこともあり，また，教育実習生による授業も含めて，子どもたちは学級担任以外の教師による授業に慣れている。公立小学校での授業は，学級担任以外の教師による授業であり，データを収集した授業の単元の時だけ授業を担当した。子どもたちは，その教師による授業は初めてであった。

　授業の分析は，収集した授業のデータより，エピソードとしていくつかのまとまりを作り，教師と子どもたちの発話の解釈という形の分析を行った。なお，記述に当たっては，特定の子どもが発話しているときはその子どもの名前の一部をアルファベットで書き，そうでないときはＣという文字で示した。教師はＴの文字で示した。また，子どもたちのノート記述の分析を行ったところもある。本研究では量的研究法ではなく質的研究法を採用しているので，データの分析は理論の構築とともに，その過程においてなされることとなる。したがって，理論の構築はこれらのデータに依存をしていることとなるが，関連する研究との理論的適合性を追究することによって，データを超えた解釈を可能にし(cf. 伊藤, 1995)，いくらかの一般化を行うことができる。もちろん，限られたデータでの解釈であるので，一般化の程度についての議論は残るであろうが，伊藤(1995)と同様に，「質的研究では，多少の一般化を犠牲にしても，ある特定の事象を深く掘り下げていき，事柄を明確にしていくことに価値がある」(伊藤, 1995, p.8)と考えている。質的研究法による実証性の特徴であるということができる。そして，このような解釈と理論構築の延長に，授業構成の視点を示唆として引き出すことが位置づく。

　学級担任以外の教師による授業からデータを収集したことについて，そのような方法を採用した意図を明らかにしておく。このようなデータから解釈しようとしているのは，数学的な意味の構成及びコンテクストの共有と公共化の様子であり，さらには，コミュニティ構成の様子である。心理学的知見によれば，例えば，社会的コンテクストである規範が可視化されるのは，規範が変化するとき，規範が再構成されるときである。いわば，コミュニティ内の活動が通常

でなくなるときに，そこに存在する規範が見えてくるということである。このことは，例えば文化心理学研究において，青山・茂呂（2000）が「いわゆる『文化』の境界線は，テクノロジーや制度，実践の相互行為の中で再生産されることによってしか現われえないものである」(p.100)と述べ，また，山住・保坂（2000）が「文化や活動システムの境界は所与のものではなく，他の活動システムと接触したときに立ち現われる」(p.107)と述べていることに相当する。いいかえれば，学級の中で何らかの異なる「活動システム」と接触し，そのことによって現存の「活動システム」との間でそれらが再構成・「再生産」されていくときに，それらの「境界」が明らかになるということである。したがって，そのようなときに，その学級の文化を構成する規範が「境界線」として可視化されてくるということになる。このことから，規範などのようなコミュニティに関わる「文化」を探るには，教師の思いと子どもたちの思いや行動とに齟齬があったり子どもたちどうしの思いや行動に齟齬があったりするような状況において，それらは可視化されてくるものであり，したがって，観察が可能となるということがいえる。このような認識でもって，異なる「活動システム」と接触する状況として学級担任以外の教師による授業を組織し，そこからデータを収集し分析を行った。

第1章

数学的コミュニケーション及び数学的コミュニケーション能力の規定

　本章では，まず，授業におけるコミュニケーションをどのようなモデルで捉えるかを明らかにする。そして，「数学的コミュニケーション」の定義を行う。そのために，まず，意味と表現との相互構成的な関係性を明らかにすることによって，表現の本質的な役割を明らかにする。そして，そのことを根拠にして「数学的コミュニケーション」の定義を行う。さらに，この定義を基にして「数学的コミュニケーション能力」の定義を行う。

　本書で使用する基本的な概念について示しておく。これらは改めて本章において定義がなされる。

　コミュニケーションとは，自己と他者との間（授業においては教師と子どもたち，あるいは子どもたちどうし）で表現を用いて行われるものであり，それぞれの考えや問いの共有，また，新しい考えや問いの構成を目指すものである。特に授業におけるコミュニケーションは，共有するだけではなく，公共的なものを創り出す行為でもある。

　表現とは，コミュニケーションの媒介物として利用されるもので，文字，式，言葉，記号，絵，図，表，グラフ，具体物，行為などの表現そのもの，また，それらの組み合わせによるテクストそのものを指す。しかも，それらは，その使い方とともに存在するものである。

　意味とは，表現の使用の中で構成されるものである。授業では，すでに構成されている様々な意味との何らかの関連や発展として，新しい表現の使用あるいは既存の表現の新しい使用とともに，新しい意味が構成される。

　コンテクストとは，コミュニケーションの際に，推論や意味の構成にあって前提として機能するものであり，そのような前提の集合を，本研究では「言語的コンテクスト」と呼ぶ。自己の中に考えとして存在するもの，また，他者と共有 (taken-as-shared) しているものや，学級というコミュニティにおいて保持されているものもある。

　授業における公共化とは，特にその授業の目標との関わりで考えや意味が共有されることである。公共化されたものの中で，それが推論や意味の構成に当たって前提とされるものであるとき，それを「公共的な言語的コンテクスト」と呼ぶ。

1 コミュニケーションモデルの検討と本研究で用いるモデル

(1) コミュニケーションモデルとしての推論モデル

　コミュニケーションとは，自己と他者との間で表現を用いて行われるものであり，それぞれの考えや問いの共有，また，新しい考えや問いの構成を目指すものである。その本質は，表現の受け手がそれをどのように解釈（理解）するかにある。その結果として，それぞれの考えや問いの共有，あるいは，新しい考えや問いの構成がなされる。

　ここでは，この過程を明らかにするために，コミュニケーションモデルとしてコードモデルと推論モデルとの2つについて取り上げ，コードモデルの批判的検討を経て，推論モデルを採用する。特に，本研究では，その推論モデルを拡張して使用する。

① コードモデルとその限界性

　言語学でいう語用論について検討した先駆者は，H.P.Griceである。1967年の講演でその考えが提出され，その後，1975年，1989年に書籍として出版されている（西山，1999，p.18）。このGriceの前後で，言語学上，コミュニケーションに対する捉え方は異なっている。西山（1999）によると，コミュニケーションに対するGrice以前の考えは，おおむね次のような図で捉えられる。

思考内容 ──────→ 発話 ──────→ 思考内容の復元
（メッセージ）　　コード化　　（記号）　　コード解読

　つまり，「話し手はまず，ある思考内容（thought）を抱き，それを発話としてコード化する。聞き手はその発話のコード解読をおこない，話し手の思考内容を復元していく，というものである。コミュニケーションにたいするこのような考えはコードモデル（code model）と呼ばれる」（西山，1999，p.18）とのことである。なお，本研究では，「メッセージ」という用語を，西山（1999）に従い「思考内容」として捉える。

ところで,このようなコードモデルとして最初に提出されたものは,Shannon & Weaver (1949) の "The Mathematical Theory of Communication" である。コミュニケーションについて,電気通信をモデル化して捉えたものである。ここでは,シャノン (1969) を基に,コードモデルの説明をする。まず,「通信 (communication) という言葉は,ここではきわめて広い意味に用いられ,それによってある人の意思が他に影響を及ぼす手順のすべてを含むものである。これにはもちろん,書かれた言葉,話し言葉を含むだけでなく,また,音楽,絵画,演劇,バレー,その他要するにすべての人間的行動をその中に含んでいる」(p.9) と述べる。その上で,「通信という広範な題目に関して,3段階の問題があると思われる。したがって,順次に次のように問うことが適当と思う」(p.10) と述べ,次の3つの問題を提起している (p.10)。

> 段階A. どのようにして,通信の記号を正確に伝送できるか。　　　(技術的問題)
> 段階B. どのようにして,伝送された記号が,伝えたい意味を正確に伝えるか。
> 　　　　　　　　　　　　　　　　　　　　　　　　　　　　　　(意味論的問題)
> 段階C. どのようにして,受けとられた意味が望む仕方で相手の行動に影響を与えるか。
> 　　　　　　　　　　　　　　　　　　　　　　　　　　　　　　(効果の問題)

これら3つにおいては,段階Aが優位性をもっているとしている。ただ,そのことの議論は本研究の課題ではないので,シャノン (1969) の言葉を引用するだけにする。すなわち,「段階Aの理論は,少なくともかなりの程度まで,また段階B及び段階Cの理論でもある」(p.13) ということである。このような問題の解決のために考案されたモデルが,次に示すものである (シャノン,1969, p.14及びp.46)。

そして,ここで重要な役割を果たしているのが,送信機と受信機である。送信機は,「メッセージを信号 (signal) に変え,その信号は送信機から受信機」(p.14)

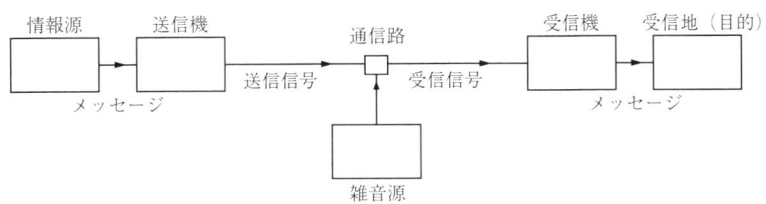

図1-1　Shannon & Weaver のコードモデル

へと送られ，受信機は「伝送された信号をメッセージに変換しなおし，このメッセージを受信者に手渡すものである。人が相手に語るとき，自分の脳が情報源で，相手の脳が受信地である。自分の発生系統が送信機で，相手の耳及び連合第8神経が受信機である」(p.15)と説明されている。そして，このようにメッセージを信号に変換し（これをエンコード＝コード化という），また，信号をメッセージに変換しなおす（これをデコード＝コード解読という）ときに，コードが参照されることになる。そのために，このようなモデルをコードモデルと呼ぶことになる。最も簡略化した図（前ページ）が，西山（1999）が示したものであるといえよう。

　さて，このようなコードモデルがコミュニケーション過程を説明するに当たって有効性を示すのは，次のような2つの前提条件の下でのみであることには注意が必要である。
　それは，第1に，同じコード表が信号の発信者と受信者の両方に共有されていなければならないということである。すなわち，メッセージが信号に変換されるときの"コード表"と同じ"コード表"を，受信者が信号をメッセージに変換しなおすときにもっていて用いることによって，「正確に」メッセージが伝わることになる。
　また，第2に，信号の発信者と受信者の両方が同じコンテクストをもっていなければならないということである。実は，コードモデルにはもともとコンテクストという概念を含んでいないので，このことはコードモデルを補完しつつ語ることになる。すなわち，言葉（あえて信号とはいわないで）を受け取り理解するという際には，その言葉の発信者と受信者とが同じコンテクストを共有していなければ理解はできない。いわば，発信者と受信者のコンテクストが同じときにのみ「考え」は伝わるわけである。と同時に，発話された言葉のメッセージは言葉通りであるという条件の下で，発信者の「考え」は受信者に伝わることになる。
　ところで，このような2つの条件は，授業という場におけるコミュニケーション過程を捉えるに当たって自然な前提条件でありうるのであろうか。実はそうではないと考えている。
　まず，第1の点であるコードの共有は，授業という場における教師と子どもたちのコミュニケーションの結果として期待されるものであって，それ故，授業の中におけるコミュニケーションでは，教師の発する言葉がエンコードされたときのコードと子どもがその言葉を受け取ったときにデコードするときのコードは異なっている（いいかえれば，子どもの方が未熟である）のが普通である。

さらに，実際の授業において，例えば教師が子どもの言葉を解釈する際には，子どもがたとえ片言であったとしてもかなり多くのものを解釈しているのが通常であり，言葉そのものがもっている情報以上のメッセージが受け渡しされているのが普通である。このことは，エンコードとデコードだけでは説明ができないものである。

さらに，第2の点のコンテクスト概念の欠如については，Shannon & Weaver (1949) の研究が電気通信をモデル化してなされたものであることから必然的なことである。授業の場におけるコミュニケーションの検討においては，コンテクスト概念を含んだモデルを採用することが必要とされる。また，実際の授業においては，言葉そのものがもっている情報，いいかえれば言葉通りのメッセージ以上のメッセージが受け渡しされているという事実，さらには，同じ言葉が場面においては異なった意味すなわちメッセージをもったり，逆に，異なった言葉が同じ意味すなわちメッセージを表したりすることは，コミュニケーションモデルにコンテクスト概念が不可欠であることを物語っている。

② 推論モデルと言語的コンテクストの定義

語用論のモデルを開発したGriceの前後で，コミュニケーションに対する捉え方は異なってくる。語用論で取り上げられる会話の例を挙げよう。

「元旦早々トラックの運転手が交通事故にあい，『新年早々めでたい話だ』と言って苦笑する」(橋内，1999 p.74)

ここでは，「新年早々めでたい話だ」という発話を字義通りに捉えることはできない。含意 (implicature) の方こそ重要になる。このような意味は，発話の状況を踏まえなければ捉えることのできないものであり，コードモデルでは捉えることができない。そこに，推論という思考が働いている。いわば，「言語コミュニケーションにおいて，話し手がある思考内容をもち，それを聞き手に伝えようと意図してある言葉を口にする。聞き手は，その発話という行為の背後にある話し手の伝達意図について，仮説をたて，もっとも正しいと思われるものを推測していく」(西山，1999, p.18) という行為がなされている。

このようにして，会話において人はうまくコミュニケーションが成り立つようにしているが，そのときに機能しているのが「協調の原理」(グライス，1998) といわれている。それは，「会話の中で発言をするときには，それがどの段階で行われるものであるかを踏まえ，また自分の携わっている言葉のやり取りにおいて受け入れられている目的あるいは方向性を踏まえた上で，当を得た発言を行うようにすべきである」(グライス，1998, p.37) というものである。そして，

このような原理にかなう会話を生じさせるために従わなければならない格率として，グライスは次の4つを掲げている（pp.37-39）。

---

(1)量の格率
　ⅰ）（言葉のやり取りの当面の目的のための）要求に見合うだけの情報を与えるような発言を行いなさい。
　ⅱ）要求されている以上の情報を与えるような発言を行ってはならない。
(2)質の格率
　ⅰ）偽だと思うことを言ってはならない。
　ⅱ）十分な証拠のないことを言ってはならない。
(3)関係の格率
　ⅰ）関連性のあることを言いなさい。
(4)様態の格率
　ⅰ）曖昧な言い方をしてはならない。
　ⅱ）多義的な言い方をしてはならない。
　ⅲ）簡潔な言い方をしなさい（余計な言葉を使ってはならない）。
　ⅳ）整然とした言い方をしなさい。

発話がこれら4つの格率に従うことによって，聞き手は適切な"仮説"を立て正しい理解を得ることができる，すなわち，コミュニケーションは成立すると，グライス（1998）は述べる。

このようにして，成立しているコミュニケーションにおいて，発話を理解しようとするときに前提として立てる"仮説"，すなわち想定（assumption）が言語的コンテクストである。言語的コンテクストがなければコミュニケーションが成り立たないのであり，コミュニケーションとは適切な言語的コンテクストを探り自己組織しながら行われる行為である。

なお，このことについて注意を要することがある。それは，「どんなテクストもコンテクストを無視しては解釈できないという自明な原理には，所与のテクストに対するコンテクストを過不足なく限定するいかなる客観的基準もない，というパラドックスがともなう」（菅野，1998, p.558）ということである。そして，そのことの解決のためには，「コンテクストは客観的な所与ではなくて，会話の場に自己組織されるもの」（菅野，1998, p.558）であるという捉え方が必要になる。本研究では，このように，自己組織されるものとしてのコンテクストとして捉える立場をとる。

捉え方を形式化しよう。

　発話者から受け取った表現Pに対してそれをどう解釈（理解）すればよいかというときに，発話者の意図を推測して言語的コンテクストを自己組織し，そのコンテクストを基に解釈（理解）Qを導き出す。コミュニケーションに対するこのような考えを「推論モデル」と呼ぶ。

　このとき，その言語的コンテクストをP→Qというように記号化して説明すると，言語的コンテクストを，「発話の理解にあたって，発話の内容と共に推論（inference）の前提として用いられ,結論を導く役割をする想定（assumption）」（今井, 1995, p.21）と考えることができる。いわば，推論：

$$\begin{array}{ll} P \rightarrow Q & \text{前提①} \\ P & \text{前提②} \\ \hline \therefore \quad Q & \text{結論} \end{array}$$

において，発話された表現P（前提②）から結論Q（これが発話の理解）を推論するに当たって前提①となるようなもの，また，そのような前提集合となるようなものを言語的コンテクストと考えるのである。そして，このような言語的コンテクストとは，発話の理解に当たって，それを理解しようとする者が自己組織するものである。なお，このような前提①や，また，前提となるものの集合は，互いに関連づけられ，何らかの構造をもったものとして考える。

　このようにしてコミュニケーションにおける発話の理解，いいかえれば，発話に対する意味の構成を捉えることが，推論モデルの基本となる。したがって，発話に対してどのような言語的コンテクストを自己組織して解釈（理解）するかということとともに，その発話における種々の表現の用いられ方への着目が重要な役割を果たすこととなる。

　このことが，本研究における数学的コミュニケーションを規定していくに当たっての基盤になるとともに，授業では数学的コミュニケーションの特徴を明らかにしていくための分析の道具ともなる。

(2) 推論モデルの拡張とそれによるコミュニケーションの解釈

　① 推論モデルの拡張

　ここでは，本研究における授業分析に用いるために，推論モデルを次のように拡張する。

すなわち，結論Qの部分を，理解の現れとしての発話や学習活動，さらには，問い（P）に対する答えとして捉えることにする。

それらは，推論モデルにおける発話の理解としてのQの部分から自ずと導かれたものだからである。また，このことによって数学的コミュニケーションを規定し，その特徴を明らかにすることになるコミュニケーションという活動の捉え方をも示すことができる。

② 拡張された推論モデルによるコミュニケーションの解釈

このようにモデルを拡張した上で，まず，具体的に授業でのコミュニケーションの場面を捉えることができることを示す。すなわち，モデルの有効性を示すこととする。

ここで取り上げる事例は，小学校5年の単元「四角形と三角形の面積」の中のものである。この単元の授業が実施されたのは1995年10月23日～11月9日（全12時間）である。ここで取り上げる事例は，その後半に位置している。三角形と台形の面積公式を学習したあと，それらの公式がそれぞれの図形のための異なる面積公式として捉えられていたことに対して，それら2つを1つのものとして見ることができないだろうかという問いが教師から発せられる。2つの公式を統合的に見ていこうということである。ここに記載する授業場面は，そのための話し合い活動のはじめの方の部分である（金本，1998, pp.82-84；金本，2000a, pp.82-83）。

[エピソード1章1(2)-1]
T：これ見比べて，何か気がつかない。見比べて，この公式を見比べて，似ているところないですか。
Higu：ぼくは，「高さ÷2」のところです。
T：どうですか。
C：いいです。
T：まだあるの。Kane さん，次，Iwa さん。
Kane：違うと思ったんだけど，……よくわからないんだけど，上底と下底は2つとも底辺だから，三角形の一番最初のところも底辺だから，何か似ている。
T：あっ，ここに出てくるのは，実は上底と下底と書いてあるんだけど，底辺のことだから，そういう意味では似ている，と。Iwa さんもそう？
でも，ちょっと見てよ。いいんだよ，それで。
いい？　ここは似ているよね。「高さ÷2」はそのままドンピシャ同じだよ

>   ね。台形の方は2つの底辺をたしているでしょ。三角形の方はたしてないよね。
> C：ないもん。
> C：1つしかない。
> T：1つしかない。そこまで出たら，何か言えないかい？
> C：平行な……
> T：うん，じゃ，台形の面積の公式と三角形の面積の公式，いっしょにできない？台形の面積の公式，どうに見れば三角形の面積の公式になっちゃう？
> C：えーっ。

　はじめの教師の発話（Pとする）は，2つの面積公式を統合的に見るための問いである。特に，「似ている」という表現を発話したことの教師の意図は，これらの公式の統合的な理解を図ることにあり，そのようなコンテクストの上でなされた発話である。ところが，子どもたちの（その発話の）解釈（理解）による発話Q「ぼくは，『高さ÷2』のところです」は，発話Pの理解において教師の意図の推測としてシンタクシカルな類似性という言語的コンテクストを自己組織しているために，この発話Qがなされていることを示している。

　このように，教師の意図を推測して自らコンテクストを組織しながら発話をしている様子を分析することが，拡張された推論モデルを採用することによって可能となってくる。いわば，教師と子どもたちとのコミュニケーションの過程を，発話を手がかりにしてそれぞれが自己組織したコンテクストを明らかにすることによって分析することが可能となってくるのである。

(3) コンテクスト概念についての数学教育学研究上の特徴

　本研究では言語学上のコンテクスト概念を援用しているのであるが，ここで，数学教育学研究におけるコンテクスト概念の特徴を明らかにしておく。
　それは，教材論として位置づけられる場合と，授業での発話を分析し思考の特徴を明らかにしようとする場合である。それらは，次に見るように，いずれにしろ意味を構成する場，いわば表現に対する意味を構成する場を指しているものであり，様々なリソースを相互に参照することによって人が心的に創りあげるものとして捉えられている。

① 教材の検討としてのコンテクストへの着目

第1の場合である教材論の展開を目的としているものには，1993年から1995年にかけての *For the Learning of Mathematics* 誌における次のような議論がある（金本・新井・中野・岸田，1996；金本，1998, pp.90-92）。

Hechman & Weissglass（1994）は，状況的学習論に関連して，Brown, Collins & Duguid（1989）が言及しているSchoenfeldやLampertの数学授業が「教室の中での教材」でもって展開されていることを批判し，むしろ現実生活の場面によって作られるコンテクストの中で数学の学習が進められるべきであると主張している。他方，Boaler（1993）は，学校数学での課題が現実世界のものに関わっているからといっても，学習者は必ずしも「リアル（現実的）である」とは受け取っていないと指摘する。

Sierpinska（1995）は，これらの議論に関わって，数学学習を現実世界によって作られるコンテクストの中に限定することだけでは新しい知識の創造ができないと批判し，数学の学習内容は，他の数学的内容との内的関連をもったものであるべきであるとしている。そして，そこにおいてこそ学習者の数学的な興味・関心が生まれるのであり，それ故，これらの興味・関心を生み出すような，よい「コンテクスト」を組織できるように留意すべきであると主張している。

これらの議論では，Hechman & Weissglass（1994）さらにはBoaler（1993）が，抽象的な数学を現実世界と関わらせることにより，数学を学ぶ意義をリアリティの感覚や現実世界での活用の中で捉えようとしていることに対し，Sierpinska（1995）は，数学の学習を進める際に既習の数学的内容と様々に関連させていくことによって組織されるコンテクストに着目することが重要と捉えている。

同様の議論は，佐伯（1995）によってもなされている。佐伯（1995）は，状況的学習論についての誤解として教育内容やカリキュラムをもっと日常生活や社会での具体的な実践活動に即したものにすべきであると捉える傾向があることを指摘している。そして，状況的学習論の意義を，むしろ，「人びとの行為をその実践の文脈で分析する，という『分析の視座』の提供にある」(p.37)としている。このことは，実践によって組織されるコンテクストの中においてこそ行為を捉えることが可能となることを指摘しており，その意味で，授業内におけるコンテクストの構造と役割の解明を促しているということができる。

② 授業展開の分析としてのコンテクストへの着目

佐伯の指摘は，コンテクスト概念の第2の場合へと導く。コミュニケーショ

ンとしての授業における発話を分析し，そこでの思考を捉えようとする中で明らかにするものである。

このような「分析の視座」としてのコンテクストへの着目として，例えば岸本（1995）の研究がある。岸本は，Brown, Collins & Duguid（1989）の状況的学習論の立場に立ちながら，一斉授業での指導の示唆を得るために，複数の参加者に共通して見られるものとしての「授業コンテクスト」に着目している。そのコンテクストを捉える枠組みは「話し手が発した課題→聞き手が設定した問題→聞き手が行った解答」というものであり，これによって，ある見方から他の見方へと子どもたちの変容を進めていくに当たっての教師の手立てについて考察している。

他方，金本（1998）は，算数授業における教師と子どもたちの発話に着目し，問いが生まれてくる状況におけるコンテクストについての考察を行い，「コンテクストの転換による問いの生成」と「コンテクストの転換を迫る，コンテクスト内の葛藤としての問いの生成」を見いだしている。

これらの研究の特徴は，岸本が授業の流れと合わせた思考のコンテクストについて検討しているものであるのに対して，金本は，授業のいくつかの局所的な場面での教師と子どもたちの発話における言語的コンテクストの変化の様子を検討している。いずれにしろ，これらの研究は思考の分析対象としてコンテクストに着目しているということができる。

このことに関連してであるが，Wood（1999）は，コンテクストという言葉が，数学教育学研究においては，「特定の環境（environment）を記述するための，社会的なコンテクストのようなマクロ概念（macroconcept）」として用いられる場合と，「特定の状況（situation）を記述するための，議論のコンテクストのようなミクロ概念（micronotion）」として用いられる場合とがあることを指摘していることに留意したい（Wood, 1999, p.172）。授業展開の分析としてのコンテクストへの着目は，Wood（1999）のいう後者に相当する。なお，前者は，教材の検討としてのコンテクストへの着目を指しているのではなく，本研究で後述する「学級の文化」に関わる部分を指している。

このようにして，教材の検討としてのコンテクストへの着目や授業展開の分析としてのコンテクストへの着目は，意味を構成する場，いわば表現に対する意味を構成する場を取り上げているという共通性をもっている。これらのことは，本研究において，拡張した推論モデルを援用しコミュニケーションを捉えていくことの背景として考えておくことができ，あわせて，これらとの関連での本研究の独自性を明確にすることにもなる。

1　コミュニケーションモデルの検討と本研究で用いるモデル　25

(4) 表現に対する意味の種類とコンテクスト

　推論モデルあるいは拡張された推論モデルを用いることによって，表現に対して多様な意味を読み取ることが可能である。言語学上でいう含意もあるからである。ここでは，それらを整理する。

① 意味及びコンテクストの階層性

　ここではベイトソン（Bateson,G.）の考えを基に，それを援用する。
　ベイトソン（1990）は，そのコミュニケーション理論の展開において論理階型論を導入している。それは，クラスとそのメンバーとは抽象のレベルが異なる，すなわち，論理階型が異なるということに着目し，この考えでもってコミュニケーションにおける表現とその意味を構造化している。例えば，プロレスごっこをしている子どもたちが「キックだ」「キックはやめようよ」と言ったとすると，これら2つの表現の意味は論理階型が異なっていることが分かる。後者は前者のメタレベルに位置づいている。このことは，コンテクストのレベルが異なっていることでもある。「キックだ」という表現がその遊びの中で発せられているのに対して，「キックはやめようよ」という表現は遊びに参加している者がその遊びの在り方に関して発しているものである。いわば，「遊びのコンテクスト」（遊びを言語行為として見たときの言語に関わるコンテクスト）と「遊びの在り方のコンテクスト」（遊びを言語行為として見たときの言語に対しメタレベルに位置づく言語に関わるコンテクスト）である。

　算数の授業から事例を取り上げるとしよう。先の［**エピソード1章1(2)-1**］の中で，

> C：1つしかない。
> T：1つしかない。そこまで出たら，何か言えないかい？

という発話がある。子どもと教師の発話の中で「1つしかない」という発話は，少なくとも教師の側は公式を統合的に見るための公式に関わる言語的コンテクストの中で発せられているが，教師の次の「そこまで出たら，何か言えないかい？」という発話はそのような統合的に考える活動のメタレベルのところで発せられたものであり，子どもたちの活動の促しを意図したものである。

　他の事例を挙げることにしよう。先と同じ小学校5年の単元「四角形と三角

形の面積」の中のものである。なお，この事例は改めて1章2(1)において検討する事例でもある。

[エピソード1章1(4)-1]
Koba：たて×横。
T：たて×横。今，先生なんて聞いたっけ，彼に。
C：式は。
T：うん，式はって聞いたよね。今，公式を答えてくれたね。うん，まぁ，ありがたかったね。公式は，長方形の面積，「たて×横」っていうことだったね。この公式に当てはめてみよう。今，たて……横……。
Koba：……。
T：おっ，ちょっと困ってきちゃったな。こういうときにみんな助けてあげてほしい。
C：助け船。

この中で，教師の「おっ，ちょっと困ってきちゃったな。こういうときにみんな助けてあげてほしい」という発話は長方形の面積について考えるという言語的コンテクストのメタレベルのところで発せられたものであり，子どもたちの活動の促しと学級の規範（規範については第3章で議論する）の構成を意図したものである。

このようにして，表現とその意味は構造化され，また，同時に，それらの言語的コンテクストも構造化されることになる。しかも，そこに，論理階型が異なる（ベイトソン，1990）という意味での階層性を持ち込むことになる。

② 意味の分類

ここで，表現及び意味という2つの概念について，1章1(1)で行った定義を再掲しつつ，ベイトソン(1990)の考えを基にしながら，発話の理解が言語的コンテクストによって変わってくることを整理しておきたい。

表現とは，コミュニケーションの媒介物として利用されるもので，文字，式，言葉，記号，絵，図，表，グラフ，具体物，行為などの表現そのもの，また，それらの組み合わせによるテクストそのものを指す。しかも，それらは，その使い方とともに存在するものである。特に，算数数学の授業において使用される表現は，日常的な表現と，学校の授業という現象に関する表現と，数学の記述的な表記としての表現（それに対応する口述的な表記も含める）とが混在している。

意味とは，表現の使用の中で構成するものである。授業では，すでに構成されている様々な意味との何らかの関連や発展として，新しい表現の使用あるいは既存の表現の新しい使用とともに，新しい意味が構成されると考える。
　この定義の下で，意味と表現とは相対的に区分され，意味はその表現によって表現されているものを指すと捉えることができる。それが，表現通りのものであれば「表示的な意味」（いわば，コードによって読み取ることのできる意味）であるし，また，その表現が提示されたときの言語的コンテクストによっては「付帯的な意味」をもつ。このような意味は，コードモデルでは明らかにできないものであり，推論モデルを援用することによって明らかにできる。さらに，コンテクストによっては，ベイトソン（1990）のいう「メタレベルの意味」をももつ。
　例えば，AがBに「雨が降っている」という表現を送ることによって，Bは単にそれを聞き取るだけではなしに雨粒を推測することができるのは，BがAの述べることにある程度の信頼をおいているからにほかならない。したがって，この「AとBの関係」についての「『雨が降っている』と言って，あなたをだますことはないよ」あるいは「『雨が降っている』と言うのはウソじゃないよ」というメタレベルの意味を，その「雨が降っている」という表現とともにAの身振り・表情・言葉などから，Bが構成していることになる。あるいは，Bにおいて「Aは自分をだますことはない」という言語的コンテクストがすでに作られており，その言語的コンテクストの上で「雨が降っている」という表現を受け取ることによって，Bは雨粒を推測することができる。また，「雨が降っている」という表現は，場合によっては「外に出たくない」という付帯的な意味をももつ。
　これらは，Aがどのような言語的コンテクストの上で語っているかを示す，表情や声調などのコンテクストマーカーを手がかりにしてBによってなされるし，また，表現を受け取る際のBがあらかじめもつ言語的コンテクストにもよっている。いずれにしろ，ある表現の意味はそれが本当のところ何を意味しているのかは，そのメタレベルの意味を捉えておかない限り分からないのであり，言語的コンテクストの助けを得ることなしにはその意味を決定できない（矢野，1996）。

　これらのことから，表現の意味を次のように区分することができる（cf. 紅林，1995）。

> (1) 表示的な意味
> 　　　　表現上に言明されている意味。
> 　　　　　　例えば,「雨が降っている」ということ。
> (2) 付帯的な意味
> 　　　　表現上に言明されていない意味。
> 　　　　　　例えば,「外には出たくない」ということ。
> (3) メタレベルの意味
> 　　ⅰ) メタ言語的な意味
> 　　　　表示的な意味や付帯的な意味についての意味。
> 　　　　　　例えば,「これは冗談です」など。
> 　　ⅱ) メタコミュニケーション的な意味
> 　　　　コミュニケーション内の人間の関係性に言及した意味。
> 　　　　　　例えば,「こんな話をするのは信頼しているからです」など。

　「表示的な意味」と「付帯的な意味」とは同じコンテクストレベルではあるが,「メタレベルの意味」はコンテクストレベルが異なる。いわば,メタコンテクストによって意味が決定されるものである。もちろん,「メタレベルの意味」に関わる「付帯的な意味」もありうることとなる。なお,コードモデルでは,表示的な意味に限定されることになり,「付帯的な意味」や「メタレベルの意味」を捉えることができない。また,この「メタレベルの意味」という捉え方が,コミュニケーションを通じて行われている学級の規範の構成とも関わっているものであり,本書の第3章で検討する。なお,学級の規範の構成は,このような場合とともに,それを意図した直接的な発話による場合においてなされる。

　このようにして,推論モデルあるいは拡張された推論モデルを基に,ベイトソンの考えを援用してコミュニケーションを捉えていくと,そこには表現に対して様々な意味が構成されること,しかも,そこに階層性をもったものとして構成されることが分かる。

③ 発話上に明示されたコンテクスト

　発話に対する意味の分類に伴ってコンテクストも分類されることを明らかにした。ここでは,さらに,発話上に明示されたコンテクストについて述べておく。

橋内（1999）は，コンテクストを次のように区別している（pp.24-27）。

> (1) 言語的文脈（linguistic context）
>   ⅰ）テクスト内の前後関係
>   例 「ねえ，聞いて聞いて。引っ越しの前の日になって，家主が『入居お断り』って言ってきたの。こんな話ってある」の「こんな話ってある」のコンテクストは「引っ越しの前の日になって，家主が『入居お断り』って言ってきたの」である。
>   ⅱ）当該テクストとは異なる別のテクストでありながら解釈する上で影響を受けるテクスト
>   例 「太平の眠りを覚ます上喜撰　たった四杯で夜も眠れず」
> (2) 非言語的文脈（non-linguistic context）
>   テクストそのもの以外の様々な要素を指す。例えば，媒体，コミュニケーション行動の類型，メッセージの内容，コミュニケーション行動の目的，状況，参加者，参加者同士の関係など。

　本研究では，これらをすべて含めてコンテクストとして捉え，授業における発話分析を行う。橋内（1999）の「言語的文脈」は，本研究において発話を分析する際に，言語的コンテクストとして着目していく。なお，「非言語的文脈」に相当するものは，本研究では，分析の事例に即して，言語的コンテクストあるいは社会的コンテクストとして着目することとする。

2　数学的コミュニケーションの規定とその根拠及び背景

(1)　意味と表現との相互構成的な関係

　先に1章1(1)で述べたように，「コミュニケーションとは，自己と他者との間で表現を用いて行われるものであり，それぞれの考えや問いの共有，また，新しい考えや問いの構成を目指すもの」と考えている。そのようなコミュニケーションが「数学的」であることを規定するに当たって，意味と表現との相互構成的な関係性を明らかにする。

先にも述べたように，意味とは，表現の使い方として構成するものである。授業では，すでに構成されている様々な意味との何らかの関連や発展として，新しい表現の使用あるいは既存の表現の新しい使用とともに，新しい意味が構成されると考える。このことに関連して，Sfard（2000）が意味に関する従来の捉え方を次の3つにまとめていることに着目をしておきたい（金本，2001，pp.4-5）。第1は古典的な客観主義の立場で，数学的な表現とそれが表現する数学的対象を想定し，後者を意味として捉えることである。第2は構成主義の立場で，意味を人間の精神の力によって創造されたものとして捉えることである。第3は相互作用主義の立場で，意味は他者との相互作用の中から生じるものとして捉えることである。そして，これら第2と第3の立場は，第1の立場に比べ意味の捉え方が人間の経験のメカニズムへと視点を移していることを評価しつつ，まだなお，これら3つの立場が意味と表現とを分離して捉えていることを批判する。そして，第4の立場として，分離することのできない相互構成的なものとしての意味と表現を主張している。Sfard（2000）はいう。「いったい負の数について語り，負の数についてシンボル化する以前に，子どもたちは負の数の考えをもつのであろうか」（p.43）。いわば，表現どうしの関わりの中から構成するものとしての意味の概念であり，そのことは，意味と表現とを「分離することのできない単一体」（p.44）として捉えることになる。

　本研究において数学的コミュニケーションの概念を規定するに当たって，このようなSfard（2000）の捉え方を一つの根拠としている。すなわち，意味と表現とは，相互構成的な関係をもつものとして存在しているということを根拠としている。もちろん，その捉え方には，Sfard（2000）も述べるように，Wittgensteinの「語の意味とは，言語におけるその使用のことである」（『哲学探究』1部43節）（黒田（編），2000，p.181）という言語哲学（後期Wittgenstein）が背景にある。表現の使用の仕方が表現の意味であり，表現の使用とともに相互的に意味が構成されるということである。本研究では，このような立場に立っている。

① 授業事例の分析

　前述のような立場に立ったとき，数学的な意味の構成に当たって，それをどのような特徴として捉えておけばよいかを示すこととする（金本，2001，pp.5-6）。また，このことが，このような立場に立つことの妥当性を説明することになる。

　前述したように，Sfard（2000）は，意味が表現の使用の仕方から生まれること，いいかえれば，表現の意味は表現のシステムの中でのその使用の仕方であると主張している（pp.46-47）。このことからは，表現の意味は，他者との間での，あるいは，自身における表現の使用の仕方の中から構成されるものとして捉え

ることができる。そして，このような立場において問題となってくるのは，旧来の使用の仕方から，いかにして表現の新しい使用の仕方が生み出されてくるのかということである（Sfard, 2000, p.60）。Sfard（2000）は，それを新しい使用への期待と確かめによってなされること，また，そこではメタファーやアナロジーの働きが重要であることを指摘している（p.66）。

このような指摘から，授業では，すでに構成されている意味との何らかの関連や発展として，新しい表現の使用あるいは既存の表現の新しい使用とともに新しい意味が構成すると考えることができる。意味と表現との相互構成的な関係は，新しい意味が構成されてから新しい表現が与えられるのではなく，数学的にはまだ明確にはならない，漠然とした意味の下での表現の新しい使用や新しい表現の使用ということが生じることになる。そして，表現の使用の仕方の明確化と意味の明確化とが相互的になされていることになる。

以下では，このことを授業場面の中から明らかにしていく。

ここで取り上げる授業の単元は小学校5年「四角形と三角形の面積」であり，また，授業が実施されたのは1995年10月23日～11月9日（全12時間）である。本節では，これら一連の授業から，ある場面を取り上げる（金本, 2001）。

[エピソード1章2(1)-1]
T：さて，そこでだ，今日の問題です。この面積を求めてみましょう。今みんなの方には，ア，イ，ウってなっていると思いますけれども，さあ聞きますよ。Ichi君はでかいあくびをしていますが，もうあきちゃったのでしょうか。残念ですね。
Ichi：ううん。
T：ア，イ，ウの中で，今まで面積を求めたことがある四角形はどれでしょう。今までに，アかイかウ，どれかの面積を求めたことがあるんだよね。手を挙げられない人は忘れちゃったのか。ほら，ここでさ，教科書見てもかまわないんだよ，自信のない人は。Chino君忘れちゃった，どっか飛んでいっちゃったのか。
Chino：……。
T：あちゃ……じゃ，Koba君。おーい，Koba君。
Koba：アの長方形だと思います。
C：いいです。
T：求められる。
C：はっはっはっ。

> T：大丈夫ですか。言ってみて。式は……。おっ困っちゃったな。
> Koba：たて×横。
> T：たて×横。今，先生なんて聞いたっけ，彼に。
> C：式は。
> T：うん，式はって聞いたよね。今，公式を答えてくれたね。うん，まぁ，ありがたかったね。公式は，長方形の面積，「たて×横」っていうことだったね。この公式に当てはめてみよう。今，たて……横……。
> Koba：……。
> T：おっ，ちょっと困ってきちゃったな。こういうときにみんな助けてあげてほしい。
> C：助け船。
> T：お助けマン。Ida君。
> Ida：ぼくは「5×6」だと思います。
> C：いいです。

　ここで特徴的なのは，「式」と「公式」の違いである。それらは表現の意味の違いであるが，それは「式はって聞いたよね。今，公式を答えてくれたね」という使い方の中でまずは示唆されている。そして，「公式は，長方形の面積，『たて×横』っていうことだったね。この公式に当てはめてみよう」という発話によって，公式の意味及び公式と式との関係が示されている。このようにして，教師が使っているこれらの表現は，その使い方の中で意味を明らかにしている。そして，その意味を直ちに理解できなかったKobaに対してIdaが正しく答えることになる。

> ［エピソード1章2(1)-2］
> T：はい，どうでしたか。台形の面積。何とか答えが出たっていう人。とにかく自分の考え方で何とか。方法は何とかこの方法でやればいいっていう，方法は見つかった人。解けた人は手を下ろす。
> T：じゃあね。また発表してもらいたいと思います。今日は一人ずつは言ってもらいません。ばっと張り出しちゃいますから。この人は，どういう考え方をしたのかなっていうことを見て下さい。よく見えなかったら，これから2分あげるから，前出てきていいよ。ちょっと式がね，今日書いてくれた人たち，ちっちゃかったんだよね。だからちょっと見づらいかも知れないから。遠慮せずに出てきていいよ。どういう考え方をしたのか。
> （5人のプリントをはる。）

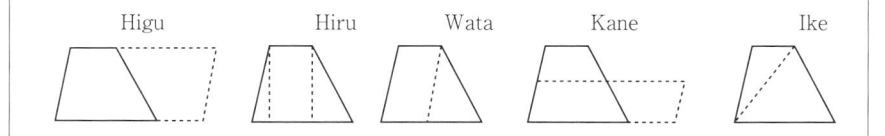

　　　　Higu　　　　　Hiru　　　　Wata　　　　Kane　　　　　Ike

図　5人の子どもたちの図

（子どもたちが黒板のところに見に行く。）
（中略）
T：まぁいいやね。Higu 君の気持ちわかってくれた。2つくっつけて平行四辺形を作ってくれた。では，Hiru さん。Hiru さんの考え方はどんな考え方だったでしょう。Hon 君。Hon 君と同じだったでしょ。はい，Hon 君。
Hon：あー，えっと。
T：そんな，崖から落ちるみたいに立たないでよ。
T：ちょっと聞いててね。Hon 君の気持ちわかってあげてね。
Hon：こことここを切り取って，そして，ここの三角形とこっちの三角形をくっつけて。
T：待ってろよ。（板書をしながら）2つの三角形と1つの長方形。こういうアイデアを使った。Hiru さんは，上の辺から真っ直ぐ高さを取る線を出してきて，切って，2つの三角形と1つの長方形に分けた。おもしろいアイデアだね。Wata 君のアイデア，これ，どうに考えたんでしょう。
T：ちょっとわかりづらかったかな。じゃ，先生がこの線を引くから，そうすれば気がつくかも知れない。まだ気がつかないかな。
T：ほら，調子が悪いのに Wasa さんが手を挙げてくれたじゃないか，すばらしいですね。はい，Wasa さん。
Wasa：Wata 君は，平行四辺形と三角形に分けてやったんだと思います。
T：平行四辺形と三角形に分ける。すばらしいですね。では，次，Kane さんの考え方，この考え方はどうにやったんでしょうね。
C：はい。
T：名前が書いてなかったね。Kane さん。これはどういう考え方でしょう。Yama 君。
Yama：ぼくは上の部分を切り取って……。
T：どうに切ったんだろうね。
Yama：平行。
T：うん，平行に切ったんだけど，好きなところで切っちゃってよかったの。

T：ちょうど，高さの……。
Yama：半分のところで。
T：高さの半分で切って，くっつけて何ができたの。
Yama：平行四辺形ができた。
T：はい，平行四辺形を作った。なるほど。それでは，あっIkeさんも名前が書いてなかったな。Ikeさんの考え方。これはどうにやったんだろう。
T：対角線を引いたの。おっHon君，今日，絶好調。はいHon君。
Hon：えっと，4つの三角形に……。
T：4つの三角形にしたのかな。
Hon：ああー。
T：惜しいな。対角線を引いて，Ichi君。
Ichi：対角線を引いて2つの三角形にしたんだと思います。
T：2つの三角形にしたと。Hon君が間違えちゃったこれは，何の線なの。
Ichi：高さの線だと思います。

この場面で注目したい点がいくつかある。まず，第1に，「与えられた台形の面積の求め方」を知るという行為が，一人一人の子どもたち自身の「与えられた台形の面積の求め方」というものについての漠然とした理解からスタートしているという点である。「台形の面積」や「台形の面積の求め方」という表現の意味は，既習の図形の面積を基にアナロジカルに捉えられているだけであるということである。そして，第2に，与えられた台形の図という表現にさらに線を引いたりするなどの何らかの表現を追加するという行為を行った図とともに，また，それに伴っての計算とともに，「求め方」を各自なりに明らかにしているということである。

［エピソード1章2(1)－3］
T：5つも出てきたね。もう1回見てみよう。はい，こっち向いて。Higu君の考え方は，同じ台形をくっつけて平行四辺形にしました。Hiruさんの考え方は，高さで切って2つの三角形と1つの長方形に分けました。Wata君の考え方は，こっちの一番左側の線に平行な線で切って，1つの平行四辺形と1つの三角形に分けました。Kaneさんの考え方は，高さの半分のところで切って，向こう側に倒して，細長い平行四辺形にしました。Ikeさんは，対角線で切って2つの三角形に分けました。
　で，まず答えから見てみよう。4人が32.5？　Ikeさんだけが，ちょっと

> 違っているんだな。ちょっと計算が違っているところがある，ここが。先生がなおしちゃうけれど，$7 \times 6 \div 2$，ここんところが，13.5になっちゃっているんだな。ここは21だ。まだ合わないな。ちょっと，長さの測り方が違っていたんかな。Ike さんの，ちょっと答えはあれだけれど，アイデアとしてはおもしろいよね。じゃ，5人中4人が32.5でした。他の人にも聞いてみましょう。32.5 ? になった人。はい，いいでしょう。まずこの答えは32.5でよさそうだね。
>
> 問題はこの次だ。何やったっけ，今までは。Toyo さん。

　このエピソードでは，教師から5人の考え方がまとめ的に紹介されたあと，計算結果として出てきている答えを検討している。ここで注目しておきたい点の一つは，答えという数，直接的には数字という表現でもっていくつかの「求め方」を確かな「求め方」にしようとしている点である。その意図は，「まず答えから見てみよう」という教師の発話によって示されている。答えという表現に関わりながら「求め方」のさらなる意味構成をしようとしているのである。もう一つの点は，Ike の答えに対して，「長さの測り方が違っていたんかな」という発話でもって，異なった答えが出てしまったことのこの場面での理解の仕方をつくろうとしている点である。これらのことは，はじめに得られた答えは，いいかえれば，みんなの前で発表された数は，答えとしての確たる意味をもっていないということを示している。いわば，「答えらしいもの」という意味構成であり，答えということからすると漠然とした意味構成であるということができる。このようにして，子どもたち一人一人の中で漠然としたものとしてなされていた意味と表現の構成は，より確かな「求め方」の獲得に向かって構成されなおすことになる。

②　意味と表現との相互構成的な関係についての検討と知見

　意味と表現との相互構成的な関係について検討する。第1の点は，表現の使用の仕方の明確化と意味の明確化とが相互的になされていることを示すことである。第2の点は，数学的にはまだ明確にはならない，漠然とした意味の下での表現の新しい使用や新しい表現の使用ということが生じていることを示すことである。

　第1の点に関わってである。まず，［**エピソード1章2(1) − 1**］での「式」と「公式」の違いの部分である。はじめに「式」という言葉が教師から発せられたとき，それは，この子どもたちにとって，この単元において初めて聞く言

葉であり，「言ってみて。式は……」では，その意味がつかめていなかったようである。それが，「式はって聞いたよね。今，公式を答えてくれたね」という使い方の中で，子どもKobaの答えが「公式」であること，そして，「式」はそれとは異なることを示している。さらに，「公式は，長方形の面積，『たて×横』っていうことだったね。この公式に当てはめてみよう」という発話によって，式と公式の関係が示されている。このようにして，教師が使っているこれらの表現は，その使い方の中で意味を明らかにしている。

　［**エピソード1章2(1)-2**］では，「台形の面積の求め方」についての5人の子どもたちの考えが発表されている。ここでの特徴は，プリントに答えを書いた子どもと異なる子どもが説明を行っていることである。このとき，次のような3つの特徴的な形態を見ることができる。

　一つは，Wataの考えの説明を求めるところで，教師が台形の中に線を引いて示しており，それを見て，WasaがWataの考えを説明しているところである。いわば，Wataの図と教師の線を引く行為とその結果の図を相互に参照して，Wasaが説明を行っているのである。このようにして，Wataの考えの共有が行われている。

　また，Hiruの考えをHonが説明するところである。その説明に合わせて，教師が線を引きつつ，「上の辺から真っ直ぐ高さを取る線を出してきて，切って，2つの三角形と1つの長方形に分けた」という説明を付け加えていることである。それによって，Honの説明を理解するための適切な言語的コンテクストの自己組織を促している。これらが相互に参照されながら意味の共有を図っているということである。

　さらには，Kaneの考えをYamaが説明するときの教師の補足的な問いかけがなされているところである。この部分は，Kaneの図を参照しながら，Yamaの説明が［**エピソード1章2(1)-1**］の「式」と「公式」のように，いわば，意味の関係をつくっていくように，「切る」「平行に切る」「高さの半分のところで平行に切る」というようにして，その解決方法の意味を明確化していっている。このようにして，Yamaの説明と教師の補足的な問いかけが相互に参照されることによって言語的コンテクストを創り出している。

　このようにして，「台形の面積の求め方」についてのコミュニケーションによる考えの共有が行われている。ここでの特徴は，言葉や図や行為という様々な表現が持ち込まれ，それらを相互に参照することによって意味を構成させるということがなされている点であり，また，それらの表現の使い方や関係が示されている点であり，それらが相互に参照されることによって言語的コンテクストを創り出している点である。これらの点が，第1の点の特徴である。

次に，第2の点に関わってである。[**エピソード1章2(1)−2**]では，「与えられた台形の面積の求め方」を知るという行為が，一人一人の子どもたち自身の「与えられた台形の面積の求め方」というものについての漠然とした理解からスタートしているという点である。「台形の面積」や「台形の面積の求め方」という表現の意味は，既習の「平行四辺形の面積の求め方」などを基にアナロジカルに捉えられているだけであるということである。また，[**エピソード1章2(1)−3**]では，「台形の面積の求め方」についてのコミュニケーションによる考えの共有が行われている段階でさえ，まだ公共化されていないことを見ることができる。それ故，「台形の面積の求め方」の意味構成は，共有はするがまだ公共化できないものとしてまずはなされている。いわば，正しいのかどうかがあいまいなものとしてであり，漠然としたものとしての意味であるということができる。しかしながら，そのことが，「台形の面積の求め方について考えよう」という問いの下での活動の性格であると考えることができよう。
　これらのエピソードでの特徴は，漠然とした理解の下での表現の新しい使用であり，それら意味と表現との共有から，さらに，公共化の過程へと進んでいるということである。これらの点が，第2の点での特徴である。なお，このことは，日野（1999）が数学的表記の内化の過程に関わって，「内化は一度に行われるのではなく表記への異なる意味づけを踏んで進むこと，表記に対する自分の見方を再構築すること」（p.282）と捉えていることと近いが，本研究では公共化の過程という視点を持ち込み，明確化される前の漠然とした意味をもったものとしての表現の存在を明らかにしている。
　以上のことから，意味と表現との相互構成的な関係について，次のようにまとめることができる。

　本研究では，意味を表現の使い方として構成されるものとし，これら意味と表現を2つの異なるものとしてではなく，「2つのものの分離できない単一体」として捉えた。そのことを具体的事例でもって示しながら，意味と表現との相互構成的な関係を明らかにした。
　まず，(1) 教師の使う表現が，例えば「式」「公式」のように，その使い方の中で意味を明らかにしていることが分かる。また，(2) 様々な表現が，例えば言葉や図や線を引く行為などが，相互に参照されることにより，相互に言語的コンテクストを組織し意味を構成させていることが分かる。さらに，(3) すでに構成された意味と表現の援用として，例えば既習の図形の面積の求め方の援用として「台形の面積の求め方」という表現が使われているように，その数学的な意味を確定することなく，予期的に，いわば漠然とした意味の下で，表現

の新たな使用あるいは新たな表現の使用がなされていることが分かる。そして，(4) 意味を共有はするが公共化はまだ行わないという，例えば発表をする子どもたちの考えを理解はするが正しいのかどうかということは確定させないというように，表現の予期的理解，漠然とした理解の下に意味を共有し，さらに公共化していくという過程が存在していることが分かる。

これらの事実が，本研究の理論的な立場の妥当性を明らかにする。そのことから，数学的コミュニケーションの定義への示唆を次に引き出しておく。

③ 数学的コミュニケーションの定義への示唆

表現は，単にコミュニケーションの媒体であるというのではなく，数学的な意味を構成するものとしてある。また，数学的な意味を構成するためには，多様な表現の関連的な使用と表現の予期的・発展的な使用を行っていくことが必要である。そして，それらを相互に参照することによって，意味は明確化されていくと捉えることができる。

このことから，算数数学の授業における多様な表現の使用の重要さが示唆される。表現の使用の仕方の十全的な習得及び豊かな使用が数学的な意味を構成していくに当たっては欠かすことができない。

(2) 数学的コミュニケーションの定義

これらの考察を基に，算数数学の授業における数学的コミュニケーションを次のように定義する。なお，この規定は，前述のことより，数学的な意味の構成に関わっての規定であり，この規定における「数理的な事象に関わる」とは数学的な意味の構成活動との関連という限定になる。

> 数学的コミュニケーションとは，数理的な事象に関わるコミュニケーションであり，また，算数数学の表現を使用しているコミュニケーションのことである。

さて，このように数学的コミュニケーションを定義した場合，検討しなければならない問題が2点生ずることになる。その第1の点は，「算数数学の表現を使用している」といったときの「算数数学の表現」とはどこまでを指すかという点である。また，第2の点は，「算数数学の表現を使用している」といったときの「使用の仕方」をどう捉えるかという点である。

(3) 算数数学の表現の範囲

「算数数学の表現」とはどこまでを指すかという点について，次の3点を考える。

第1に，「算数数学の表現」とは，算数数学の授業の中で教師が数学的な意味を子どもたちの中に構成していくという目的意識でもって使っているものと考える。(i)学習指導要領（算数数学関係のものとする）上に記載されているものはそれに相当する。学校における授業が，学習指導要領によって規定されているからである。また，(ii)学習指導要領上に記載されているものを発展あるいは拡張したものはそれに相当する。さらには，(iii)算数数学の学習指導上において教育的価値として教師に捉えられているものはそれに相当する。

第2に，算数数学の授業の中で教師が数学的な意味を子どもたちの中に構成していくという目的意識でもって使っているものとしての表現を考えるに当たって，日常言語による数学的な意味の表現をどこまで許容するかを検討しておく必要がある。

例えば，事例の小学校5年「四角形と三角形の面積」の授業では，教師が2つの公式について「似ている」という言葉を使っており，日常言語ではあるが数学的な意味を表現している。また，先行研究として，戸田・藤井・横田・平林・藤原・岩合・富田・飯田・福森・板野・畦森・片山・三野（1963），岩合・板野（1964），平林（1964），藤原（1964），飯田（1964），平林・藤井（1965）の「数学教育における表記の問題」の研究がある。そこでは，例えば多義語として「述語の中で日常語としても成立しているために多義性を生じたもの」という分類項目が設定され，「条件，値，根，展開，連続，級・階級，不定，焦点，弧，底，高さ，分・厘・毛，大円・小円，以上・以下・以内・以外・内側・外側・上側・下側，差，外角，区間，作図，連続，高い・低い，正しい，任意の，すべての，解く，はらう，満たす（満足している），読む，開く，ふくまれる，振動する・発散する，できない，たてる，とる，なりたつ，なりたたない，求める，同じ……，……上に（の）……」（岩合・板野，1964, pp.37-38）が例示されているように，あるいは，例えば，あいまい語として「日常語の使用によるもの」という分類項目が設定され，「～を簡単にせよ。～のグラフをかけ。～の点はどんな曲線上にあるか。～の点はどんな曲線をえがくか」（飯田，1964, p.24）が例示されているように，日常言語等で数学的な意味の表現に関わっているものについて議論がなされている。日常言語で数学的な意味の表現に関わっているものは多岐にわたっており，それらについて条件を提示して限定的に範囲を決めることは

難しい。日常言語による数学的な意味の表現が存在することを認め，議論をすべき場面に応じて，どのようなコンテクストの上で使用されているかを同定することがよいと考える。

第3に，算数数学の授業の中で問題解決に当たって子どもたち自身が作り出した表現について検討しておく必要がある。

例えば，日野（2002）の数学的表記の内化の研究においては，子どもが問題の解決に当たって作り出した表記について取り上げている。比例的推論に関するその研究では，「着目する表記を，教師によって意図的に導入されるものに限定せずに考察を進める。制限を緩めることにより，今まで特定の数学的表記に注目することによって，その影に隠れて見えなくなっていた個々の子どもの表記との相互作用を，前面に出すことができるようになる。そして，対象となる表記は，教師が導入したものではないかもしれないが，表記に対する子どもの意味の構築を契機として，その子どもの比例的推論が変容していく部分をクローズアップすることができると考える」(p.5)として，数学的な問題の解決に当たって子どもが作り出した表記に着目している。例えば，「1 m当りの重さが60 gの針金があります。4.2 mの重さは何gでしょう」という問題の解決に現れた「対応の表記」(p.14)である「0.1 = 6」を用いての「0.1 m当り 6 g」という単位の構成と利用である。子どものノートとして，「0.1 = 6，0.1 × 10 = 1，6 × 10 = 60，4 × 60 = 240，0.2 = 12」（原著では式を縦に並べている）が示されている。このように，数学的な問題の解決の過程で子どもたちが作り出している表現は，必ずしも公共化はできないし，また，訂正が必要なこともあるが，算数数学の表現の範囲に含めて捉えるべきものと考える。本研究では，数学的な問題の解決の過程で子どもたちが作り出している表現は，必ずしも公共化はできなくとも算数数学の表現の範囲に含めて捉えるべきものと考える。

(4) 算数数学の表現の使用の仕方の範囲

「算数数学の表現の使用の仕方」とはどこまでを指すかという点については，次の2点を考える。

第1に，算数数学の表現であってもその使用ははじめから厳密なものとして行われているのではない（日野，1999；日野，2002；金本，2001）ということに着目をする必要がある。

日野は「数学的表記の内化の過程」の研究の中で，それを3つの相としてまとめている。すなわち，相1は，「初期の使用」の段階であり，「教室で導入された数学的表記を使い始めるときにみられるものであり，自分なりの見方が投

影された独特の使い方として現れる。ここでは，数学的表記は，思考の道具としてよりも，教師や友人の期待に沿うように自分の行為を表示する道具としての役割を持つ」(2002, p.4) と考えられるものである。なお，子どもが問題の解決に当たって自ら作り出した表記については，「『初期の使用』において，自己中心的な使用はみられるものの，社会的ゴール達成のために表記を使うという特徴は見られなかった」(2002, p.16) としている。相2は，「基準の構築」の段階であり，「数学的表記それ自体が，明瞭な意味と規則を有することが認識される。そして，自分のそれまでの独特の使い方が修正され，新しい基準が構築されていく。そこでは，表記が児童によって積極的に用いられ，その中で，表記の使用が拡大する」(2002, p.4) と考えられるものである。相3は，「目的的使用」の段階であり，「内化の過程が更に進み，表記の使い方が柔軟になってくる。子どもの関心は，相2にみられるような導入された数学的表記を使うことから離れ，目標に達するための手段として数学的表記が使われるようになる」(2002, p.4) と考えられるものである。このようにして，ようやく，「数学的表記」は，適切な使用がなされることになる。

また，金本（2001）は，すでに構成された意味と表現の援用として，その数学的意味が確定することなく，予期的に，いわば漠然とした意味の下で，表現の新たな使用あるいは新たな表現の使用がなされていることを明らかにしている。

これらのように，そもそも算数数学の表現であってもその使用ははじめから厳密なものとして行われているのではなく，数学的に適切な使用が徐々に行われるものである。したがって，「算数数学の表現を使用している」といったときの「使用の仕方」は「初期の使用」や「漠然とした意味のもとでの使用」を含んで捉えることが必要である。

第2に，既習の表現が援用される（大谷・中村, 2000；大谷・中村・漢野, 2001；金本, 2001）という点にも着目をする必要がある。

大谷・中村・漢野（2001）は，シンボル化というものを，その場に存在しないものを存在せしめそれを用いて物事をなす空間を創造することと捉えた上で，統計的表記としてのグラフが関数的グラフへとシンボル化する過程を「教師による談話の組織を通じて，統計的表記から，専門用語を含み，系としての見方を反映する関数的グラフへと意味を変更すること」(p.153) とし，(a)断片的なデータを表すグラフ（統計的表記）→(b)個別のデータの配列上に見える直線→(c)比例の性質を表す直線（関数的グラフ）→(d)比例を操作するためのグラフ，の段階を提起している (p.153)。

また，金本（2001）も，前述のように，すでに構成された意味と表現の援用

として,その数学的意味が確定することなく,予期的に,いわば漠然とした意味の下で,表現の新たな使用がなされていることを明らかにしている。

これらのことは,算数数学の表現の使用においては,その使用の段階において最初からその数学的な意味に対応しているものではなく変容していくものであることを指摘している。したがって,算数数学の表現の使用は,このことを含んで捉えるべきものである。

このようにして,「数学的コミュニケーションとは,算数数学の表現を使用しているコミュニケーションのことである」という規定は,上記のような広がりの事実の中で捉えていくこととなる。

(5) 「数学的」ということについての補完的考察

前述1章2(2)で示したように数学的コミュニケーションを定義することについて,ここで補完的考察を行う(cf. 金本, 1998)。それは,この定義が基本的に表現に依拠した定義となっているからであり,そのことの根拠としては,Sfard (2000) に,また,Sfard (2000) が依拠しているウィトゲンシュタインによるのであるが,そのことについて補完的な考察をしておきたい。さらには,子どもの認識の実態はどのようであるのかということであり,心理学的研究の知見を踏まえておくことが必要と考える。

数学教育学研究での近年における表現と思考に関する研究では,Cobb, Yackel & McClain (Eds.) (2000) の "Symbolizing and Communicating in Mathematics Classrooms : Perspectives on Discourse Tools, and Instructional Design" (Lawrence Erlbaum Associates) が重要な研究成果となっている。本研究では,この中から,特にSfard (2000) の研究に着目している。なお,ウィトゲンシュタイン哲学の言語ゲーム論に着目した論考として,Bauersfeld (1995) の "'Language Games" in the Mathematics Classroom : Their Function and Their Effects' を見ることもできる。

それ故,まずは,それらで言及されている「後期ウィトゲンシュタイン」哲学を踏まえ,また,他分野における研究での同様の主張をも踏まえて,さらに,それらの主張点に関する近年の心理学的研究の知見を得ることによって,「数学的」を規定するに当たって"表現"を重視する本研究の立場の根拠を補完したい。

① ウィトゲンシュタインのテーゼ

ウィトゲンシュタイン，特に「後期ウィトゲンシュタイン」として特徴づけられる哲学を典型的に示す言葉は「言語ゲーム」である。ウィトゲンシュタインは，「語の使用の全過程を，子供がそれを通じて母国語を学びとるゲームの一つだと考えることができよう。私はこうしたゲームを『言語ゲーム』と呼び」，また，さらに，「私はまた，言語と，言語が織りこまれた諸活動との総体をも言語ゲームと呼ぶ」(『哲学探究』1部7節：黒田 (編)，2000，p.171) と述べている。そして，この文脈に位置づけられ，本研究，また，Sfard (2000) において立論の根拠となっているものが，次の言明である。

「語の意味とは，言語におけるその使用のことである」
(『哲学探究』1部43節：黒田 (編)，2000，p.181)

黒崎 (1997) は，このような「後期ウィトゲンシュタイン」の立場を「言語ゲーム一元論」と呼び，次のように特徴づけている。

「〈言語ゲームの世界〉こそ，我々にとっては唯一の〈所与〉なのである。全ては，そこにおいて考えられねばならない。〈言語ゲームの世界〉こそ，存在の棲家なのである。そこから離れたものは，全て，その存在を失い，幻想になってしまう。」(p.56)
「『言語ゲーム一元論』とは，『〈言語ゲームの世界〉こそ，我々にとっては唯一の〈所与〉であり，全ては，そこにおいて考えられねばならない』という思想である。」(p.43)

そして，黒崎 (1997) は，物的存在も心的存在もすべて言語的存在である (p.21) とした上で，具体的内容である「事実」について，次のように述べる。

「事実が事実として成立するためには，それが言語的に表現されねばならない。言語が事実を成立させるのだ。」(p.27)

このような立場が，「数学的」を規定するに当たって表現を重視する本研究の立場となっている。また，後期ウィトゲンシュタイン哲学の「言語ゲーム一元論」について数学教育学研究において言及しているものに，先に述べたように Bauersfeld (1995) の "'Language Games' in the Mathematics Classroom: Their Function and Their Effects" がある。この研究は，近年の数学教育学研究及び認知心理学研究等を基に議論を進めており，結論的な知見として，ウィトゲンシュタインが示した「数学的な確実性とは，心理学的な概念ではなく，

言語ゲームにおけるそれである」というテーゼを引用し，そのことが言語使用に関する社会的協定とともに生じるものであるとしている。そして，このようにして，社会的相互作用や学級の文化（culture of the classroom）に対して，根源的存在である「言語ゲーム」への着目として改めて我々を立ち戻らせることになると主張している（Bauersfeld, 1995, pp.287-288）。

② サピア＝ウォーフ仮説

世界を認識することについて，言語に決定的な役割を担わせているものとして，ウォーフの言語的相対論がある。前述のウィトゲンシュタインが哲学的研究より人間の世界への関わり方を「言語ゲーム一元論」として捉えたのであるが（『哲学探究』，1936 - 49 年に執筆），同時期に人類学の立場から言語学的研究を進めたウォーフは，言語的相対論をもって，平均的ヨーロッパ標準語がもつ優越性を批判し多様な言語とその言語が切り分ける世界の見方を受け入れることを主張する（cf. キャロル，1993, p.283）。そのことが，さらに，言語が世界を切り分け，世界の見方を与えるという思想性を示すこととなる。

ウォーフは，次のように述べている。

「われわれは，生まれつき身に付けた言語の規定する線にそって自然を分割する。われわれが現象世界から分離してくる範疇とか型が見つかるのは，それらが，観察者にすぐ面して存在しているからというのではない。そうではなくて，この世界というものは，さまざまな印象の変転きわまりない流れとして提示されており，それをわれわれの心－つまり，われわれの心の中にある言語体系というのと大体同じもの－が体系づけなくてはならないということなのである。われわれは自然を分割し，概念の形にまとめ上げ，現にみられるような意味を与えていく。そういうことができるのは，それをかくかくの仕方で体系化しようという合意にわれわれも関与しているからというのが主な理由であり，その合意はわれわれの言語社会全体で行われ，われわれの言語のパターンとしてコード化されているのである。もちろん，この合意は暗黙のもので明文化などはされていない。しかし，ここに含まれる規定は絶対的に服従を要求するものである。」（ウォーフ，1993（原著1940），p.153）

このことがサピア＝ウォーフ仮説と呼ばれるものであり，このような主張は，「言語ゲーム一元論」と同様に言語の優位性を主張する立場となる。そして，このような立場は，本研究における算数数学の表現とその意味との関係の吟味にとっても重要なものとなる。ところで，このサピア＝ウォーフ仮説は人類学的な知見によって提示されたものであるが，多大の影響を及ぼしつつその賛否の議論は続けられてきたようである。そして，主に 1990 年代以降の認知心理

学的研究において，子どもたちは実際にどのように言語とその意味を獲得していくのかということについての実証的研究が進められることへとつながる。それらについての知見をここで踏まえておきたい。

③ 言語獲得の発達に関する心理学的研究の知見

言語獲得の特徴，また，その発達の特徴はどのようなものであるのか。具体的にどのぐらいの年齢の子どもたちからその様相が変容していくのであろうか。近年の心理学的研究から，その知見を得ることができる。

そこでは，3～7歳児に対する実験的研究から，「概念とレキシコンのブートストラッピングプロセスが子どもの概念発達とレキシコンの発達を支えている」（今井・針生, 2007, p.231）という知見が得られている（注：「レキシコン」＝メンタルレキシコン，心的語彙，語彙辞書）。そして，「言語がない，あるいは使えない状況下での認識は，言語が意識的にしろ無意識的にしろ，使える状況での認識と性質が違うのだ。言語は私たちにとってなくてはならないもので，言語をわざわざ使えなくするような人工的な状況でなければ，脳は無意識に，そして自動的に，なんらかの形で言語を使ってしまうのである。これを考えれば，言語を介さない思考というのは，言語を習得した人間には存在しない，という極論も，あながち誤っていないかもしれない」（今井, 2010, pp.201-202）とも述べている。義務教育段階での授業に限定して数学的コミュニケーションの展開について考察している本研究にとって，重要な知見となっている。今井らの研究から，いくつかのことを踏まえておきたい。

1) モノの名前（名詞）の学習と語彙学習バイアスの役割

まず取り上げておきたいのは，モノの名前（名詞）の学習についてである。今井・針生（2007）は，新しい語に対して2歳児でもおおむね適切に「即時マッピング」をしていると述べている。すなわち，何かモノを指して新しい語が言われただけでは，それが，そのモノのどのような側面を指すのか，その固有名詞なのか，〈白い〉や〈ふわふわしている〉などの属性の名前なのか，それともカテゴリーの名前なのかは決められないはずであるが，「子どもは実際に新しい語を一度聞いただけで，即座に，そのありそうな意味をうまく推論している」（p.33）。さらに，「このとき子どもは即座に，新しい語を他の類似の対象にも使うことができる，と考えている」（p.33）ということであり，子どもは新しい語をカテゴリーの名前として見なすことができる。

このようなことができるのはどうしてであるのか。それは，「子どもが『ことばは，特定の対象に限定的に使うのではなく，同じ種類のモノに共通に使う

ものだ。そして同じことばを共有するモノどうしは形が似ている』といった理解をもってことばの学習にのぞんでいる」(今井・針生，2007, p.33) からである。いいかえれば，「子どもが新しい語に出会ってその意味をすばやく的確に推論できるのは，語の意味について，『語はモノの名前だ』よりはもう少し具体的に，『語とは，形の類似したモノどうしのカテゴリーの名前だ』と想定しているからなのである」(今井・針生，2007, p.33)。このような想定をメタ知識として子どももっているのであり，それらは「制約」あるいは「語彙学習バイアス」と呼ばれている。

そのような「語彙学習バイアス」には，(i)「事物全体バイアス」=「子どもはモノ（物体）につけられた名前を，色や素材（属性）ではなく，事物全体の名前と考える」(p.34)，(ii)「事物カテゴリーバイアス」=「子どもは未知の語を聞くと，それを固有名詞ではなくカテゴリー名だと考える」(p.35)，(iii)「形カテゴリーバイアス」=「語はカテゴリーの名前だという（少々漠然とした）想定ではなく，語は形が似ているモノに般用すべしという想定」(p.36)，(iv)「相互排他性バイアス」=「子どもはモノの名前（カテゴリー名）はただ一つと想定している」(p.38) などがあることが知られている。

なお，はじめの3つのバイアスは，「新しい語が対象のどこを指していると考えるべきか，また，どのような基準で般用していくべきか」に関わるものであるのに対して，「相互排他性バイアス」は，「すでに子どものレキシコンの中にある語と，そこに新たに加わってくる語との意味関係をどう整理するかに関するものである」(今井・針生，2007, p.38) と述べている。例えば，ネコでもイヌでも「ニャンニャン」と呼んでいた子どもに対して，大人がイヌを指して「ワンワン」と言ったとすると，子どもはネコについては「ニャンニャン」と呼び続け，イヌについては「ワンワン」と呼び，もう「ニャンニャン」とは呼ばないということである。子どもは大人がイヌを指して「ワンワン」と言うのを聞いたときに，それを「ニャンニャン」とどう関連づけるかという局面に立たされる。これらは同義語であるかも知れないし，〈イヌ〉と〈動物〉のような包含関係で捉えるべきなのかも知れないし，互いに指示範囲が重ならないカテゴリーの名前かも知れない。新しい語とすでに知っていた語との意味関係を決め，再構成しなければならない。「相互排他性バイアス」があるからこそ，それに従って語と語，語と対象の意味関係をうまく整理することができるとしている（今井・針生，2007, pp.38-39)。

これらの知見で注目したいことは，カテゴリー名としての名詞の獲得，そして，語の意味の推論が2歳児頃には出来ているということ，また，そのときに，「語彙学習バイアス」によってそのことが可能となっているということである。

さらに，そこにはレキシコンの中にすでにある語との意味関係の調整，意味の再構成の機能が含まれているということである。

2) 上位カテゴリー名の学習の特徴

次に，上位カテゴリー名の学習について，今井むつみ・針生悦子（2007）を基に見ておきたい。

「椅子」などの基礎レベルのカテゴリーに対して，例えば「家具」という語は上位カテゴリーの名前である。この場合，上位カテゴリーは知覚的な類似性はあまり高くなく，共有されているのは目に見えにくい"機能"である。したがって，「上位カテゴリーの名前を学習するためには，形があまり似ていなくても機能的に似ていれば同じ名前で呼ぶ，ということができなければならない」（今井・針生，2007，p.61）。しかし，実験では，新しい語に対して3歳児も5歳児も形状刺激の方を選び，機能的に似ていれば同じ名前で呼ぶことの難しさが明らかになっている。このことから，上位カテゴリー名の学習においては2つのことが重要であることを指摘している。

その第1は，機能的な属性を共有していることを命名場面で強調することである。例えば，普通の球形のボールと楕円形のラグビーボールのようなボールを取り扱った3歳児の実験において，両方とも「ボール」と呼んでいた子どもに対して楕円形のボールは「ヘク」だと新しい名前を教えられると，それ以降はそのボールを「ヘク」と呼び，「ボール」とは呼ばなくなる。しかし，この新しいラベルを導入する前に，楕円形のボールや球形のボールをそれぞれ転がしてみせ，同じ機能があることを強調すると，楕円形のボールを「ボール」カテゴリーから除外してしまう子どもは減少することが明らかにされている（今井・針生，2007，p.62）。

また，第2は，上位カテゴリーの成員を複数示して，それらに対して同じラベルをつけてみせることである。すなわち，「複数の，表面的にはあまり似ていないモノに同じラベルがつけられれば，子どもはそれらのモノには，表面的には見えにくい何らかの共通性があると思い，その共通性を探ろうとする。そして，そこに何らかの共通性を見いだすことができれば，子どもはそのラベルをそのような上位レベルのカテゴリーの名前として受け入れ，同じ属性をもつ他のモノにもそれを般用できるようになるのである」（今井・針生，2007，p.63）。

このようにして，上位カテゴリー名に関しては，「機能の共通性を強調するなり，複数の上位カテゴリーの成員を示してそれらを同じラベルで呼んでみせるなど，特別な手がかりを与えないかぎり，子どもは新しい語を上位カテゴリーに対応づけようとはしない」（今井・針生，2007，p.63）とのことである。これら

のことは，算数数学の表現の役割を重視する本研究にとっても示唆的である。

3) 世界を切り分ける動詞そして関係性を表現する語の特徴

動詞の獲得について見ておきたい。動詞の意味は名詞よりも抽象的になっており，動詞を名詞と比較した場合，その特徴として次の３点を挙げることができる。

第１に，「動詞の指示対象は，時間軸に沿って変化し，最終的には消失してしまう。つまり，時間的な恒常性が低い」（今井・針生，2007，p.77）ということが挙げられる。

第２に，世界をどう切り分けるかについての違いが存在することである。すなわち，「時間軸上で，どこからどこまでが一つの動詞で呼ばれるべき動作なのか，その境界がはっきりしない」（今井・針生，2007，p.77）という点が挙げられる。例えば，スプーンを振り回して食べ物をこぼしてしまった子どもの様子に対して「こぼす」という動詞の意味としてどの部分を切り出すかである（pp.77-78）。また，さらには，「それぞれの単語が同じ領域で隣接する単語とどのような関係にあるのか」（今井・佐治，2010，p.137）という点も，世界の切り分け方として存在している。次のように述べている。

「動詞の場合には，意味が名詞よりも抽象的になり，一つの動詞の意味は，同じ意味分野で隣接する動詞との関係で，一つの動詞がカバーする意味範囲が大きく影響される。その結果，言語によって，ある意味分野をどのように分割するのかも大きく異なり，言語間の対応もモノの名前のようにきれいにはできない場合がほとんどである」（今井・佐治，2010，p.137）。例えば，「モノを持つ・運ぶ」という意味領域では，英語では'carry'という語で「モノを移動を伴わずに持っているか，移動させるか，という観点から大きく切り分ける」が，その語に相当する中国語では'抱（bao）'（両手で抱くように持つ），'背（bei）'（背中に背負う），'挙（ju）'（高く掲げて持つ），'提（ti）'（引き上げるように持つ）等のように，「モノの移動を伴うか否かは頓着せず，モノの持ち方で，意味分野を細分化している」（今井・佐治，2010，p.137）としている。

第３に，「動詞は，名詞を項としてとり，名詞で指示されるモノどうしの関係を表現する」（今井・針生，2007，p.75）ということが挙げられる。例えば，「走る」動作は走る主体なしには存在しないし，「投げる」動作は投げる主体（投手）と投げられる対象（ボール）があって初めて成立する。その際に必要な項（名詞）の数は，自動詞の場合は１つであり，他動詞の場合は２つであるが，「大きな特徴は，この項の位置にくることのできる名詞は特定のものに限定されない，つまり，これらの項は動詞にとっては変数である」（今井・針生，2007，p.76）と

いうことであり，そのことが，関係性の表現としての動詞の役割を創り出している。また，このような関係性に注目した動詞の般用ができるようになるのは5歳頃であり，「このころまでに，動詞の意味においてモノは変数で，関係こそが核であることが理解できるようになっている」（今井・針生，2007，p.227）としている。

さらに，このような時期は，例えば空間関係の分類実験（三角柱と円柱を家を作るように重ねて提示，三角柱と円柱を並置，円柱と角柱を重ねて提示：棚の上・中・下に絵カードを置く）で明らかにされているように，「モノを変数として扱い，関係の同一性に基づいてカテゴリーを作ったり，その関係の中で同じ役割をはたしているモノどうしを対応づけたりすること」，また，「二つの状況のあいだでの関係が似ていることに目を向け，その『関係』の中での役割に応じてモノを対応づけること」，いわば「関係に基づく対応づけ」である「構造写像（structural mapping）」が出来るようになっていく時期ともほぼ一致していると指摘している（今井・針生，2007，p.227）。そして，空間関係を表す語を用いることが空間関係に基づいた対応づけを促しているとして，「関係概念のラベルが，関係に基づく対応づけ能力をブートストラップしている」ことを強く示唆している（今井・針生，2007，pp.228-231）。

これらのことは，算数数学の学習を考えるに当たり，また，本研究にとってもとても示唆的である。

4）言語の学習と概念の学習との関係についての心理学的研究の知見

知見をまとめておきたい。言語の学習と概念の学習との関係について，今井・針生（2007）は次のようにまとめている。

「「ネコ」「ウサギ」「イヌ」「リンゴ」「バナナ」などの「モノの基礎レベルのカテゴリーは，世界の構造がすでにそのようなものになっているという部分も少なくなく，その意味で，カテゴリーは言語によって作られているというより，言語がすでに存在しているカテゴリーに対応づけられると考えた方がよさそうである。他方，モノどうしの関係を指示する概念は，基礎レベルのカテゴリーのような強力な知覚的よりどころがなく，カテゴリーの認識に言語（ラベル）が及ぼす影響も大きくならざるをえない。つまり，どちらの見方が正しいかというより，概念の性質によって，どちらが優勢になるかが変わるということなのだろう。」（p.231）

このような知見を，主に5歳頃までの子どもたちを対象にした実験的研究と理論的研究によって今井らは得ている。そして，「概念とレキシコンのブートストラッピングプロセスが子どもの概念発達とレキシコンの発達を支えてい

る」（今井・針生，2007，p.232）と結論づけることとなる。

そして，今井（2010）は，「人は言語によって，まったく違うモノによる，見た目にはまったく異なるモノ，出来事，事象を『同じモノ』『同じ事柄』として認識し，イメージを共有し，互いに伝え合うことができるようになる」（p.176）と述べる。また，「私たちは言語を持つことによって，動物が持たない認識を持つ。モノを知覚的な類似性や，食べられる，食べられないといったような限られた機能性だけに基づいて分類するのではなく，複数の観点から分類し，網の目のような巨大な概念ネットワークをつくり上げることができるようになったのである。そして，文脈，用途に応じて異なる視点から『同じモノ』を取り出して，様々な種類，階層のカテゴリーをつくることもできるようになった。それらのカテゴリーに名前がつけられると，ヒトはそれらを『同じもの』として認識し，モノ同士の見た目が大きく違っていても，名前の共有を手がかりに，見たことがないモノの性質や行動について，予測をすることができる。つまり言語によって，人間は，モノ同士の分類を超えて，モノを変数にした抽象的な関係のカテゴリーを自由自在につくることを可能にし，比喩や類推によって，実際には存在しない関係の類似性の気づきにまで発展させることができるようになったのである。」（p.175）とも述べる。

そして，今井（2010）は次のように結論づけ，展望する。

「言語がないと私たち人間の認識はまったく機能を止めてしまう，というわけではない。言語を持たないヒト以外の動物が，知性を持たないというわけでも，もちろん，ない。ヒト以外の動物も，ある種のカテゴリーはつくることができるし，モノや出来事の記憶をすることもできる。空間上に隠した食べ物の探索もできるし，場所の記憶もできる。その意味では動物にも認識は立派にあるといえる。それは，言語を学習する以前の乳幼児も同様である。しかし，言語がない，あるいは使えない状況下での認識は，言語が意識的にしろ無意識的にしろ，使える状況での認識と性質が違うのだ。言語は私たちにとってなくてはならないもので，言語をわざわざ使えなくするような人工的な状況でなければ，脳は無意識に，そして自動的に，なんらかの形で言語を使ってしまうのである。これを考えれば，言語を介さない思考というのは，言語を習得した人間には存在しない，という極論も，あながち誤っていないかもしれない。」（pp.201-202）

以上の知見より，義務教育段階での授業に限定して数学的コミュニケーションの展開を考察している本研究においては，算数数学の表現とその使用の仕方でもって「数学的」であることを規定する立場をとることが許されるであろう。そして，Bauersfeld（1995）が，根源的存在としての「言語ゲーム」の視点か

ら算数数学の授業を捉えなおすことを示唆していることの重要性を，改めて強調することができる。

3　数学的コミュニケーション能力の規定

(1)　数学的コミュニケーション能力の定義及びその構成要素

　前節において，数学的コミュニケーションについて定義をした。本節では，数学的コミュニケーション能力を規定することになる。

　算数数学の授業における数学的コミュニケーション能力について，1章2(2)での数学的コミュニケーションの定義を基に，次のように定義する（cf. 金本・小川・大谷・福島，1992；金本・大谷・福島・馬場・小川，1993；金本・大谷・福島・馬場，1994a；金本，1998)。

> 　算数数学の授業における数学的コミュニケーション能力とは，数理的な事象に関わるコミュニケーションを進めていく能力であり，また，数学的コミュニケーションを進めていく能力である。

　この定義は，数学的コミュニケーションの規定において算数数学の表現の使用を必要としていることから，必然的にそれら表現の使用を重視したものとなっている。

　さらに，このことに依拠して，数学的コミュニケーション能力を構成する要素を次のように設定する（cf. 金本・小川・大谷・福島，1992；金本・大谷・福島・馬場・小川，1993；金本・大谷・福島・馬場，1994a；金本，1998)。
　第1は，数学的コミュニケーションにおいて使用される表現の《読みかき》についてである。表現とは，文字，式，言葉，記号，絵，図，表，グラフ，具体物，行為などの表現そのもの，また，それらの組み合わせによるテクストを指すが，それらを読み，かき，話し，聞くことができるということに関するものである。このことは，数学的コミュニケーションの定義から，また，特に「数

学的」ということの補完的考察より，必要なものとして挙げることができる。
　第2は，数学的コミュニケーションの活動についてである。このことは，コミュニケーションが他者との間での活動として存在していることから挙げられる。特に本研究で期待しているのは，話し合い活動などを通じて，教師や子どもたちが数学的な考えや考え方の共有，また，新しい考えや考え方の構成を行うことである。さらには，共有するだけではなく，公共的なものを構成し共有することである。それは，授業におけるコミュニケーションは，第2章で詳述するように，単に共有するだけではなく，公共的なものを創り出す行為でもあるからである。
　第3は，数学的コミュニケーションにおいて使用される表現，特に式などの数学的表記の"よさ"の理解に関するものである。式などの数学的表記は記述された表現であり，数学的コミュニケーションはこれらの記述された表現と関わらせることと切り離すことができない。岩崎（2007）が「言語活動が伝達をめざす以上，それはある情報を聴覚的あるいは視覚的な記号に結びつけることから始まる。算数・数学の指導においてもその事情はかわるものではないが，算数・数学の情報は音声的記号表現にはむかない。結局どれも視覚的な記号に落ちつくところに特徴がある」(p.53)と指摘していることからも，式などの記述的，かつ，数学的な表現の使用は必要であり，したがって，その数学的な表現の使用のメタレベルの認識である"よさ"の理解は欠かすことができない。
　第4は，数学的コミュニケーションの活動を進める子どもたちの態度に関するものである。例えば，いろいろな話し合い活動の場において，根拠や合理性などを問わねばならない，また，話し合い活動は大切だという意識と態度を育てていく必要があるということである。
　これらの4つの構成要素の互いの関連性は次のようなものであると考える。すなわち，第1と第2が表現と数学的コミュニケーションの活動についての理

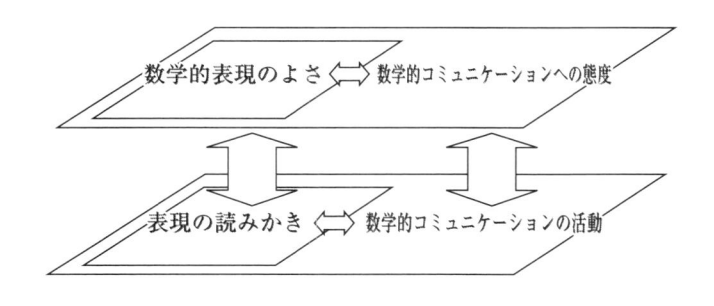

図　数学的コミュニケーション能力の4つの構成要素の関連性

解や技能に関するものであり，第3と第4がそれらのメタレベルにあるものであって，価値意識や態度に関するものなどである。また，第1と第3が数学的コミュニケーションにおいて使用される表現に関するものであり，第2と第4が数学的コミュニケーションの活動に関するものであって，後者は，教師と子どもたち，また，子どもたちどうしの相互作用のありように関わっているものということができる。これらの関連性を，前ページの図のように示すことができよう。

(2) 数学的コミュニケーション能力の構成要素の具体化

　数学的コミュニケーション能力の4つの構成要素を，授業実践において指導しやすいようにさらに具体化したものとして，次の事項を提示する (cf. 金本・大谷・福島・馬場・小川，1993；金本・大谷・福島・馬場，1994a；金本，1998)。なお，これらは段階的なものではなく，互いに関連しあって子どもたちの数学的コミュニケーション能力を育てていくものと考えている。

【第1要素：算数数学の表現が使用できる】
　①形式的でない直観的な表現を，数学の記述的な表記としての表現に関連づけることができる。
　②様々な表現，例えば，文字，式，言葉，記号，絵，図，表，グラフ，具体物，行為などを関連づけることができる。
【第2要素：数学的な考えや考え方についての話し合い活動などの交流ができる】
　③友だちの説明を理解することができる。
　④自分の考えや考え方を説明することができる。
　⑤筋道を立てて意見を述べることができる。また，交流を通して新たな考えや問いを創り出すことができる。また，考えを共有するだけではなく，公共的なものを創り出す行為に参加できる。
【第3要素：数学の記述的な表記としての表現のよさが理解できる】
　⑥いろいろな表現の違いから，考えや考え方の違いやよさに気づく。
　⑦数学の記述的な表記としての表現のよさに気づき，そのよさを活用できる。
　⑧数学の記述的な表記としての表現にある約束や規則を理解し，それらを使って筋道を立てて考えを進めていくことができ，その重要性を理解できる。
【第4要素：数学的な考えや考え方についての話し合い活動への適切な価値意識と態度が形成されている】
　⑨根拠や合理性などを問わなければならないという意識をもち，また，問おうとする。

⑩考えを深め，表現を的確にし，また，これらを発展させるためにも，話し合い活動をすることには価値があるという意識をもち，また，話し合い活動を進めていこうとする。

このように，数学的コミュニケーション能力の構成要素を具体的に捉えることにより，数学的コミュニケーション能力育成のための授業をどのように構想していけばよいかを明らかにすることができると考えている。

なお，第4要素は，子どもの能力として捉えたものである。この要素を含めて数学的コミュニケーション能力を育成するためには，学習集団である学級の様相にも焦点を当てる必要があると考えている。そのことが，第3章での数学的コミュニケーションの外部的構造の検討と第4章での数学的コミュニケーションの内部的構造と外部的構造との統合へと展開していくことの理由となる。

(3) 数学的コミュニケーション能力の構成要素の規定の背景

学校教育においてコミュニケーション能力の育成が期待されるのは，アメリカの場合, 1980年代の「高次の知的能力の育成」の流れの中においてである（cf. 佐藤，1986）。佐藤（1986）は，次のようにまとめている。

「大学委員会『報告書』（EQuality Project）は基礎的な学問能力（basic academic competency）として，学問的教科を通じて，効果的コミュニケーション技能以外に推理力，自己学習能力を含めている。全州教育委員会の『報告書』（Action for Excellence）は狭義の基礎技能に加えて，問題解決，分析，解釈，説得的書き方を新しい技能としてとらえている。大学前の数学，技術，科学教育に関する全米科学委員会の『報告書』（Educating Americans for the 21st Century）は21世紀に必要な技能として，コミュニケーション技能と高度の問題解決技能，科学技術のリテラシィつまり思考技能をあげている。」(p.137)

このような歴史的な流れの中で，教科のカリキュラムとして具体化されたものとしてNCTMの『スタンダード』（1989）等が示されていくことになる。

もちろん，授業におけるコミュニケーションは一般的なコミュニケーションとは異なっているものである（佐藤，1996）。例えば，授業は大きくは「導入−展開−終末」という構造をもっており，そのことが教師と子どもたちのコミュニケーションの中にパターンをつくり出している。また，教師と子どもとの非対称的関係性が，「教師の問い−子どもの答え−教師の評価」というコミュニケーションのパターンをつくり出している。これらのことは，授業にはその授業の

目標があって，教師はその達成のために授業を進めていることによっている。したがって，授業でのコミュニケーション能力は，自ずと一般的なコミュニケーション能力とは異なるものとなり，留意が必要となる。

そのような留意事項をもちながらも，教育目標としてのコミュニケーション能力の育成は存在することとなる。そして，このような流れの中において，コミュニケーションを数学カリキュラムの中に位置づけることを提案した例として，NCTM（National Council of Teachers of Mathematics）の"Curriculum and Evaluation Standards for School Mathematics"（通称『スタンダード』）（NCTM, 1989）がある。また，その改訂版である"Principles and Standards for School Mathematics"（通称『スタンダード2000』）（NCTM, 2000）がある。

以下では，数学的コミュニケーション能力の構成要素を規定することの背景として，アメリカのNCTMのカリキュラム及びフィンランドのカリキュラムについて述べておくこととする。本研究は，これらを背景にしながら，「表現」と「活動」とそれらの「メタレベルの要素」でもって構造的に数学的コミュニケーション能力を規定するところに特色がある。

① アメリカのNCTMのカリキュラムの場合

『スタンダード』（NCTM, 1989）では，幼稚園から第12学年までのカリキュラムと評価の基準が，K-4学年，5-8学年，9-12学年の3つに区分されて示されている。それらの3つは基本的には同じ項目を掲げているので，ここでは5-8学年のものを示すことにする。

基準 1：問題解決としての数学（mathematics as problem solving）
基準 2：コミュニケーションとしての数学（mathematics as communication）
基準 3：推論としての数学（mathematics as reasoning）
基準 4：数学的な関連（mathematics connections）
基準 5：数と数関係（number and number relationships）
基準 6：数の体系と数の理論（number systems and number theory）
基準 7：計算と見積り（computation and estimation）
基準 8：パターンと関数（patterns and function）
基準 9：代数（algebra）
基準 10：統計（statistics）
基準 11：確率（probability）
基準 12：幾何（geometry）
基準 13：測量（measurement）

これらの基準は，基準1～3，基準4，基準5～13とで性格が異なっている。

基準5〜13は数学的な内容についてのものであるが，基準1〜3は，それら数学的な内容の学習過程において育成すべき能力として与えられている。そして，基準4は，教科内での考えの関連づけ，また，教科外の現実世界の事象や他教科との関連づけを求めることにより，数学の総合的な学力形成をねらいとしている。

　基準2の「コミュニケーションとしての数学」の内容は次の通りである。そこでは，次のような能力を子どもたちに育成していくことが期待されている（p.26；p.78；p.140）。

K-4学年
　◆具体物や絵や図を数学的な考え（ideas）に関連づけること。
　◆数学的な考えやシチュエーションについての自分たちの考え方（thinking）についてよく検討し，明確にすること。
　◆日常の言語と数学の言語や記号とを関連づけること。
　◆数学について表現したり，話し合ったり，読んだり，かいたり，聞いたりすることが数学の学習及び数学の活用の重要な部分であることを理解すること。

5-8学年
　◆口頭で述べたり，記述したり，具体物や絵や図を使ったり，記号を用いたりして，シチュエーションをモデル化すること。
　◆数学的な考えやシチュエーションについての自分たちの考え方についてよく検討し，明確にすること。
　◆定義の役割を含め，数学的な考えについての共通な理解を発達させること。
　◆読んだり，聞いたり，見たりする技能を活用して，数学的な考えの解釈や評価をすること。
　◆数学的な考えについて話し合い，推測し，納得のいく議論をすること。
　◆数学的な考えの発展における数学的表記の価値とその役割を認識すること。

9-12学年
　◆数学的な考えや関係についての自分たちの考え方についてよく検討し，明確にすること。
　◆数学的な定義を形式化し，探究的に発見したことを一般的に表現すること。
　◆数学的な考えを口頭で述べたり，記述したりすること。
　◆記述された数学的な表現を，十分な理解の下で読むこと。
　◆読んだり聞いたりした数学に関わる疑問点について，それらを明確にしたり，発展させたりしていくこと。
　◆数学的な考えの発展における数学的表記の力・経済性・優美さ，そして，その役割について認識すること。

これらからは，次の３つの特徴を認めることができる（金本，1998）。

第１に，数学的な考えと表現（具体物，絵や図，言語や記号や式，口頭によるもの等）との関わりについて，及び，それら表現の活用について述べていることである。

第２に，数学的な考えと考え方に関する話し合い活動などの思考の交流について述べていることである。いわば，数学的な考えや考え方に関するコミュニケーション活動である。

第３に，数学的表記のよさや役割の理解について述べていることである。

さらに，『スタンダード2000』においては，Pre-K-2学年，3-5学年，6-8学年，9-12学年の４つの発達的段階に区分され，『スタンダード』においてもっていた基準の性格を一層明確にするために，次の項目を統一的に掲げている（NCTM, 2000）。

　　A. 内容に関する基準（Content Standards）
　　　　　数と計算（Number and Operations）
　　　　　代数（Algebra）
　　　　　幾何（Geometry）
　　　　　測量（Measurement）
　　　　　確率・統計（Data Analysis and Probability）
　　B. 過程に関する基準（Process Standards）
　　　　　問題解決（Problem Solving）
　　　　　推論・証明（Reasoning and Proof）
　　　　　コミュニケーション（Communication）
　　　　　関連（Connections）
　　　　　表現（Representation）

ここでは，数学の内容を学習することとその学習過程において学習することとを区別し，それらを縦軸・横軸のように組み合わせてカリキュラムを作ることの意図を一層明確にしている。このような『スタンダード2000』において，コミュニケーションの内容としてすべての学年で挙げられている項目が，次の４つのものである（NCTM, 2000）。

◆コミュニケーションを通して，子どもたちが自分たちの数学的に考えたこと（mathematical thinking）を組織し整理統合することができるようにする。
◆友だちや先生，そして，他の人たちに対して，自分たちが数学的に考えたことについて筋道を立てて，明瞭にコミュニケーションをすることができるようにする。

◆他の人たちが数学的に考えたことや方略を分析し評価することができるようにする。
◆数学的な考えを正確に表現するために，数学の言語（language of mathematics）を用いることができるようにする。

なお，基準「表現」の内容は次の3つであり（NCTM, 2000），これらも関連している。

◆数学的な考えを組織し，記録し，また，それらについてコミュニケーションをするために，表現を創造し活用していくことができるようにする。
◆問題の解決のために，数学的な表現を選択し，適用し，また，それらをいいかえていくことができるようにする。
◆物理的・社会的・数学的な現象をモデル化し解釈するために，表現を活用していくことができるようにする。

これらを整理すると，『スタンダード』（1989）と同様な点として，次の2つの特徴を認めることができる。

第1に，数学的な考えや考え方と様々な事象や表現との関わりについて，また，特に数学的表記の活用について述べていることである。

第2に，コミュニケーションを通して，自らの考えや考え方を整理したり，他者の考えや考え方を理解したり，さらに，適切なコミュニケーションができるようになることについて述べていることである。

このようにして，算数・数学科においてコミュニケーションを重視した指導は，カリキュラム編成上において留意すべき事項として存在することとなり，また，そのようなコミュニケーションを進めていく能力の育成が期待されていくこととなる。

② フィンランドの国家カリキュラムの場合

フィンランドにおける義務教育の国家カリキュラム National Core Curriculum for Basic Education 2004（Finnish National Boad of Education, 2004）を基に，数学カリキュラムについて述べる（金本，2008a）。

1） カリキュラムの構造

国家カリキュラムで決められている教育内容については，はじめに総合学習及び教科横断的課題（Integration and Cross-Curricular Themes）が示され，次に母国語，第二国語，外国語，そのあとに数学，そして，その他の諸教科が示されている。総合及び教科横断的という視点が第一に掲げられおり，いわば「総合」

という考えによる教育内容を提示している。このことは,各教科内において「学習スキル」(後述)が提示されていることと関連している。

数学カリキュラムの示し方については,学年区分を「第1-2学年」「第3-5学年」「第6-9学年」とし,それぞれの発達段階の違いを次のような指導上の基本的な課題の違いでもって示している。

　＜第1-2学年の中心課題＞
　　数学的に考えること。活動に集中すること。注意して聞いたりコミュニケーションをすること。数学的な概念や構造の形式化への基礎となる経験を獲得すること。
　＜第3-5学年の中心課題＞
　　数学的に考えることを発展させること。数学的モデルの学習を導入すること。基礎的な計算技能や数概念を高めること。数学的な概念や構造を同化するための基礎としての経験を提供すること。
　＜第6-9学年の中心課題＞
　　数学的な概念の理解を深めること。実生活の数学的問題のモデル化や数学的モデルの学習,また,振り返り,焦点化,精確な表現に関わる活動を含めた適切で基礎的な能力を身に付けることができるようにすること。

さらに,「第1-2学年」「第3-5学年」「第6-9学年」の区分のそれぞれについて,「目標(Objectives)」「内容(Core Contents)」「評価基準」が示されている。なお,「評価基準」は本稿でこのように訳したが,原文(英語版)では,3つの学年区分に対応して次のように記されている。
　・Description of Good Performance at the End of the Second Grade
　・Description of Good Performance at the End of the Fifth Grade
　・Final-Assessment Criteria for a Grade of 8

2)　数学の目標
各学年の目標は次の通りである。

　＜第1-2学年＞
　　○集中し,注意して聞き,コミュニケーションをし,考えを発展させること。問題を理解したり解決したりすることを通して,満足感や喜びを引き出すこと。
　　○数学的な概念を表現する多様な方法について経験をすること。概念の形式化の過程において,中心となるところについて話すことができるようにしたり,言葉,道具,記号を用いてかくことができるようにすること。

○概念が構造を形づくることを理解すること。
○自然数の概念を理解し，それに関わる基礎的な計算技能を身に付けること。
○図や具体物を用いたり，記述や口頭で問題解決の解法や結論を正当化すること（根拠を基に説明すること）を学ぶこと。また，事象の間の似ているところ，異なるところ，規則性，原因と結果の関係を見いだすこと。
○各自の観点でもって数学的な問題について観察することができるようにすること。

＜第3-5学年＞
○数学での成功経験を獲得すること。
○探究と観察を通して，数学的な概念と概念体系を形式化すること。
○数学的な概念を用いることを学ぶこと。
○基礎的な計算技能を学び，また，数学的な問題を解決すること。
○事象の間の似ているところ，異なるところ，規則性，原因と結果の関係を見いだすこと。
○自分たちの活動と結論を正当化すること（根拠を基に説明すること），また，その解法を他者に説明すること。
○観察したことを基にして疑問や結論について説明すること。
○規則を用いたり指示に従うことを学ぶこと。
○焦点化された活動に取り組んだり，グループで活動に取り組むこと。

＜第6-9学年＞
○自らを信頼し，自分自身の数学学習に責任を負うこと。
○数学的な概念や規則の重要さを理解し，数学と実際の世界との関連を捉えること。
○計算を行い数学的な問題を解決すること。
○論理的・創造的に考えること。
○情報を獲得したり処理したりするために多様な方法を活用することを学ぶこと。
○観察したことを基にして疑問や結論について説明すること。
○規則性に気づくこと。
○焦点化された方法で活動に取り組んだり，グループの中で役割を果たすこと。

3) 数学の内容

内容として示されているものは次の通りである。項目だけを挙げておく。なお，「学習スキル」に関わる具体的な内容は後述する。

＜第1-2学年＞
①数と計算　②代数　③幾何　④測定　⑤データ処理・統計

＜第3-5学年＞
　①数と計算　　②代数　　③幾何　　④データ処理・確率・統計
＜第6-9学年＞
　①考える技能と方法（Thinking skills and methods,「学習スキル」と略記）
　②数と計算　　③代数　　④関数　　⑤幾何　　⑥確率・統計

4)　数学の評価基準
次のように記載されている。

＜第1-2学年＞
　①考える技能・活動技能（Thinking and working skills）
　②数と計算・代数　　③幾何　　④測定
＜第3-5学年＞
　①考える技能・活動技能（Thinking and working skills）
　②数と計算・代数　　③幾何　　④データ処理・確率・統計
＜第6-9学年＞
　①考える技能と方法（Thinking skills and methods）
　②数と計算　　③代数　　④関数　　⑤幾何　　⑥確率・統計

5)　「学習スキル」について
　数学の「学習スキル」については，内容項目として記載されているのは第6-9学年であるが，第1-2学年及び第3-5学年では評価基準として記載されている。また，第6-9学年の最終評価基準にも記載がされている。それらを次に示す。

＜第1-2学年＞
　○数学と関連した概念の理解について説明をすること。また，それらを問題の解決に向けて用いたり，教師や他の児童・生徒に対して説明したりすること。
　○正しい結論に到達すること。どのようなことを行ったのかを説明すること。また，図や具体物を用いたり，記述や口頭で解法の説明をする方法を知ること。
　○次の方法を知ること。すなわち，長さの比較などの比較の方法。順序よく並べる方法。反対のものを見つける方法。異なる特徴で分類する方法。ものの位置について，例えば，上，下，右，左，後ろ，間などの言葉を用いて述べる方法。集合の大きさを，例えば，「より多い」，「より少ない」，「同じくらい」，「少し」などの言葉を用いて比較する方法。＞，＝，＜などの記号を用いたりかいたりする方法。

62　第1章　数学的コミュニケーション及び数学的コミュニケーション能力の規定

<第3-5学年>
  ○数学と関連した概念の理解について説明をすること。また，それらを問題解決の中で用いたり，多様な方法で，例えば道具や図，記号，言葉，数，ダイアグラムを用いて説明したりすること。
  ○観察をするときに注意を意識的に集中しようとすること。観察したことや考えたことを多様な方法で，例えば，活動で，話しで，かいて，記号を用いてコミュニケーションができるようにすること。
  ○実際の世界の場面や事象を，比較したり，分類したり，組織したり，構成したり，モデル化したりして，数学的にかく方法を知ること。
  ○次のような方法を知ること。すなわち，与えられたあるいは選択した基準を基にしてグループを作ったり分類したりする方法。共有できる特徴を探す方法。質的な特徴と量的な特徴を区別する方法。いろいろなものについて，それらが「正しい」か「正しくない」かの判断を示しながら述べる方法。
  ○新たな形式で数学的な問題を示す方法を知ること。単純なテキストや図，事例を解釈することができるようにすること。その問題を解決するための計画を立てることができるようにすること。
  ○規則を基に進めていく方法を知ること。
<第6-9学年：内容として示されているもの>
  ○分類や比較，組織化，測定，構成，モデル化などの論理的に考えることを必要としたり，規則性や関連性を探究したり表現したりすることを必要としたりするように働けること。
  ○比較や関連を説明するのに必要な概念を解釈したり用いたりすること。
  ○数学的なテキストを解釈したり創り出したりすること。
  ○推測や経験を正当化したり，体系的に「試行錯誤」を試みたり，正しくないことを論理的に説明したり，直接証明することなど，証明することへと進むこと。
  ○多様な方法で結合された問題を解決すること。
  ○思考を支援する道具や図を用いること。
  ○数学の歴史。
<第6-9学年：最終評価基準>
  ○異なる事象の間の類似性や規則性に気づくこと。
  ○論理的な用語，例えば「そして」「または」「もしそうなら」「～でない」「存在する」「存在しない」などを説明するときに用いる方法を知ること。
  ○単純な命題について「正しい」「正しくない」の判断をする方法を知ること。
  ○文章形式の単純な問題を数学的な問題に変換する方法，その問題を解決するための計画を立て，それを解決し，その結果の正しさを検討する方法を知ること。

○数学的な問題解決の中で分類することを活用する方法を知ること。
　　　○表や樹形図，軌跡図や様々な図を用いて，可能な「代案」的な解法を体系的に示す方法を知ること。

　6)　まとめとして
　フィンランドの国家カリキュラムについて，次のようにまとめをすることができる。
　第1に，複数学年による区切りで，指導内容と評価基準が示されている。
　第2に，総合学習・教科横断的学習がカリキュラム編成原理として位置づいており，そのことが具体的な内容として教科と並列させて，また，教科の中において存在をしている。
　第3に，数学カリキュラムで見ることができるように，指導内容や評価基準に「学習スキル」が示されている。しかも，具体的にそれらを示していることが，どのようなことを指導し，かつ，評価するかを明確にしている。
　第4に，数学の内容が発達に応じて広がり高まっていくように配置されている。
　第5に，評価基準が国家カリキュラムとあわせて位置づけられている。
　これらの特徴の下で，数学的な表現力・コミュニケーション能力に相当するものが位置づけられている。

(4)　コンピテンス概念に基づく数学的コミュニケーション能力の発達

　本研究における数学的コミュニケーション能力は，定義と4つの構成要素の提起によって規定されている。その特徴は，「表現」と「活動」とそれらの「メタレベルの要素」でもって構造的に数学的コミュニケーション能力を規定するところにある。
　このようなコミュニケーション能力の規定は，1章3(3)で述べたように，1980年代以降に提起されてきている諸「能力」の一環に位置づけることができるが，ここでは，そのことに関わって，松下（2010）を基にそれらの諸「能力」がもっている特徴の全体像を明らかにし，また，我が国での思考力・判断力・表現力の育成がそのことに対応していること，そして，今日の能力概念の中に本研究の数学的コミュニケーション能力が位置づいていることを示す。これらによって，本研究における数学的コミュニケーション能力をどのような能力概念として提起しているか明らかにしておきたい。

1) 1980年代以降の能力概念の特徴

松下（2010）は，1980年代以降に「多くの経済先進国で共通して教育目標に掲げられるようになった能力に関する諸概念」（p.2），例えば我が国で見ることのできる「生きる力」「人間力」「リテラシー」「キーコンピテンシー」等を〈新しい能力〉概念と総称して捉えている。そして，「たいていの能力概念は，3～5個ていどのカテゴリーにまとめられ，各カテゴリーの中に数個ずつの要素がおさまるという構成をなしている」（p.2）とし，その内容としては次のようなものが含まれていると述べている（p.2）。

・基本的な認知能力（読み書き計算，基本的な知識・スキルなど）
・高次の認知能力（問題解決，創造性，意思決定，学習の仕方の学習など）
・対人関係能力（コミュニケーション，チームワーク，リーダーシップなど）
・人格特性・態度（自尊心，責任感，忍耐力など）

そして，このような〈新しい能力〉概念に共通する特徴として次の2点を挙げている（pp.2-3）。

①認知的な能力から人格の深部にまでおよぶ人間の全体的な能力を含んでいること
②そうした能力を教育目標や評価対象として位置づけていること

また，このような〈新しい能力〉概念の提起については「グローバルな知識経済」への対応があるとして，次のように述べている。

> 「どの〈新しい能力〉概念でも，程度の違いはあれ，明示的に背景として掲げられているのが，グローバルな知識経済への対応の必要性である。知識経済とは，知識の生産や管理を行う経済活動や，情報テクノロジーなどを駆使した知識を基盤とする経済活動を意味する」（p.7）

そして，初等中等教育から高等教育までに〈新しい能力〉概念が普及する背景には，このような「グローバルな知識経済」状況下での労働力要請がある（p.8）とともに，「それが単に目標として掲げられるだけでなく，『学習成果（learning outcome）』として評価され，その結果にもとづいてその国・自治体の教育制度・政策や各教育機関の教育活動の評価がなされるというシステムを伴っていることにある」（p.10）と指摘している。

2) 〈新しい能力〉概念の一つとしての DeSeCo のコンピテンス概念

松下（2010）は，このような〈新しい能力〉概念の一つとして，OECD の DeSeCo（Definition and Selection of Competencies）のコンピテンス概念を挙げ

ている。それは,「ある特定の文脈における複雑な要求（demands）に対し,心理社会的な前提条件（認知的側面・非認知的側面の両方を含む）の結集（mobilization）を通じてうまく対応する能力」(p.20)とされるものであり,その概念の中にキー・コンピテンシーが位置づけられている。次の3つのカテゴリーがある（p.22)。

〈カテゴリー1〉道具を相互作用的に用いる
  A 言語,シンボル,テクストを相互作用的に用いる
  B 知識や情報を相互作用的に用いる
  C テクノロジーを相互作用的に用いる
〈カテゴリー2〉異質な人々からなる集団で相互にかかわりあう
  A 他者とよい関係を築く
  B チームを組んで協同し,仕事する
  C 対立を調整し,解決する
〈カテゴリー3〉自律的に行動する
  A 大きな展望の中で行動する
  B 人生計画や個人的プロジェクトを設計し,実行する
  C 権利,利害,限界,ニーズを擁護し,主張する

 PISA調査で測られるリテラシーは,〈カテゴリー1〉の「道具を相互作用的に用いる」能力の一部を測定可能な程度まで具体化したものであり,「そうした『道具』を使って,対象世界と対話する能力がPISAの読解リテラシー,数学的リテラシー,科学的リテラシーなのである」(p.23)としている。
 そして,重要な指摘として,そこには認知的要素とあわせて非認知的要素（情意的・社会的要素）も含まれているとして,「3つのキー・コンピテンシーは3次元座標のような布置をなしているので,本来はPISAリテラシーも,他のキー・コンピテンシーと相互関連性をもちながら形成をはかるべきである」(p.23)と強調している。

3）我が国での〈新しい能力〉への対応
 松下（2010）が論じる〈新しい能力〉は,我が国では「生きる力」「人間力」「学士力」などに見ることができるとしている。それらにおいても,先に挙げた「基本的な認知能力」「高次の認知能力」「対人関係能力」「人格特性・態度」などを含んでいると見ることができるし,また,それらには,「知識基盤社会」という認識やPDCA（Plan-Do-Check-Action）サイクルの強調が付随している。
 この「知識基盤社会」という認識は,中央教育審議会答申「我が国の高等教育の将来像」(2005)で示され,中央教育審議会答申「幼稚園,小学校,中学校,

高等学校及び特別支援学校の学習指導要領等の改善について」(2008) においても引き続き示されているものである。2005 年答申は次のように述べている。

「21 世紀は，新しい知識・情報・技術が政治・経済・文化をはじめ社会のあらゆる領域での活動の基盤として飛躍的に重要性を増す，いわゆる『知識基盤社会』(knowledge-based society) の時代であると言われている。」

「『知識基盤社会』の特質としては，例えば，①知識には国境がなく，グローバル化が一層進む，②知識は日進月歩であり，競争と技術革新が絶え間なく生まれる，③知識の進展は旧来のパラダイムの転換を伴うことが多く，幅広い知識と柔軟な思考力に基づく判断が一層重要となる，④性別や年齢を問わず参画することが促進される，等を挙げることができる。」

このような文脈の中で，我が国での〈新しい能力〉が主張されてくることになる。

さらに，中央教育審議会答申「幼稚園，小学校，中学校，高等学校及び特別支援学校の学習指導要領等の改善について」(2008) の中では，「知識基盤社会」という認識を示した上で，学校教育にどのようなことが求められているかについて次のように述べている。

「このような社会において，自己責任を果たし，他者と切磋琢磨しつつ一定の役割を果たすためには，基礎的・基本的な知識・技能の習得やそれらを活用して課題を見いだし，解決するための思考力・判断力・表現力等が必要である。しかも，知識・技能は，陳腐化しないよう常に更新する必要がある。生涯にわたって学ぶことが求められており，学校教育はそのための重要な基盤である。他方，同時に，『共存・協力』も必要である。(中略) このような社会では，自己と対話を重ねつつ，他者や社会，自然や環境と共に生きる積極的な『開かれた個』であることが求められる。」

我が国における〈新しい能力〉の全体像を示したものといえよう。

他方，PDCA サイクルの強調も進められ，実現されつつある。それは，中央教育審議会答申「新しい時代の義務教育を創造する」(2005) において「教育の目標を明確にして結果を検証し質を保障する」という考えが示され，そして，教育政策・教育行政に影響を及ぼしている。さらに，中央教育審議会答申「幼稚園，小学校，中学校，高等学校及び特別支援学校の学習指導要領等の改善について」(2008) の補足説明欄においても，「学校教育の質の保証のためのシステムの構築の観点からは，教育課程においても，①学習指導要領における到達目標の明確化，②情報提供その他の基盤整備の充実，③教育課程編成・実施に

関する現場主義の重視，④全国的な学力調査の実施など教育成果の適切な評価，⑤評価を踏まえた教育活動の改善など，PDCA（Plan-Do-Check-Action）サイクルの確立の視点に立って検討を進めることが必要である」と示されている。

このようにして，今日の「生きる力」の強調とその下での基礎的・基本的な知識・技能の習得やそれらを活用して課題を見いだし解決するための思考力・判断力・表現力等の育成などが，〈新しい能力〉概念の我が国での在り方として存在していることになる。

4）〈新しい能力〉の全体性の捉え方

〈新しい能力〉の全体性はどのようなものであるのか。松下（2010）は，それを垂直軸（深さ）と水平軸（広さ）で捉えようとする。

垂直軸（深さ）とは，「能力の中に，可視化しやすい認知的要素（知識やスキル）だけでなく，より人格の深部にあると考えられる非認知的要素（動機，特性，自己概念，態度，価値観など）をも含む」(p.28) という意味で捉えており，〈新しい能力〉概念では，(a)要素主義的アプローチと(b)統合的アプローチが見られるとしている。

要素主義的アプローチでは，「どの要素もいったんばらばらに切り離された後に，組み合わされて全体を構成する」(p.28) もので，「まるでモザイク細工を作るように，複数のコンピテンシーから特定の職務についての汎用的なコンピテンシー・モデルが作られる」(p.28) としている。

統合的アプローチでは，OECDのDeSeCoのコンピテンス概念が挙げられており，次のように述べている。

> 「DeSeCoのコンピテンス概念は，内的属性としてさまざまな認知的・非認知的要素を含んでいるものの，それらをリスト化することに焦点があてられているわけではない。そうではなく，ある特定の文脈における要求に対してそれらの要素を結集して応答する能力こそがコンピテンスだとされる。」(p.29)

> 「DeSeCoのキー・コンピテンシーの3つのカテゴリーは，一見すると要素主義的アプローチの能力リストと似ているが，能力要素ではなくこのような統合的なコンピテンシーの種類を表しているという点で，性格を異にする。また，3つのキー・コンピテンシーが3次元座標のような相互関連性をもつと考えられている点でも，統合的である。」(p.29)

そして，このような統合的アプローチにおける教育方法は，「能力を個々別々の要素に分解するのではなく，統合された問題中心の学習を行わせること，差異や矛盾をはらむ『現代生活の複雑な要求に直面する反省的実践』を行わせる

こと」など，「生徒の思考，感情，社会関係を統合的に結集して挑戦する価値ある課題」に取り組ませることが大切であり，「そのような経験を通じて，能力が間接的に高められていく」と主張している (p.29)。

他方，水平軸（広さ）では，(a)脱文脈的アプローチと(b)文脈的アプローチが見られるとしている。

脱文脈的アプローチでは，例えばとして，企業が開発した「職務コンピテンシー評価法（Job Competency Assessment methodology）」が捉えている能力像を挙げ，その特徴として，様々な状況を超えて一般化でき，長期間にわたって持続するような行動や思考の方法を指摘している (p13)。そして，「類似の職務での卓越した業績を生むコンピテンシーは世界のどの国でも基本的には同一とされて」おり，「その意味では，この能力概念はきわめて脱文脈的である」と論じている (p.30)。

文脈的アプローチでは，DeSeCoのコンピテンス概念が挙げられている。もちろん，「DeSeCoのキー・コンピテンシーも，人生のさまざまな局面においてレリバンスをもち，すべての個人にとって——OECD加盟国のような経済先進国だけでなく，発展途上国に生きる個人にとっても——重要とされるコンピテンシーであるから，きわめて広い一般性をもつと想定されていることになる。だが同時に，DeSeCoのコンピテンス概念は，文脈依存性をもつものとして考えられている」(p.30) と指摘をしている。なお，一般性と文脈依存性の関係については，「コンピテンスの文脈依存性が，どんな人生の局面でも，どんな国でも一般的にみられる」(p.30)，そして，「文脈依存性が対象レベルの性質だとすれば，一般性はメタレベルの性質だといえる」(p.30) と説明している。そして，「DeSeCoの能力概念は，文脈によって変化する対象世界・道具や他者との相互作用を含んでおり，文脈とは独立に個人の内的属性であるスキルにおいて汎用性を強調する能力概念とは対照的である」(p.30) と結論づけている。

5) 本研究の数学的コミュニケーション能力の位置とその発達

本研究における数学的コミュニケーション能力は，定義と4つの構成要素の提起によって規定されている。その特徴は「表現」と「活動」とそれらの「メタレベルの要素」でもって構造的に数学的コミュニケーション能力を規定するところに特色があり，我が国において強調されている思考力・判断力・表現力等の能力の一環に位置づけられるもの，また，松下（2010）のいう〈新しい能力〉概念の中に組み込まれているものといえる。なお，松下（2010）のいう〈新しい能力〉概念に対応させるならば，例えば「生きる力」のような大きなカテゴリーで捉えられる能力について述べていくことが適切であるが，そのカテゴ

リーの中の要素としての様々な能力等の一つとして，本研究の数学的コミュニケーション能力を位置づけることが可能である。

また，この数学的コミュニケーション能力は4つの要素で構成されており，松下（2010）が示す能力の全体性の捉え方と類似した性格をあわせもっている。すなわち，1章3(1)及び1章3(2)で提起した構成要素は，垂直軸（深さ）の考えでいえば，可視化しやすい認知的要素（知識やスキル）としての「算数数学の表現が使用できる」や「数学的な考えや考え方についての話し合い活動などの交流ができる」だけでなく，それらのメタレベルのものである「表現のよさが理解できる」や「話し合い活動への適切な価値意識と態度が形成されている」が位置づけられているものといえる。なお，数学的コミュニケーション能力の構成要素として提起しているものは，要素主義的アプローチのような「どの要素もいったんばらばらに切り離された後に，組み合わされて全体を構成する」（松下，2010，p.28）という立場をとっているのではなく，授業展開の文脈の中に組み込み，そこでの数学的な問題に取り組む中で，その「ある特定の文脈における要求に対してそれらの要素を結集して応答する能力」（松下，2010，p.29）として提起しているものであり，また，数学的コミュニケーション能力の構成要素の相互関連性を大切にしているものである。さらに，水平軸（広さ）の考えでいえば，数学的コミュニケーション能力は活動として実現をするものであり，したがって，その活動がなされるところへの文脈依存性をもつものである。と同時に，その活動場面の固有性を明確にすることにより，逆に数学的コミュニケーションの活動としての一般性・汎用性が明確になっていくものと考えている。いいかえれば，指導における「状況（文脈）横断的な取り扱い」が重要と考えている（cf. 金本，2012c）。

このようにして，本研究の数学的コミュニケーション能力は，〈新しい能力〉概念の中に組み込まれているものということができ，また，そのような能力の全体性を捉える捉え方についての特徴をあわせもつものである。

なお，本研究での数学的コミュニケーション能力は，その構成要素を含めて，個人の中でのものとしている。もちろん，コミュニケーション能力であるので，他者との関わりの中で発揮されるものであるが，能力の規定としては個人の中に位置づくものとしている。ただ，本研究にて後述するように，数学的コミュニケーションの外部的構造を明らかにすることにより，とりわけ学級としてのコミュニティが意味の構成活動と相互構成的関係にあることに依拠することにより，数学的コミュニケーションの展開が保証され，数学的コミュニケーション能力の育成への寄与を展望することができる。このことは，他者と切り離された個人としての数学的コミュニケーション能力ではなく，他者との関係性の

中で，また，学級というコミュニティの中ではぐくまれる数学的コミュニケーション能力として本研究では構想しているということである。その意味で，松下（2010）のいう統合的で文脈的なものとして提起していることになる。また，このことにより，発達的に示すときは「汎用的」にはなるが (cf. 金本，1998)，実践的には文脈的なものとして実現していくこととなる。そして，そのことの経験と価値づけ，また，その蓄積によって，「状況横断的なもの」としての能力の発達を促していくことができると考えている (cf. 金本，2012b)。

4 第1章のまとめ

　本章では，算数数学の授業におけるコミュニケーションを，推論モデルを拡張して用いることによって捉えた。そして，そのことを特徴づけるものとして，コミュニケーションにおける「言語的コンテクスト」に着目をした。さらに，意味と表現との相互構成的な関係により，また，「語の意味とは，言語におけるその使用のことである」とのウィトゲンシュタインのテーゼと心理学的知見，また，数学教育学上の先行研究を基に，数学的コミュニケーションを「数理的な事象に関わるコミュニケーションであり，また，算数数学の表現を使用しているコミュニケーション」として規定をした。さらに，算数数学の授業における数学的コミュニケーション能力を「数理的な事象に関わるコミュニケーションを進めていく能力であり，また，数学的コミュニケーションを進めていく能力」として規定をし，その構成要素として4点を掲げた。

　なお，数学的コミュニケーション能力の4つ構成要素を提起するに当たっては，アメリカのNCTMの数学カリキュラム，フィンランドの国家カリキュラムをも参照し，「表現」と「活動」とそれらの「メタレベルの要素」でもって構造的に規定をしている。さらに，この数学的コミュニケーション能力がどのような能力概念の中に位置づくかについて検討し，1980年代以降に提起されてきている諸「能力」の一環に位置づけることができ，したがって，それらがもつ特徴のいくつかを数学的コミュニケーション能力ももつことになることを明らかにした。

　これらによって，本研究における基本的な概念の規定をすることができ，次章からの考察へと進めることができることとなる。特に，数学的コミュニケー

ション能力の育成に取り組むためには，数学的コミュニケーションの展開における特徴を捉えることが不可欠なこととしてある。本研究では，そのことを，数学的コミュニケーションの内部的構造及び外部的構造の分析と，それらの統合によって行う。

第2章
数学的コミュニケーションの内部的構造の検討

　第2章では，授業展開においてなされている数学的コミュニケーションの内部的構造について明らかにする。
　本章では，1章1にて設定したコミュニケーションを捉えるモデルを基に，数学的コミュニケーションにおける言語的コンテクストの自己組織に着目し，その様相を明らかにする。また，さらに，算数数学の授業という特性を踏まえた言語的コンテクストの組織化の特徴を明らかにする。ここでは，いくつかの事例を通して，数学的コミュニケーションの内部的構造を明らかにしていく。授業における言語的コンテクストに着目することは，授業の中でのコミュニケーションの特徴を捉えることに有効性を発揮するとともに，授業におけるコミュニケーションを包括している社会的コンテクスト（第3章）を捉えることへと拡張させることができるものでもある。
　2章4において，「公共化」や「公共的なコンテクスト」という概念を提起する。コンテクストの公共性は，従来，コミュニケーション研究の中では検討されなかったことであるが，授業におけるコミュニケーションの特徴を明らかにするには欠かすことができないものとして提起する。ここでは公共的なコンテクストの根幹となる「授業の目標」を「数学的な意味の構成」との関わりで捉え検討することになる。すなわち，1章1(1)②において，発話の理解に関わって定義したコンテクスト，すなわち，「発話の理解にあたって，発話の内容とともに推論の前提として用いられ，結論を導く役割をする想定」（本研究ではこれを「言語的コンテクスト」と呼んだ）について，2章4において，授業の目標との関わりで公共化された考えの中でそれが推論や意味の構成に当たって前提とされる場合，それを「公共的な言語的コンテクスト」と呼ぶ。そのような公共的な言語的コンテクストは，授業の目標としての「数学的な意味の構成」に関わっている。
　そして，次章では，授業の目標を「数学的な意味の構成活動の在り方」にまで拡張することによって，「公共的なコンテクスト」を「活動の在り方」において用い，それを社会的コンテクストとして位置づける。

1 言語的コンテクストの自己組織の明確化

　ここでは，拡張された推論モデルを使って授業での発話を分析する。そのことによって，特に，授業での話し合い場面でのコミュニケーションにおいて，聞き手が発話者の言語的コンテクストを確認する行為が存在すること，また，発話者が自らの考えの言語的コンテクストを提示し，聞き手の理解を築く行為が存在することを示す。このことは，コミュニケーションにおける言語的コンテクストの自己組織の第1の様相として捉えることができる。

1）　授業事例の概要
　ここで取り上げる授業事例は小学校5年の単元「小数のかけ算」の中のものであり，その概要と展開過程に関する考察部分は，次の通りである（金本・福島・馬場, 1997；金本, 1998, pp.94-103；金本, 2000a, pp.84-85）。

　前時までに「整数×小数」のかけ算の学習がすみ，本時より「小数×小数」のかけ算の学習が始まることになる。この授業では，問題「あるお店で，1か月間に，1Lの重さが1.2kgのソースを7.3L使いました。1か月間に使ったソースの重さは何kgでしょう」に取り組むことから，課題「小数×小数のかけ算の計算の方法を考えよう」を導き出し，その解決に取り組むことになる。そして，考えを発表し，話し合いを通して，かけ算の計算の仕方をまとめ，さらに，筆算の方法へと進めていくことになる。

　授業の展開部分の考察に当たっては，話し合い場面の中から，特に，
　　(ア)本時の問題が，かけ算の式に表してよいことの理由
　　(イ)筆算形式で計算するときの小数点の処理の仕方
を取り上げて考察することにする。

2）　かけ算の式に表してよいことの理由の説明
　授業は，問題提示が教師の口頭でなされ，子どもたちがそれを書きとめるということからスタートした。そして，教師が問題を板書するに当たっては，子どもたちにその量の大きさを確認しながら板書している。その上で，答えを求める式がどのような式となるかを問いかけている。また，子どもの「1.2×7.3」になるという答えに対して，さらにその理由を聞いている。

［エピソード2章1−1］
C：1.2 × 7.3
T：(式を板書して) これでいいですか。本当に？ これでいいわけを説明してほしいのですが。
C：1Lの重さが1.2kgということは，それが「もとになる数」になると思うので，この問題は7.3Lの場合の重さを聞いているので，7.3倍になる。
T：7.3倍になる。だから，1.2 × 7.3 (このあと，板書してあった「1.2 × 7.3」の式の「1.2」の下に「もとになる数」，「7.3」の下に「何倍」と書く)。

このあと，教師は他の説明の仕方がないかと聞いている。

［エピソード2章1−2］
T：いま，言葉で説明してくれました。このことを，1.2 × 7.3でいいんですよということを，言葉以外で説明する。そしたら，表せますか。この図を見せると，なるほど1.2 × 7.3でいいんですねって分かるというもの。
C：よく分からないんだけど，数直線の図で表す。
T：これ，数直線の図で表せます？ この問題に出てくる数1L，1.2kg，7.3L，この数の関係を数直線の図に表せます？
C：はい。
T：では，表してみて。
　　(子どものノート記述例は次の通りである。)

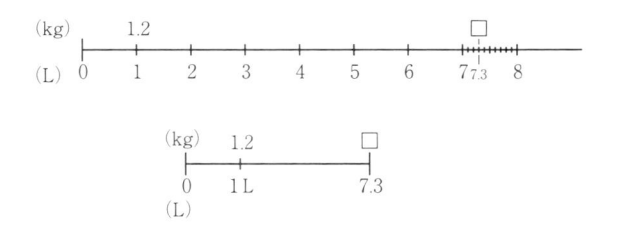

図　数直線の図

ここでは，この場面における言語的コンテクストについて考察する。前提Pを，教師の発話「この図を見せると，なるほど1.2 × 7.3でいいんですねって

分かるというもの（で説明する）」と考える。そして，結論Qを，子どもの発話「数直線の図で表す」と考える。

　言語的コンテクストの分析を行う。子どもの発話の中にある「よく分からないんだけど」という言葉は，教師の発話を理解し，その問いに答えるために，自己組織した言語的コンテクストが教師の意図しているコンテクストにあっているかどうかの不安を表している。あるいは，数直線を使って説明できるかどうかがまだ明確でないことの不安を表している。いずれにしろ，そこでは，子どもは，「1.2×7.3でよいことを示すには数直線を使うとよい」という言語的コンテクストを自己組織していると考えることができる。そして，子どもの不安があるからこそ，教師の次の発話である「この問題に出てくる数1L，1.2kg，7.3L，この数の関係を数直線の図に表せます？」が出てくるのであり，そう問うことによって，逆に適切なコンテクストを自己組織していることを認めているのである。

3) 筆算形式で計算するときの小数点の処理の仕方の説明

　授業の後半は，「1.2×7.3の計算のしかたを考えよう」という課題に取り組んでいる。考え方として，2つが取り出されている。一つは，「かけられる数，かける数ともに10倍する」という方法である。他の一つは，「kgをgになおす」というものであった。どちらも小数を整数になおすことにより，小数の計算を既習の整数の計算によって答えを求めようというものである。それぞれの方法で答えの求め方を考え，8.76と答えを求めたあと，小数のかけ算の筆算について考える活動へと移る。

　まず，教師が4年の教科書の「小数×整数」の筆算の仕方の部分を読み上げながら，黒板に，小数点をそろえてそのまま答えのところに下ろしてくるという方法を示した。

[エピソード2章1-3]
T：すると，87.6になる。
C：（挙手多数，反論の様子）
T：それで，こんな疑問が出てくるね。
　　（「4年生の小数のかけ算でできるだろうか」と板書をして）ということで，今やってみたけれどできそうですか？
C：できない。

教師の方は4年生の筆算の仕方でいいのではないかと黒板に筆算をして見せながら，他方で，そのことに対する疑問を子どもたちの中に生じさせようとしている。ここでは，前提Pを，この筆算の仕方及び「4年生の小数のかけ算でできるだろうか」という問いと考える。
　なお，子どもたちの中の疑問をより明確にしていくために，教師は黒板に残されている，直前の計算の仕方にも次のように触れている。

[エピソード2章1-4]
T：みんなは，これやってくれた。8.76と出ていることを見ると，どこが違うんでしょうね。4年生のやりかたでやったらだめなんですね，87.6。だいたいいくつぐらいになるんでしょうね。1Lで1.2，7.3Lだと？
C：8ぐらい
T：8ぐらい。そうすると，80というのはおかしい？　さあ，皆さんの計算の仕方で考えて求めた結果と比べてみて，どうなんでしょう？

　このあと，子どもたちから，87.6と計算処理することが適切でないことについての意見を聞くことになる。ここでは，子どもたちの説明のうち，特に，その結論部分を前提Pに対する結論Qとして捉える。

[エピソード2章1-5]
Kane：1.2は1とちょっと，7.3は7とちょっとだから，87という数にはならないはずだ。だから，87.6はおかしい。
T：うん。(Kaneの言葉を繰り返したあと) もう一人聞いてみよう，Cさん。
C：…(分からない様子)
C：(挙手)
T：では，Fukuくん。
Fuku：これだと，下ろすというのは4年生のときの小数のかけ算で，4年生までは「小数×整数」だったからこれだと下ろしていいが，5年生だと「小数×小数」なのでたぶんだめだと思う。
T：たぶんだめだと思う。うん。でも，なぜだめかはよく分からない。うーん。
C：(挙手)
T：Babaくん。
Baba：4年生のときは小数点が1つしかついていなかったから，そのまま下に降ろせたけれど，この場合は，1つの筆算で2か所に小数点がついている

　　　　から，2つ分小数点をずらさなければいけないんじゃないか。

これらの説明は，
　ア）「1.2 × 7.3」をその7や1の大きさから87.6という答えは大きすぎるという量（大きさ）に着眼したもの
　イ）「小数×小数」は「小数×整数」とは違うという数の種類に着眼したもの
　ウ）小数点2つ分を考えるべきだという形式に着眼したもの
と整理することができる。そして，特にFukuとBabaの発話における結論Qを，Fukuの発話における「小数×小数」のときはだめだという部分，また，Babaの発話における2つ分の小数点をずらさなければならないからだめだという部分と捉える。

　言語的コンテクストの分析を行う。Fukuの発話とBabaの発話においては，子どもたちはいずれも自らの結論Qを導き出すために自己組織した言語的コンテクストについて語っている。それは，Fukuの

　　「下ろすというのは4年生のときの小数のかけ算で，4年生までは『小数×整数』だったからこれだと降ろしていいが，5年生だと『小数×小数』なので」

という部分であり，Babaの

　　「4年生のときは小数点は1つしかついていなかったから，そのまま下に降ろせたけれど，この場合は，1つの筆算で2か所に小数点がついているから」

という部分である。これらは，1章1(4)③で示した橋内 (1999) の「言語的文脈」の中の「テクスト内の前後関係」に相当する部分であり，自分の結論Qをどのような言語的コンテクストの中で述べているかを示している。

　子どもたちの言語的コンテクストの示し方は，単に4年のときの筆算の仕方を提示しているのではなく，それを改めて5年のときの小数の場合との関連で考えるというコンテクストになっている。いいかえれば，4年のときの方法を参照することを，いま5年で取り上げている新しい場合との関連で行い考えていくための言語的コンテクストとして自己組織し，新しい場合についての結論を引き出すための準備をしていると考えることができる。その部分によってコンテクストを示しつつ，教師の示した方法と問い（P）に対して，Fukuの発話における「小数×小数」のときはだめだという結論（Q），また，Babaの発話における2つ分の小数点をずらさなければならないからだめだという結論

（Q）を導き出しているということができる。
　また，これらの子どもたち Fuku と Baba が自己組織した言語的コンテクストの違いは，Fuku が数の種類について述べるというコンテクストであるのに対して，Baba が小数点の数について述べるというコンテクストであるということにある。Baba の方が，より形式的なことを述べるための言語的コンテクストを組織していると考えることができる。

　ここでの子どもたちの発話における特徴として，
　　○自らの結論を述べるに当たって，どのような言語的コンテクストを自己組織しているかについて説明していること，そして，その言語的コンテクストの中でどのように結論が導き出されてくるかについて説明している
ということが指摘できる。しかも，この言語的コンテクストは，4年のときのコンテクストではなく，5年の場合を含んでそれを考えることができるように新しく自己組織された言語的コンテクストである。
　このような特徴は，Kane の発話と比べると，かなり異なる特徴をもっている。それは，その直前の教師と子どもたちの発話によって量（大きさ）について考えるという言語的コンテクストを共有することができており，そのことによって，Kane の発話がそのような言語的コンテクストの中の説明であるという特徴である。いわば，どのような言語的コンテクストを自己組織したかについては明示的には語っていないという特徴があるということである。その意味では，Fuku と Baba は自らの言語的コンテクスト自体を説明することなく結論だけを説明しても分かりにくいという状況にあり，そのことを2人の子どもたち Fuku と Baba はよく理解していて，かつ，このような発話をしていると捉えることができる。

2　言語的コンテクストの転換による意味の構成

　算数授業でのコミュニケーションにおいて新たな問いと意味の構成がどのような状況の下で行われているかを，拡張された推論モデルを基にして検討する。
　問いというものは，子ども自身の思考と活動の中から生まれてくるものであ

るが，ここで取り上げたいのは，教師と子どもたちとのコミュニケーションの中において，発話の意味を捉える言語的コンテクストの転換による新たな問いの構成，そして，新たな意味の構成の様子である。そのような行為をする教師の営みと，新しい言語的コンテクストを創っていこうとする子どもたちの様子である。

1) 授業事例の概要

ここで取り上げる事例は，小学校5年の単元「四角形と三角形の面積」の後半に位置しているものである（金本，1998, pp.82-86；金本，2000a, pp.82-83）。

三角形と台形の面積公式を学習したあと，それら2つの公式を1つのものとして見ることができないだろうかというところで問いが構成される。統合的な見方・考え方によって見ていこうということである。この問いに答えるために，新たな理解のための言語的コンテクストの構成が必要となる。

2) 表現に対する新たな言語的コンテクストの自己組織

ここに記載する授業の展開場面は，1章1(2)②でも述べたものであるが，三角形の面積公式と台形の面積公式とを確認し，それらを見比べながら統合的に見ることができるようにしようと取り組んでいる部分である。なお，この場面以前において，各図形の面積公式を導き出す過程で，台形の面積公式と平行四辺形の面積公式とが関連づけられており，また，三角形の面積公式と平行四辺形の面積公式とが関連づけられている。しかし，三角形の面積公式と台形の面積公式とを関連づけて捉えることは，まだ行われていない。

ところで，このようなことから，図形を切って移動したり付け加えたりして他の図形に変形しながら（あるいは，このように図形を関連づけながら），その図形の面積公式を基にして新しい面積公式を創り出すという活動には，子どもたちは習熟している。いいかえれば，このような活動を行うことによって公式を創り出すという活動に必要なコンテクストについては，子どもたちはすでにもっていると考えることができる（なお，このコンテクストを，便宜上，「切り取り」コンテクストと呼ぶことにする。それが表現されることによって，それも言語的コンテクストであることが明らかになる）。

さて，三角形の面積公式と台形の面積公式とを統合的に見るためには，このような等積変形や倍積変形等のコンテクストとは異なったコンテクストへの転換が必要となる。その様子を見ていくことにしよう。

[エピソード2章2-1]
T：これ見比べて，何か気がつかない。見比べて，この公式を見比べて，似ているところないですか。
Higu：ぼくは，「高さ÷2」のところです。
T：どうですか。
C：いいです。
T：まだあるの。Kaneさん，次，Iwaさん。
Kane：違うと思ったんだけど，……よく分からないんだけど，上底と下底は2つとも底辺だから，三角形の一番最初のところも底辺だから，何か似ている。
T：あっ，ここに出てくるのに，実は上底と下底とかいてあるんだけど，底辺のことだから，そういう意味では似ている，と。Iwaさんもそう？
でも，ちょっと見てよ。いいんだよ，それで。
いい？ ここは似ているよね。「高さ÷2」はそのままドンピシャ，同じだよね。台形の方は2つの底辺をたしているでしょ。三角形の方はたしてないよね。
C：ないもん。
C：1つしかない。

　はじめの教師の発話（Pとする）は，2つの面積公式を統合的に見るための問いである。特に，「似ている」という表現を発話したことの教師の意図は，これらの公式の統合的な理解を図ることにあり，そのような言語的コンテクストの上でなされた発話である。ところが，子どもたちの（その発話の）解釈（理解）による発話Q「ぼくは，『高さ÷2』のところです」は，発話Pの理解としてシンタクシカルな類似性という言語的コンテクストを自己組織しているためにこの発話Qがなされていることを示しており，教師の意図はまだつかめていない。HiguもKaneも面積公式での言葉や記号などの使い方に関する返答になっており，教師の問いかけをシンタクシカルな意味を創り出す言語的コンテクストで捉えたものである。
　後半の教師の発話は，シンタクシカルな類似性という言語的コンテクストを転換するためのものである。「でも，ちょっと見てよ。いいんだよ，それで」は，付帯的な意味として，「子どもたちの着目点は合ってはいるが，いま問題にしようとしているのは，そういうことではなくて」を含んでいる。また，そのあとの「台形の方は2つの底辺をたしているでしょ。三角形の方はたしてないよね」でもって，シンタクシカルな類似性という言語的コンテクストの転換を図

ることへと進めている。次の［**エピソード2章2－2**］は，このあとに続くものである。

［**エピソード2章2－2**］
T：1つしかない。そこまで出たら，何か言えないかい？
C：平行な……
T：うん，じゃ，台形の面積の公式と三角形の面積の公式，いっしょにできない？　台形の面積の公式，どうに見れば三角形の面積の公式になっちゃう？
C：えーっ。
Wata：三角形の方は，底辺が1つしかないけど，2つにすると，底辺が2つになって……
T：なるの？
Wata：上底と下底。
T：三角形に上底があるのですか。
Wata：ていうか，2つたすと……
T：2つくっつけて平行四辺形にするということ？
Wata：で，……
T：いいよ，いいよ，ちょっとおいといて。はい，Abeくん。
Abe：ぼくは，2つの台形をくっつければ平行四辺形になるのだから，上底と下底というのを2つ分と見ないで，平行四辺形の底辺と見た方が……

　まず，教師の「1つしかない。そこまで出たら，何か言えないかい？」は，メタレベルの発話である。そのことによって，新たな言語的コンテクストの自己組織を促している。しかし，子どもたちにとっては，そのコンテクストを自己組織していく手がかりがなかったようであり，難しかったようである。そこで出された，教師の「うん，じゃ，台形の面積の公式と三角形の面積の公式，いっしょにできない？　台形の面積の公式，どうに見れば三角形の面積の公式になっちゃう？」は，まったく新しい言語的コンテクストの中でのものである。それを理解する，あるいは，それに回答するための言語的コンテクストを持ち合わせていないから，子どもたちの「えーっ」という発話がなされることになる。いわば，子どもたちは教師の発話を従来の「切り取り」コンテクストの中で捉えたということであり，それ故，そこには「先生がそう言ったとしても，そこでは台形を三角形として見るようなことはできないのではないか」という葛藤が生じていると見ることができる。そういう意味では，従来のコンテクストにとらわれながら，直ちには解決の方法が見いだせないという葛藤をもった

問いの構成がなされている。その後の子どもたちの発話は，従来の「切り取り」コンテクストの中で思考しているものと見ることができよう。

[エピソード2章2－3]
T：あー，そういうことじゃなくて，公式の方から見て，公式の上から……
Taka：上底も下底も底辺だから，台形の面積は三角形の面積の式になる……
T：何か，分かっていそうなんだけど。じゃ，いいよ。聞きますよ。実に簡単な質問。三角形に上底ってあるの？
Naka：ない。
T：下底は？
Naka：ある。
T：あるよね。じゃ，三角形の公式でいえば，上底は？
C：ない。
T：ゼロなんでしょ。
C：あーっ。
T：すると，ゼロたす底辺，×高さ÷2。
C：何だ。

この［エピソード2章2－3］は，教師と子どもたちとの協同によるコンテクストの組織化の作業である。コミュニケーションを通しての新たな言語的コンテクストを組織する活動である。

まず，教師の「あー，そういうことじゃなくて，公式の方から見て，公式の上から……」は，メタレベルの発話であることが指摘できる。新たな言語的コンテクストに気づかせようとしている。しかし，まだ子どもたちにとっては難しいようであり，そこで，教師と子どもたちとの協同によるコンテクストの組織化の作業が始まる。

それは，教師の「じゃ，いいよ。聞きますよ。実に簡単な質問。三角形に上底ってあるの？」からスタートしているコミュニケーションである。「三角形の公式でいえば，上底は？」と教師が問い，子どもたちが「ない」と答えたことに対して，教師が「ゼロなんでしょ」と言い換えることによって，公式どうしを関連づけて見ていくときの新たな言語的コンテクストを示唆している。そして，そのコンテクストが，いわば劇的に子どもたちの中に組織されたことを，「あーっ」という発話は語っている。

このあと，教師は，台形の上底がどんどん短くなっていって三角形になるという図形の動的な見方についても説明をして，「すると，ゼロたす底辺，×高

さ÷2」がもっているセマンティカルなレベルでの意味を補強している。

3) 言語的コンテクストの転換と新たな意味の構成

この授業場面における発話あるいはコミュニケーションでは，まず，新たな問いが，[エピソード2章2－2]の「うん，じゃ，台形の面積の公式と三角形の面積の公式，いっしょにできない？　台形の面積の公式，どうに見れば三角形の面積の公式になっちゃう？」でもって子どもたちの中に生み出されている。それは，コンテクストの転換を迫っている。その解決に当たっては，新たな言語的コンテクストの自己組織が必要となる。実際，教師とのコミュニケーションを通して，新しい言語的コンテクストが子どもたち自身の中で組織されることによって一気に解決されていることが，[エピソード2章2－3]の「あーっ」でもって分かる。と同時に，そのとき，新たな意味が構成されたと考える。ここでは，教師は，子どもたちの中に新たな言語的コンテクストが組織されていくことを望みつつ，言語的コンテクストの転換を試みていた。そして，子どもたちは，教師とのコミュニケーションの中に何かうまく通じないものを感じながら，"分かる"ための新たな言語的コンテクストの自己組織に取り組んでいたのである。

ここで取り上げた授業の場面での教師と子どもたちの発話の特徴として，

○発話と式という表現をもとに新たな問いが構成され，その問いの解決に向けて，はじめの理解の言語的コンテクストの転換が図られ，新たな言語的コンテクストが組織されていっていること，また，そのことによって問いの解決がなされ，さらに，問いの中に存在していた表現の整合的な理解とともに，新たな意味が構成されている

ということが指摘できる。

3　言語的コンテクストの自己組織の広がり

新たな問いや意味が生まれる場面は，授業において重要な場面の一つである。ここでは，さらに子どもたちの中で数学的な意味が構成される場面に着目するが，特に，2章2で検討した「言語的コンテクストの転換による新たな問いの構成そして新たな意味の構成」とは異なる場面として，次の2点を検討する。

(ア)既習の表現の使用の仕方の発展による新たな表現と意味の構成
　(イ)複数の表現の関連づけによる新たな意味の構成
　これらの検討として取り上げるデータは，一つは，話し合い活動の前にかかれた子どものノート記述から取り上げたものである。また，他の一つは，自力解決の際に用いられた様々な表現について，話し合い活動を通して子どもたちの考えの共通性や表現の仕方の工夫などを捉え，関連づけていこうとする授業の記録から取り上げたものである。これらから，言語的コンテクストの自己組織の特徴を捉えることとする。そして，新たな数学的意味の構成の様子を明らかにする。

(1) 既習の表現の使用の仕方の発展による新たな表現と意味の構成

　第1章で述べたように，Sfard（2000）は，意味が表現の使用の仕方から生まれること，いわば，表現の意味は表現のシステムの中でのその使用の仕方であると主張している（pp.46-47）。さらに，新たな表現の使用や表現の新たな使用の仕方が生み出されてくるに当たっては，その新たな使用への期待と確かめによってなされること，また，そこではメタファーやアナロジーの働きが重要であることを指摘している（Sfard, 2000, p.66）。このような指摘からは，授業では，すでに構成されている意味との何らかの関連や発展として，そして，新しい表現の使用あるいは既存の表現の新しい使用とともに新しい意味が構成されると考えることができる。ここでは，そのような役割をもったメタファーやアナロジーの働きに着目をすることとする。

① 数学教育学研究におけるメタファーやアナロジーの研究

　メタファーとアナロジーについては，数学教育学上は区別をして論じることはない。しかしながら，例えば理科教育学では比較的明確な区別をしている。グリンほか（1993）は，次のように述べている。「アナロジーとはある過程のことである。すなわち，異なった概念の間に類似性を見いだす過程である。アナロジーという言葉とメタファーという言葉は，よく相互に言い換えて用いられるが，アナロジーはメタファーよりも，より科学的，技術的文脈で使用される傾向にある。一方，メタファーは文学的な文脈でより多く使用される（例えば，「彼女の華々しい門出はケーキの糖衣だ」）」(p.245)。また，森本(1993)は，メタファーを「人の判断を価値観を込めて何かにたとえる表現方法」とし，「水に溶けた食塩を丸印で，さらには発展させて＋と－を付与した丸印で荷電粒子，つまりイオンを表現すること」を挙げている（p.117）。また，アナロジーを「類推に

よる表現方法」とし，「電流を水の流れに例える」ことを挙げている（p.117）。

このように理科教育学上は区別をされる概念であるが，数学教育学上ではこれらを区別して用いられることはない。そこに研究の焦点が当てられているのではなく，メタファーやアナロジーの研究は，次の2つの面でなされている。一つは，抽象的な数学の意味に対しての具体的あるいは言語的表現としてのメタファーやアナロジーに着目するものであり，他の一つは，問題解決過程におけるアナロジーの役割に着目するものである。したがって，ここでは，メタファーとアナロジーという用語を，言葉としては併記をするが，同様の意味で用い議論を進めることにする。

1） 具体的あるいは言語的表現としてのメタファーやアナロジー

具体的あるいは言語的表現としてのメタファーやアナロジーの研究には，我が国では國岡（2007）や添田（1989）に見ることができる。メタファーやアナロジーは，ある構造（ソース）から他の構造（ターゲット）への写像過程と見ることができるが，國岡（2007）は，「具体的表現（教具や説明のための図絵など）が，学習対象である数学的内容のアナログ（比喩するもの）として機能しており，具体的表現をとおして数学的内容を理解することは，一種のアナロジーによる認識方法と捉えることができる」(p.67)と述べ，数学的な意味とその表現である教材・教具との関連を探っている。また，添田（1989）は，数学的な意味と言語的表現との関連を，例えば図形での「長方形」「台形」「高さ」のような命名という局面に焦点を当てて検討している。

これらの研究の特徴は，数学的な意味の構成において，教材・教具，いわば具体的表現の果たす役割を，さらには，そのような具体的表現を媒介にしながら言語的表現の果たす役割を，メタファーやアナロジーという視点から分析しようとするものである。

さらに，より抽象的なレベルの数学においては，Sfard（1994）がいうように，「他の，それよりもレベルの低い数学的な構造が，メタファーの直接的ソースとなってくる」のである。このことは，どのような抽象的レベルにおいても，これらのメタファーやアナロジーという関係性が，ターゲットとして構成しようとしている数学的な意味と，ソースとして機能する具体的な表現や「抽象レベルの低い」("慣れ親しんでいる"といった方がよい）数学的な意味との間に存在することを示している。

これらの指摘は，ソースとターゲットとの構造的な関係を基本に据えたものであり，数学的な意味の構成に当たっての言語的コンテクストの自己組織として，ソースの提示や示唆が機能することを指摘している。

なお，同様の構造的な関係に着目した研究として平林（1987）の「数学教育におけるモデル論」の研究がある。そこに，ポリアの著書『いかにして問題を解くか』に関わってであるが，次のような指摘がなされている。

「その問題解決のための戦略のなかには，前のアポステルの意味では明らかにモデル思考と思われるものが二つある。その一つは，『図をかけ』という忠告であり，他の一つは『似た問題を知っているか』という反省を促していることである」(p.367)。また，この後者については，「このような示唆の中には，物的・イコニックな水準を超えて，おそらくは言語的・理論的な水準でのモデルというものが構想されていることに注目したい」(p.368)と述べている。

メタファーやアナロジーの研究におけるものと同様の関心が示されていたことを留めておきたい。

2) アナロジーによる問題解決とその拡張

ホランドほか（1991）によると，アナロジーによる問題解決は，次の4つのステップによって構成される。

(第1段階) ソースとターゲットのそれぞれの心的表象を作る。
(第2段階) ターゲットに対する適切な類似物の候補としてのソースを選ぶ。
(第3段階) ソースの要素を目標に写像する（すなわち2つの状況で対応する役割を果たしている要素を同定する）。
(第4段階) 解に到達するために，ターゲットに適応できるルールを生成するように写像を拡張する。

ここでの第2段階である「適切な類似物の候補としてのソースを選ぶ」際に，いかにして具体的な表現や「抽象レベルの低い」(Sfard, 1994) 数学的な意味を選び取ってくるかが重要になる。いわば，「適切な類似物」が得られているかどうかが，問題解決に成功するか否かの一つの重要な場面となる。さらに，第3段階・第4段階へと移っていった際には，「適切な写像」が生成できるかどうかが重要になってくる。いいかえれば，「どのような要素が同定され，さらに，どのようなルールが生成され適応されるか」ということである。

したがって，アナロジーによる問題解決においては，
　○子どもたちがもった「適切な類似物」そして「適切な要素とルールの生成」がどのようなものであるかが明示されること
が重要になってくる。そして，それらが学級に提示されたあと，共有しうる言語的コンテクストの組織化を目指した話し合い活動がなされていくことになる。

このようなアナロジーにおけるソースとターゲットに関して，Sfard (1994) は，

前述のように，より抽象的なレベルの数学においてはそれよりも抽象レベルの低い数学的な構造がソースになると指摘をしており，ソースは必ずしも日常的なものというわけではない。むしろ，"慣れ親しんでいるもの"とそうでないものとの関係と捉えた方がよいのであり，さらには，田代（1986）が言語的表現に関わって，「比喩的表現の中には，まさしく，一つの用語の層（例えば，ある教科の用語の層）でそのことがらを表すことが不十分な場合に，他の層（例えば日常的な言葉の層）からより適切な言葉や概念を持ってくるという活動があるのであり，その子及びその授業集団において重ね合わされた『世界』の重層性の間をかけめぐる認識活動がみられるのである」として強調している認識活動をこそ重視すべきである。

その意味では，メタファーやアナロジーとは，その機能（ここではアナロジーによる問題解決の4つのステップによる問題解決）に焦点が当てられたものであると考えるべきである。このように捉えなおしたとき，機能としてのアナロジーは，単に異なる抽象性の中においてだけで捉えるのではなく，同じ抽象性の中においても，また，近接した数学的な意味の理解においても捉えることが可能である。このようにして拡張されたものとしてのアナロジーを，その機能に着目してここでは取り上げることとする（なお，この場合でも用語としては「アナロジー」という用語を用いることとする）。

② アナロジーによる言語的コンテクストの自己組織

ここでは，アナロジーによる問題解決的活動の分析を行う。その活動の中で，子どもたち自身の考えがどのように表現されているかを，特に前記の4つのステップのうちの第3段階と第4段階に焦点を当て，「適切な要素とルールの生成」の様子を検討していくことにする。

1） 授業事例の概要

ここで取り上げる事例は，小学校4年の単元「大きな数」での「一億」の数の授業である（金本・大谷・福島・馬場，1994a；金本，1998，pp.73-77）。新しい数をどのように読むかという問題意識から，既習の数の十進構造などの理解を呼び起こし，その理解の際の言語的コンテクスト上で発展的に新しい数を構成し，その表現である数の読み方を決定していこうというものである。

本時の概要は次の通りである。

太陽から星までの距離について問題「太陽からの距離は，何kmあるでしょう」が提示され，また水星までの距離57900000kmを読む問題（既習事項の範囲内）が与えられる。それが解決されたのち，地球までの距離149600000kmについて，

課題「太陽から地球までの距離の読み方を考えよう」が導き出される。そして，子どもたちの自力解決（ここでノート記述がなされ，以下での分析はここで記述されたものを使う），そして話し合い活動を経て，新しい位である「一億」について知ることになる。この課題は，「一億」という新しい表現の必要性，言い換えればその表現の使用をどのような言語的コンテクストの上で捉えていったらよいかについて考えさせようとするものである。

2) アナロジーの視点による分析

ターゲットは，「一億」という新しい表現が使われる「地球までの距離を読む」という問題場面である。また，それに対するソースとして，既習の表現の範囲内活用である「水星までの距離を読む」という問題とその解決状況が共有されている。それ以外のソースは，子どもたち各自が自由にもつことになる。

ノート記述の検討の結果，特徴として認められることは，
　　○ソースの中の要素を特定し，それに対応する要素をターゲットの中で同定していく活動
　　○そのことによって，ターゲットである，新しい表現を導入して太陽から地球までの距離を読む場面を考えていこうとしたことの結果
の２つのものが記述されているということである。言い換えれば，
　　○よく分かっていることの何をどこに使うとよいか
　　○それをどのように使うとよいか
ということが記述されている。

このような特徴について，ソースとターゲットの中で子どもたちがどのような要素に着目したかによって，ノート記述を分類することにする。いわば，よく分かっていることの何に着目し，どこでどのように使おうとしたか，ということである。次の３つの場合に分けることができる。

㋐ソースにおいて位が一つ繰り上がることによって新しい表現が用いられたことと同様に，ターゲットにおいても繰り上がりによって新しい表現を求めようとするもの。さらに，十進位取りの考えに言及しながら，新しい表現を求めようとしているもの。

　　例１　「千の上は１万のように，千万の上にも一つ繰り上がった１億がある」
　　例２　「百万から千万というふうに読むのだから，繰り上がりで１億というふうに読むということができる」
　　例３　「位のへやは，十あつまると，次の位へうつりかわっていくので，千万は，

　　　　たぶん，十あつまったら次は，億だと思う（位取り表を添えている）」

(イ)ソースにおいて「千」の次に「万」という表現を使ったことに着目し，ターゲットでも「千」の次に「万」を活用した読み方を考えようとするもの。あるいは，その表現「万」が活用されることを考えつつも，それはおかしいとするもの。

　　例4　「何千の次の位は何万だから，何千万の次は何万万で読んで……」
　　例5　「百→千→万といって，十万，百万，千万で一万とくるかもしれないけど，一万だと一万四千九百六十万でもいいけど，おかしいし，なんかへん。それに，テレビとかで一億四千とかといっている」

(ウ)ソースにおける「一十百千」と「万」との表現の違い（「十進法」「万進法」）に着目し，ターゲットにおいてはもはや「万」が使えないので，新しい表現を求めようとするもの。

　　例6　「位は，一，十，百，千，一万，十万，百万，千万と，ならった数字は，一，十，百，千とならんでいるから，千万の次が一〇というのが分かります。〇のところは，億という位が千万の次になるというのを聞いたから，〇は億で……」
　　例7　「一の位，十の位，百の位，千の位と4つの位の次の万という数がでてきたから，こんど一万の位，十万，百万，千万，また4つになったから，億になった」

　なお，ソース側への言及とターゲット側への言及とを区別し，また，それらをつないでいる言葉として例1～7においては「のように」「のだから」「ので」「だから」「といって」「から」が使われていることに着目をしておきたい。これらの言葉が，アナロジーという思考を表現する重要な役割を果たしており，根拠を明らかにして判断や結論を説明するという思考及び表現の構造をつくり出しているともいえる。また，**1章1(4)③**で示した橋内(1999)の「言語的文脈」の中の「テクスト内の前後関係」に相当する部分でもあり，言語的コンテクストを明らかにしているということもできる。

3)　言語的コンテクストの自己組織の特徴
　先にも述べたように，アナロジーによる問題解決においては，
　　〇子どもたちがもった「適切な類似物」そして「適切な要素とルールの生成」がどのようなものであるかが明示されていくこと
が重要になってくる。

本事例においては，子どもたちに「一億」という新しい表現を必要とする問題場面を考えさせることを通して，特にどのように自分の考えを表現していくかということについて，アナロジーという視点から検討していった。その結果，子どもたちの記述には次のような特徴があることが認められた。
　第1に，アナロジーでの「適切な類似物」としてのソースが選ばれているとともに，そのソースの要素と写像される要素の違いが表現されている。いわば，よく分かっていることの何に着目したか，しかも，それらにどのような違いがあるかが表現されているということである。
　第2に，どのようなルールを構成して適応させているかが表現されている。
　第3に，子どもの記述の中に，ソースとターゲットの両方の要素が示され，アナロジーの構造が表現されている。しかも，「のように」などの言葉でもって，「適切な写像」がなされていることを意識的に表現している。
　このようなアナロジーによって，「一億」という新しい表現の必要性の理解と，その表現の使用をどのような言語的コンテクストの上で捉えていったらよいかということのための言語的コンテクストの自己組織がなされている。そして，そのことによって，数を読むという問題の解決とともに，「一億」という数の意味が創り出されているのである。

(2) 複数の表現の関連づけによる新たな意味の構成

　関連づけを生かした授業のもっている特徴は，いま取り組んでいる問題解決や意味の構成における言語的コンテクストを，他の事項及びその言語的コンテクストと関連させることにより，新しい言語的コンテクストの自己組織を促すことにある。したがって，そこで重要となることは，現在の言語的コンテクストと関連させていくことになる他の事項及びその言語的コンテクストの「発見」であり，また，関連させることによって創り出される新たな言語的コンテクストの自己組織である。

1) 授業事例の概要
　ここで取り上げる事例は，小学校5年の単元「整数の性質」の授業であり，倍数の学習のあと，公倍数の学習へと入ろうとするところのものである（金本・大谷・福島・馬場，1996；金本，1998，pp.53-57）。自力解決後の話し合い活動の中で，子どもたちがそれぞれの発表内容を検討することを通して，表現の違いを超えて考えの共通性を見いだし，そのことによって表現を関連づけていく授業である。また，そのことによって新たな言語的コンテクストの自己組織を促すもの

となっている。

　ここでは，学習内容に関わる様々な表現自体の関連について焦点を当てる。この事例では，問題解決に当たって創り出している図や表，言葉や記号，数などの表現による説明（倍数の考えを用いている）と，話し合い活動を通してそれらを関連づけ，新たなもの（公倍数の考え）を見いだしていく様子を取り上げる。それは，新たな考えを見いだしていくための言語的コンテクストの自己組織を促す授業の様子でもある。

　本授業では，2拍子と3拍子の歌を聞き，その歌の指揮をすることで，指揮者の手が同時に挙がることに着目する。そして，そのようなことが起こる根拠について考えさせ，それを説明する際の表現方法を工夫させながら，倍数の考えと関連づけ，さらに，話し合い活動によって様々な表現を比較・検討することによる関連づけと考察を通して，公倍数の考えを見いだし公倍数を知ることになる。

　自力解決の後の話し合い場面は次の通りである。公倍数の考えを見いだす前までを取り上げる。

[エピソード2章3(2)-1]
T：発表してもらいましょう。
Kita：手が挙がるときを数直線で表しました。

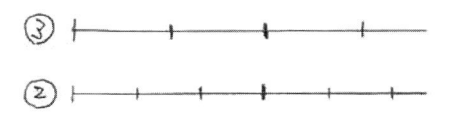

T：質問や意見はありますか。（子どもたちの中からは「見やすい」，「分かりやすい」との声があがる。）
Yosi：手が挙がるところを△で表しました。

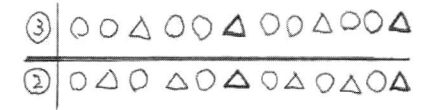

Sato：Kitaと考え方は同じだよ。
T：そうですね，でも表し方が違いますね。
Taki：Kitaは手が挙がるときだけ表しているけど，Yosiは手の動き全部を表し

ています。
Take：3拍子の方は，3＋3＋3で表し，2拍子の方は，2＋2＋2で表し，答えが同じになるところが重なります。

$$
\begin{array}{l}
③\ 3+3+3+3+3+3+3+ \\
\quad\ \ \ 6\quad\ \ 12\quad\ \ 18 \\
②\ 2+2+2+2+2+2+2+ \\
\quad\ \ \ 6\quad\quad\ \ 12
\end{array}
$$

Matu：たしていってもいいけど，3拍子の場合は3がいくつあるかと考えて3×1，3×2とやっていって，2拍子の場合は2×1，2×2，2×3とやっていけばよいと思います

Haya：2×3と3×2は，2年生のときにやった，かけ算はかける数とかけられる数を反対にしても答えは変わらないということを勉強したから，同じになるということがすぐに分かります。

Yuki：手の動きをかいて表しました。

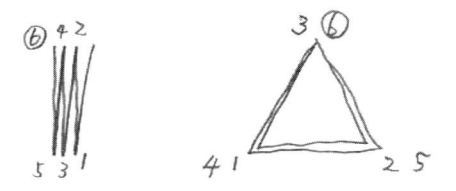

T：そうすると6になるときに重なるのかな。みんなの発表は，表し方は違うけど同じ考えをしているものがありますね。

Sino：YosiとYukiは，手の動き全部を表している。

Kei：KitaとTakeは，手が挙がるときだけを考えている。

　教師のこの最後の発言のように，表現の違いを考えの違いとして捉えるのではなく，「表し方は違うけど同じ考えをしている」と強調することにより，互いに変換可能なKitaの表現とTakeの表現，Yosiの表現とYukiの表現とが関連づけられている。また，Matuの表現はTakeの表現の異なった表現として提起されつつ，Hayaの表現でかけ算のもっているよさが述べられている。

3　言語的コンテクストの自己組織の広がり

2) 言語的コンテクストの自己組織の特徴

　この授業場面では，多様な表現を関連づけるための言語的コンテクストを見いだし組織している。子どもたちの意見は，表現に関して述べる傾向にある。「手が挙がる」「重なる」ということを表現している。それが，Take の発言によって，数との関連づけがなされている。ところが，子どもたちの意識はすぐには「答えが同じになるところが重なる」という点には及んでいない。Matu も Haya も，Take の「3＋3＋3」という表現あるいはそれが表している求め方の方に関心が向いている。次の Yuki の発言をきっかけに，教師は，それを Yuki の表し方に注意が向かないようにという思いも込めて，公倍数に注意が向くように，「そうすると6になるときに重なるのかな」と発言している。しかし，それでは，Kita や Yosi の意見が生かされないと考え，「みんなの発表は，表し方は違うけど同じ考えをしているものがありますね」と発言し，次の子どもたちの意見を引き出している。このようにして，関連づけて捉えるための言語的コンテクストの自己組織を促している。

4　数学的な意味の構成における公共的な言語的コンテクストの役割

　先に第1章の初めにおいて，授業における公共化とは，その授業の目標との関わりで考えや意味が共有されることであると述べた。公共化は，教師と子どもたちによってなされるものであり，しかも，教師と子どもたちとの非対称的関係性の下で，授業の目標との関わりの中で考えや意味の妥当性の吟味や判断の上になされるものである。したがって，授業では，様々な考えや意味が共有されるが，そのすべてが正しいものとされるわけではない。もちろん，この「正しい」というのは，どのようなコンテクストレベルで語っているかによって異なってはくる。しかしながら，授業におけるコミュニケーションを捉えるためには，共有という概念を設定しつつその中に公共化という概念を設定しなければ，授業のもつコミュニケーションの本質は解明できない。

　「公共性」とは，政治・社会理論においては，「公共の言論の空間，公論がそこで形成される市民生活の一領域を指す場合が多い」（斎藤，1998，p.486）ようである。また，「日本語では一般に公共事業など公権力の活動を正当化するための言葉として用いられ，英語でも"publicity"の語には宣伝・広報という操

作の意味合いが依然色濃い」（斎藤，1998，p.486）と捉えられる概念である。本研究では，学級での授業という「公共の言論の空間」という捉え方を基にして，「公権力」という要素を，授業にはその目標が存在しその目標の実現のために教師の役割があるという特徴の中に捉え，授業における共有という概念の中にさらに「公共化」の概念を設定する。すなわち，子どもの考えが公共化されるということは，単に共有されるだけではなく，その授業の目標の実現として「みんなで決めたこと」としてその考えを理解し，また，その考えを基にして学習を進めていくべきものとして理解すべきものであるということである。そして，このような公共化されたものの中で，それが推論や意味の構成に当たって前提とされるとき，それを「公共的な言語的コンテクスト」と呼ぶことにする。

いわば，授業は，個々の子どもたちが，問題の解決を通しての，また，他者との交流を通しての新しい意味の構成とその言語的コンテクストの自己組織と共有，また，公共化の場であると考えている。それは，授業という場においては，決して個々の子どもたちの中だけで問題解決及び意味の構成がなされているのではないということである。仮に個々の子どもたちに焦点を当ててみても，その子どもたちの活動また意味の構成は，自身と他者によって構成される集団において公共化された言語的コンテクストの中で，あるいは，それと関わらせながらなされていると考えることができる。コミュニケーションは，そのような言語的コンテクストの自己組織と共有さらに公共化において，また，公共化された言語的コンテクストの中での，あるいは，それと関わらせながらの活動において機能していると考えられる。

本研究では，授業におけるコミュニケーションは，単に共有するだけではなく公共的なものを創り出す行為であり，また，そのことにより「公共的な言語的コンテクスト」を組織していくことになると考えている（金本，2000）。本節においては，そのような特徴をおさえた上で，コミュニケーションが機能しているとはどのようなことかを検討する。

(1) 公共的な言語的コンテクスト

授業の中で行われる話し合い活動というコミュニケーションが数学的な意味の構成活動において機能しているということを，どのような視点から捉えればよいのであろうか。そのことの検討を通して，公共的な言語的コンテクストの役割を明らかにすることとする。ここでは，まず，本研究での枠組みを提示し，それを他の枠組みと対比することによって，その特徴を明確にする（金本，2000）。

1) 公共的な言語的コンテクストを重視した本研究での枠組み

本研究では，次の2つの点を考慮に入れた枠組みを設定することとする。

第1は，授業には，その授業の目標が存在し，そのことの達成のために授業の展開がなされているという点である。意味の公共化は，このことと関わっている。授業の目標との関わりの中で数学的な意味が構成され，共有され，公共化されるということに着目をしておかなければならないということである。

第2は，発話の理解が推論（inference）によってなされていること，そして，その推論に当たっては前提とされる想定があり，それが自己組織され，理解がなされているということである。

これら2点を，コミュニケーションが授業において機能していることを捉えるための枠組みに生かそうということである。すなわち，本節においては，話し合い活動において教師と子どもたち，また，子どもたちどうしのコミュニケーションが機能している様子を，その授業における，

(i)公共的な言語的コンテクストの構成活動

(ii)公共的な言語的コンテクストを意識した参加者の個々の言語的コンテクストの明示行為

の2点に焦点を当てて検討することとする。それは，授業におけるコミュニケーションの機能を捉えるに当たっては，まずは公共的な言語的コンテクストの構成活動が，授業の本質的部分としてあると考えているからである。

2) 他の枠組みとの比較

このような枠組みの特徴を明確にするために，他の2つの枠組みと比較をしておく。

第1は，Yackel,Cobb & Wood（1999）の枠組みである。

学習者が数学的な意味を構成するに当たってコミュニケーションが機能しているかを見るに当たり，Yackel,Cobb & Wood（1999）は，事例としてたし算の答えを求める問題において多様な求め方を考えるという「多様な解法（different solution）」の意味の構成を取り上げながら，次の2つの視点を提示している。

その一つは，数学的な意味がどのように相互作用的に構成されたかを見ようということである。例えば，数の計算において，教師と子どもたちによる練り上げの際の教師の発話「いいね，違う考えだね」などを取り上げ，計算における「多様な解法」という意味を創り出す場面での教師の繰り返しなされる発話と子どもたちのコミュニケーションの様子に着目している。他の一つは，そのような意味の構成が子どもたちのその後の学習に，どのように影響を与えてい

るかを見ようということである。前述の例では，教師と子どもたちによる相互作用的な意味の構成活動のあと，子どもたちが多様に考えている状況が生まれていることに着目をし，「多様な解法」という意味が定着していると捉えている。

このような2つの視点から，教師と子どもたちのコミュニケーションが，子どもたち自身の思考活動に機能していることを示そうとしているのである。

これらの視点のうち，後者は，コミュニケーションの結果としての「成果」の有無に着目をしている。いわば，コミュニケーションの効果性である。それに対して，前者は，実際のコミュニケーションの中で教師が子どもたちに何を教えようとしているかに着目をしている。Yackel, Cobb & Wood（1999）の事例でいうと，与えられた問題に対して答えを求めるということだけではなく，異なった求め方をしている子どもをほめ，「多様な解法」を促していることである。そのことが，問題に対する答えというだけでなく，問題に対する「多様な解法」ということの意味を相互作用的に子どもたちの中に構成していこうとしているのである。

Yackel, Cobb & Wood（1999）が示すコミュニケーションの機能を見る視点は，基本的にはコミュニケーションの効果性に着目をしており，個々の学習者においてのコミュニケーションの機能を捉えるに当たって重要な視点ではあるが，学級でなされているコミュニケーションの特徴を捉えるに当たっては十分でないと考える。そこでは，コミュニケーションの機能が個人の中での意味構成との関係でのみ捉えられており，コミュニケーションが個人の意味構成にとって媒介的な役割しかもっていないことになる。それだけでは，コミュニケーションが学級の中で行われているという，学級の中での学習活動としてコミュニケーションが存在していることは捉えることができない。

第2は，Lee（1999）及びLee & Nohda（2000）の枠組みである。

Lee（1999）は，Saxe, Dawson, Fall & Howard（1996）の考えを背景に，協同的な問題解決における個人の問題解決的活動と他者との相互作用的な関係を捉える枠組みを提案し，その分析を試みている。そこでは，まず，協同的な問題解決における活動を「課題指向的活動（object-oriented activity）」と「交流指向的活動（interaction-oriented activity）」の2次元でもって捉えている。前者は，問題を解決することの中に含まれている「内容に関わった活動」であって，例えば，式のもっている情報を変換することなどである。また，後者は，他者と交流することの中に含まれている「内容に関わらない活動」であって，例えば，社会的な関係をつくり保持することなどである。その2次元の軸でもって，協同的な問題解決の過程における各々の活動を捉え，どのような特徴をもったものであるかを2次元上に位置づけていくことができると考えている（Lee, 1999, p.186)。これによって，Lee（1999）は，個人の問題解決的活動と他者との相互作用とを統一的に捉えようとしている。Lee（1999）の枠組みは協同的な問題解決の活動を捉えようとしたものであり，いわば，個人と他者との関わりを目に見える形としての活動で捉えつつ，コミュニケーションの機能を考えようとするものといえる。

しかし，このことが，数学的な意味の構成から授業におけるコミュニケーションを捉えていこうとする本研究の枠組みとの基本的な差異として存在することになる。さらに，方法的にも，Lee（1999）の枠組みが2人の学生の問題解決的活動を基にモデル化されているのであり，そのことが，学級の中で行われている授業を捉えようとする本研究との差異となる。学級での授業の実現ということのもつ特徴は，2人の相互交流という活動を基にして特定化することができるものではない。いわば，2人の相互交流という活動から得た知見は学級での授業へと一般化することができるものではない。したがって，Lee（1999）の枠組みによって学級の中の各々の子どもたちの「課題指向的活動」及び「交流指向的活動」を捉えることは可能かもしれないが，学級が授業の流れとしてつくり出し保持しているものに対して子どもたちが関わっていくという活動については捉えることができないと考える。

これらに対して，本研究が提示している枠組みである公共的な言語的コンテクストと参加者の個々の言語的コンテクストによって捉えていくという枠組みは，学級における目標と活動のもつ公共性という点を捉え，したがって，授業の流れとしてつくり出し保持しているものと関わっていくという点を捉え，そのこととの関わりでコミュニケーションの機能を明らかにすることができると考えている。

(2) 数学的な意味の構成におけるコミュニケーション機能の分析

1) 授業事例の概要

第1の事例は，教師と子どもたちとのコミュニケーションである。教師が，子どもたちの中に授業のねらいとする数学的な意味の構成を目指して，教師がもっている言語的コンテクストを直接的に説明するのではなく，話し合い活動の中で子どもたちにその言語的コンテクストに気づかせていこうとしている場面である。いわば，公共化された問題意識の下で，その解決に必要な公共的な言語的コンテクストの構成を迫っている場面である。2章2において分析した事例を改めて分析する。

第2の事例は，子どもたちの意見発表におけるコミュニケーションである。

子どもたちの一連の意見発表の中で，その前の公共化された言語的コンテクストを基にした意見とはコンテクストを異にしている際に，自らの考えがどのような言語的コンテクストの中でのものであるかを説明しながら意見発表をするという場面である。そこには，ただ自分の意見を述べるのではなく，一連の意見による状況から，どのように自分の意見を述べていけばよいかという判断がある。公共的な言語的コンテクストを意識しつつ，話し合い活動の参加者が自らの個々の言語的コンテクストの明示をどのように行うかという場面である。2章1において分析した事例を改めて分析する。

2) 授業事例1の分析——公共的な言語的コンテクストの構成

取り上げる事例は，小学校5年の単元「四角形と三角形の面積」のものである。三角形と台形の面積の求め方を学習したあと，2つの面積公式が別々の図形のための異なる公式として捉えられていたことに対して，それらを1つのものとして見ることができないだろうかと考えている場面である。

[エピソード2章4(2)-1]
T：これ見比べて，何か気がつかない。見比べて，この公式を見比べて，似ているところないですか。
C：ぼくは，「高さ÷2」のところです。
T：どうですか。
C：いいです。
T：まだあるの。Kane さん，次，Iwa さん。
Kane：違うと思ったんだけど，……よく分からないんだけど，上底と下底は2つとも底辺だから，三角形の一番最初のところも底辺だから，何か似ている。
T：あっ，ここに出てくるのは，実は上底と下底とかいてあるんだけど，底辺のことだから，そういう意味では似ている，と。Iwa さんもそう？
　　でも，ちょっと見てよ。いいんだよ，それで。
　　いい？　ここは似ているよね。「高さ÷2」はそのままドンピシャ，同じだよね。台形の方は2つの底辺をたしているでしょ。三角形の方はたしてないよね。
C：ないもん。
C：1つしかない。
T：1つしかない。そこまで出たら，何か言えないかい？
C：平行な……
T：うん，じゃ，台形の面積の公式と三角形の面積の公式，いっしょにできない？

　　　　台形の面積の公式，どうに見れば三角形の面積の公式になっちゃう？
　C：えーっ。

　まず教師から，2つの面積公式を統合的に見るための問いが出されている。しかし，あとの子どもたちの反応を見ると，教師の意図はまだつかめていず，言葉や記号などの使われ方というシンタクティカルなレベルで考えている。Kane の意見に対してなされている教師の発話は，Kane の意見が，また，その意見がもっていると想定される言語的コンテクストを公共化できないことを示している。そこで，教師は，「じゃ，台形の面積の公式と三角形の面積の公式，いっしょにできない？　台形の面積の公式，どうに見れば三角形の面積の公式になっちゃう？」で，新しいコンテクストの構成に取りかかっている。

[エピソード2章4(2)-2]
　Wata：三角形の方は，底辺が1つしかないけど，2つにすると，底辺が2つになって……
　T：なるの？
　Wata：上底と下底。
　T：三角形に上底があるのですか。
　Wata：ていうか，2つたすと……
　T：2つくっつけて平行四辺形にするということ？
　Wata：で，……
　T：いいよ，いいよ，ちょっとおいといて。はい，Abe くん。
　Abe：ぼくは，2つの台形をくっつければ平行四辺形になるのだから，上底と下底というのを2つ分と見ないで，平行四辺形の底辺と見た方が……
　T：あー，そういうことじゃなくて，公式の方から見て，公式の上から……
　Taka：上底も下底も底辺だから，台形の面積は三角形の面積の式になる……
　T：何か，分かっていそうなんだけど。じゃ，いいよ。聞きますよ。実に簡単な質問。三角形に上底ってあるの？
　Naka：ない。
　T：下底は？
　Naka：ある。
　T：あるよね。じゃ，三角形の公式でいえば，上底は？
　C：ない。
　T：ゼロなんでしょ。
　C：あーっ。

```
T：すると，ゼロたす底辺，×高さ÷2。
C：何だ。
```

　教師の「何か，分かっていそうなんだけど。じゃ，いいよ。聞きますよ。実に簡単な質問」という発話は，公共性の決定者としての教師の性格を表すものである。そして，この発話そのものが，このあと創ろうとしている言語的コンテクストの公共性を宣言しているともいえよう。そして，上底が「ない」と答えた子どもの発話に対して，教師が「ゼロなんでしょ」といいかえることによって，公式どうしを関連づけて見ていくときの新しい言語的コンテクストの構成を働きかけている。その言語的コンテクストが，いわば劇的に子どもたちの中に構成されたことを，「あーっ」「何だ」の発話は語っている。納得感とともに探究活動が終了しているのである。このような，一連のコミュニケーションは，教師が子どもたちに公共的な言語的コンテクストの構成を働きかけているものである。子どもたちは，教師の言葉の端々から，それらが理解できうる言語的コンテクストの自己組織を試みているといえよう。

　このようにして，この事例1では，2つの面積公式の統合的な理解ということが目標とされ，そのための相互作用的な言語的コンテクストの組織化が教師と子どもたちとの間でなされている。しかも，そこでのコミュニケーションは，教師が子どもたちの中に公共的なコンテクストの構成を働きかけていくという機能をもっているといえよう。

3）授業事例2の分析──公共的な言語的コンテクストを意識した参加者の個々の言語的コンテクストの明示行為

　取り上げる事例は小学校5年の単元「小数のかけ算」での「小数×小数」の授業である。問題「あるお店で，1か月間に，1Lの重さが1.2kgのソースを7.3L使いました。1か月間に使ったソースの重さは何kgでしょう」に取り組む中で，課題「小数×小数のかけ算の計算の方法を考えよう」を設定し，その課題の解決に取り組むものである。また，話し合い場面の中から，特に「筆算形式で計算するときの小数点の処理の仕方」を取り上げ，子どもたちの発話を考察するものである。なお，この直前では，子どもたちは「1.2×7.3の計算のしかたを考えよう」という課題に取り組んでいる。考え方として，「かけられる数，かける数ともに10倍する」という考え，「kgをgになおす」という考えが出てきた。どちらも小数を整数になおすことにより，小数の計算を既習の整数の計算によって答えを求めようということである。これらは数の大きさ（量）に着目をしているともいえよう。これらの考えで計算し，答えが8.76となること

を理解している。いわば、これらの考えが共有され公共化されたのである。その後、小数のかけ算の筆算について考えることになった。

さて、教師が4年の教科書の「小数×整数」の筆算の仕方の部分を読み上げながら、黒板に、小数点をそろえてそのまま答えのところに下ろしてくるという方法を示し、問題を提起したところから見てみよう。

［エピソード2章4(2)-3］
T：すると、87.6になる。
C：(挙手多数、反論の様子)
T：それで、こんな疑問が出てくるね。
　　（「4年生の小数のかけ算でできるだろうか」と板書をして）
　ということで、今やってみたけれどできそうですか？
C：できない。

教師の方は4年生の筆算の仕方でいいのではないかと黒板に筆算をして見せながら、他方で、そのことに対する疑問を子どもたちの中に生じさせようとしている。また、疑問をより明確にしていくために、教師は、この話し合いの直前になされ黒板に残されている計算の仕方にも言及している。

［エピソード2章4(2)-4］
T：みんなは、これやってくれた。8.76と出ていることを見ると、どこが違うんでしょうね。4年生のやり方でやったらだめなんですね、87.6。だいたいいくつぐらいになるんでしょうね。1Lで1.2、7.3Lだと？
C：8ぐらい。
T：8ぐらい。そうすると、80というのはおかしい？　さあ、皆さんの計算の仕方で考えて求めた結果と比べてみて、どうなんでしょう？

ここでは、まず、第1に、教師の「4年生のやり方でやったらだめなんですね」という発話が、4年生での方法と対比して考えるということの公共性を示している。さらに、第2に、同じく教師の「1Lで1.2、7.3Lだと？」「8ぐらい」「8ぐらい。そうすると、……」という発話が、数のもつ大きさ（量）について考えるということの公共性を示している。この上で、子どもたちからの、筆算の仕方についての意見を聞くことになる。

> [エピソード2章4(2)-5]
> Kane：1.2は1とちょっと，7.3は7とちょっとだから，87という数にはならないはずだ。だから，87.6はおかしい。
> T：うん。（C1の言葉を繰り返した後）もう一人聞いてみよう，Cさん。
> C：…（分からない様子）
> C：（挙手）
> T：では，C2くん。
> Fuku：これだと，下ろすというのは4年生のときの小数のかけ算で，4年生までは「小数×整数」だったからこれだと下ろしていいが，5年生だと「小数×小数」なのでたぶんだめだと思う。
> T：たぶんだめだと思う。うん。でも，なぜだめかはよく分からない。
> C：（挙手）
> T：Babaくん。
> Baba：4年生のときは小数点が1つしかついていなかったから，そのまま下に下ろせたけれど，この場合は，1つの筆算で2か所に小数点がついているから，2つ分小数点をずらさなければいけないんじゃないか。

　Fukuの発話とBabaの発話は，Kaneの発話と比べるとかなり異なる特徴をもっている。Kaneの発話は，その直前での大きさ（量）について考えるという公共的な言語的コンテクストの中にある。しかし，FukuとBabaの場合は様子が異なっている。自らの言語的コンテクスト自体が，その授業の中で共有されているものではないのであり，それ故，自らの言語的コンテクストを示さなければならないのである。いわば，2人の子どもたちFukuとBabaは，数のもつ大きさ（量）について考えるという公共的な言語的コンテクストとの違いを意識しているが故に，その話の流れとは異なる「数の種類について考える」，また，「小数点の数について考える」という個々の言語的コンテクストを示しつつ考えを説明しているのである。ただ，Fuku，Babaとも，4年生での方法と対比して考えるという公共的な言語的コンテクストの中にはあり，そのことによってまずは話し合いへの参加があり，その上で，自らの言語的コンテクストの違いを明らかにしつつ考えを述べるという発話行為がなされていると考えられる。

　このようにして，この事例2では，筆算形式の意味の構成が目標とされ，そのための相互作用にとって拠って立つ公共的な言語的コンテクストが示されている。その上で，子どもたちはそのことと関わりながら自らの言語的コンテク

ストを明示しており，そのこと自体が，その場面においてコミュニケーションが機能していることとして捉えることができるのである。

5　第2章のまとめ

　本章では，授業展開においてなされている数学的コミュニケーションの内部的構造について明らかにしてきた。
　まず，コミュニケーションの内部的構造を明らかにするために，1章1にて設定したコミュニケーションを捉えるモデルを基に，コミュニケーションにおける言語的コンテクストの自己組織に着目し，その様相を明らかにした。それは，(1)言語的コンテクストの自己組織の明確化であり，(2)言語的コンテクストの自己組織の広がりとしての言語的コンテクストの転換，言語的コンテクストの発展，言語的コンテクストの関連である。さらには，(3)言語的コンテクストの公共化である。特に，この「公共的な言語的コンテクスト」の提示とこのコンテクストとの関わりでのコミュニケーションが学級での授業の特徴の一つとなっており，算数数学の授業における従来のコミュニケーション研究の中では検討されなかったことであり，授業におけるコミュニケーションの特徴を明らかにするには欠かすことができないものとして指摘をした。
　なお，ここでの公共性は，「授業の目標」を「数学的な意味の構成」との関わりで提起しているものである。次章での検討では，「数学的な意味の構成」に付随する目標としての「数学的な意味の構成活動の在り方」に関わる社会的コンテクストとして組織されていくコンテクストについてであり，公共的なコンテクストの一つとなる。

第3章
数学的コミュニケーションの外部的構造の検討

　本章では，数学的コミュニケーションの外部的構造を明らかにすることとして，授業における社会的コンテクストである規範及び学級というコミュニティに着目する。
　すなわち，第1に，「数学的な意味の構成活動の在り方」に関する目標に関わるコンテクストとしての社会的コンテクストについて検討する。特に，社会的コンテクストとしての学級の規範について検討する。もともと，規範は，「対人的な相互行為により協定される社会集団における価値基準」(大谷, 1999, p.237)である。そのような規範が，「数学的な意味の構成活動の在り方」に関して存在する。したがって，規範は，数学的問題解決を進めることに関わって，また，情意形成にも関わって存在するものである。さらに，第2に，外部的構造を明らかにすることとして，社会的コンテクストや言語的コンテクストを保持している集団であるコミュニティ，すなわち，学級というコミュニティに着目し，焦点を当てる。そして，このことを基に，次の第4章において，コミュニティの構成が数学的な意味の構成と結びついていること，すなわち，相互構成的であることを明らかにする。

1　規範という社会的コンテクストの役割

(1)　規範の規定

　本研究においては，規範（norm）とは，「対人的な相互行為により協定される社会集団における価値基準」（大谷，1999, p.237）という捉え方を採用する。また，規範性（normativity）の核心には「○○すべし」という当為の様相がある（井上，1998, p.322）ことから，「社会集団における価値基準」は，教師と子どもたちによって構成され共有されたものと考えられるが，他方で，教師と子どもたちとの関係性が非対称的なものであることから，「かくすべし」という指図主義（井上，1998, pp.322-323）的特徴をもつものも含まれることとなる。このような規範を社会的コンテクストとして捉える。

　このような規範という社会的コンテクストを捉える場合，Cobbらの研究が欠かせない。後の3章2(2)で述べることにもなるが，Cobbらは，算数数学の学習活動に伴う規範を，社会的規範（social norms）及び社会数学的規範（sociomathematical norms）として規定している。社会的規範は，算数数学という教科に特定されないものとしてある（Cobb & Yackel, 1998；Cobb, Yackel & Wood, 1989）。これらには，例えば，解き方を説明したり，他者の説明を理解しようとしたり，同意できるか否かを明確にしたり，また，矛盾が明らかになった解き方に意義をとなえたりすることに関わる規範などが含まれる。また，社会数学的規範は，算数数学という教科の特質に応じた活動に関わる規範である（Cobb & Yackel, 1998；Yackel & Cobb, 1996）。これらには，例えば，多様な数学的な解き方，よりよい数学的な解き方，効率的な数学的な解き方，そして，納得しうる数学的な説明に関わる規範などが含まれる。このような規範が，「数学的な意味の構成活動の在り方」を決めていくこととなり，そして，「数学的な意味の構成活動」の準則として機能することとなる。

(2)　活動の在り方を規定する規範

　規範は活動の在り方を規定することになるが，どのように規定しているかを

情意研究を基に明らかにする。

学習活動に関わる情意とは，次の3つのものを含んだ層として捉えられる（McLeod, 1992）。

　　　（ⅰ）情緒　　　（ⅱ）態度　　　（ⅲ）信念

情緒は，学習活動における好き・嫌い・楽しいなどのホットなリアクションである。態度は学習活動への傾向である。そして，信念は，もっともクールなもので，学習活動への自信・自己概念・学習観や数学観などである。

情意をこれらの層によって捉えることにより，情意形成について考える場合，表層的な情緒だけに着目して考えるのではなく，どのようにものごとを捉えているか，例えば，算数数学というものをどのように捉えているか，また，算数数学の学習活動というものをどのように理解しているかという信念に関わる部分とも関連させながら考えていくことができる。そして，このような信念は，規範の内面化されたものとして捉えることができる（Cobb, Yackel & Wood, 1989）。

授業実践において情意について考える場合，まずは，外発的動機づけや内発的動機づけについて検討し，教材開発や授業展開の工夫がなされることが少なくない。しかしながら，本研究では，特に授業における数学的コミュニケーションに着目をし，それを進める能力としての態度形成にも焦点を当てるため，むしろ，コミュニケーションの場である学級のもつ雰囲気，学級の文化，特にその本質としての規範，すなわち学級における社会的コンテクストである規範について検討することが必要であると考えている。そのことから，前述の情意の規定に着目することとなる。

なお，情意研究については，社会学的な方法によって，学級の成員である人と人との関係性に着目することも可能である。例えば，このことは，大澤真幸（1996）が社会学研究に関わって次に述べるように，社会秩序はいかにして可能かという基本的な問いが「社会秩序と個人の関係」についての課題と「個人間の関係」についての課題によって構成されることを指摘していることに対応している（金本, 1998）。

> 「社会秩序が呈する統一的な全体性と諸個人（諸行為）との関係はどのようなものか，という問いがある。社会秩序が形成されているということは，個人や行為の直接の現前や，あるいはそれらの個人や行為の視野におさめられているということとは独立に，それが存続するということである。（中略）こういった，社会秩序の全体性と個人との間に，どのような関係が成り立ちうるのか，ということが問われるのである。」（大澤, 1996, pp.173-174）

「個人と個人の間の－あるいはより厳密には行為と行為の間の－関係の分析が課題として含まれる。それぞれの個人には，それぞれの独自の心を，つまり独自の世界を帰属させることができる。そうであるにもかかわらず，諸個人の間に整序された関係が取り結ばれるのはなぜだろうか。（中略）諸個人あるいは諸行為の間の関係が編成されるのはいかにしてか，が問われるのである。」（大澤，1996，p.173）

　これらのことは，社会秩序をもった集団及びその成員について考えていく場合，その社会秩序と成員との間の関係を捉えていく視点と，その成員間の関係を捉えていく視点とをもつ必要があることを示している。そして，これらのことは，社会秩序をもった集団の中の個人の情意を考えていく際にも重要な示唆となっている。ただ，本研究は，これら両方の視点による研究ではなく，前者の「社会秩序と成員との間の関係を捉えていく視点」による研究ということができる。
　なお，後者の「成員間の関係を捉えていく視点」による研究としては，礒田・阿部（1994）等らの研究を挙げることができる。礒田・阿部（1994）は，個人の表情分析を通じて，学級集団の中での個の情意変化を相互交流という視点から位置づけている。そこでは，数学の授業に参加し，授業で何らかの役割を担おうと他者と交流している個に着目している。他者に認めてもらいたいという欲求は，相互交流のひとつの原動力であるとしている。さらに，阿部・伊藤（1995）では，授業の種々の場面であらわれる情意的側面，特に「情緒」すなわち「数学的な活動過程上でわき起こる hot な感情」について考察している。そこでは，学習内容との関連から子どもたち個々に生じる情緒と，他者との関わりの中で生じる情緒とが区別できることが示されている。前者の例としては「不安」・「疑問」・「安心」・「自信」・「うれしさ」を挙げ，後者の例としては「対抗心」・「共感・支援」を挙げ，さらに，両者に共通するものとして「興味・関心」を挙げている。これらは，いずれにしても他者との関係性の中で生じている情緒であるということができる。

　規範という社会的コンテクストに焦点を当てた場合，どのようなものが情意形成にとって重要であるのか。また，それらがどのように子どもたちの情意に関わっているのかを明らかにしておく必要がある。前述したように，規範は，「数学的な意味の構成活動の在り方」に関する目標に関わって構成される社会的コンテクストである。そのような規範が構成される場面，そして，どのような規範が構成されるかを，Cobb, Yackel & Wood（1989）を基に検討する（金本，1993）。

Cobb, Yackel & Wood（1989）は，情意を捉える枠組みとして次のものを挙げている。
　（i）情緒的行動
　（ii）信念　・自己や他者の役割に対する信念
　　　　　　・教師の役割に対する信念
　　　　　　・数学的活動の本性に対する信念
　（iii）規範
　この枠組みの特徴は，まず，他者とコミュニケーションをしている子どもたちの情意の特徴をこれら3つの項目でもって捉えている点である。
　規範とは，例えば，数学の問題解決において自分自身で考えることが大切である，また，事象の中に数学的な関係を見いだしていくことが大切であるなど，活動に対するルールや価値のことである。また，信念の項目として挙げられている，自己や他者の役割に対するもの，また，教師の役割に対するものに関しても，それらに対応して規範が存在する。このような規範が内面化されたものとして，子どもたちの信念が形成される。
　このような信念として，例えば数学的活動の本性に対する信念がある。数学は単に答えを得ればよいというものではなく，もっと「考える」ということ自体に価値をおいたものである，などである。いわば，数学的な問題解決活動そのものが大切であり，そのことが数学を行うこと（doing mathematics）であるという理解である。同様に，自己や他者の役割に対する信念や教師の役割に対する信念も，それらに関する「規範についての子どもの理解そのもの」である。
　情緒的行動は，このような信念に照らし合わせての状況解釈によって，子どもたちの中に引き起こされると考えられている。「やったー」「いいぞ」「サイコー」「うれしい」というような満足感や誇りなどの感情，あるいは逆に，不安・不満・憤りや困惑などの否定的な感情を伴った行動として，情緒的行動は捉えられている。
　これらの枠組みを提出することによって，Cobb, Yackel & Wood（1989）は，子どもたちの情意を個人的なものとして備わっているものと捉えるのではなく，それらが構成されるものであること，しかも，子どもたちが存在をしている社会的集団，例えば学級に依存をしていることを明らかにしようとしている。

(3) 規範という社会的コンテクストの構成

　Cobb, Yackel & Wood（1989）による規範の構成事例を見ることとする（なお，翻訳をしているので，日本語の使用や習慣とそぐわない部分がある）。

① 規範の再帰的構成

　規範を構成していく場面を見てみよう。自分で考えることが大切であることを，教師が強調している場面である（Tは教師，他は子どもたちである。また，引用ページをエピソード番号の右に記載した）。

［**エピソード3章1(3)−1**］（p.130）
　T：何をすればよいのかを考えることが大切だよ。
　Andy：うん，考えた。
　T：誰かが答えを教えてってきたらどうする？
　Andy：言わないよ。
　T：それがいいね。「自分で考えてごらん，そうしたら，できたときにとってもうれしいから」，と言うといいよね。何かするとき自分で考えることによって，とてもいい気分が味わえるということだよね。

　次に，この「自分で考えることが大切である」という規範の構成に関わるエピソードを見てみよう。

［**エピソード3章1(3)−2**］（pp.130-131）
　T：ちょっとよくないことが起こっています。あまりいい気持ちにはなれません。みんなもそう感じると思います。こう言った人がいるんです。（と言って，教師は黒板に「簡単だ（That's easy）」と書き，丸で囲んだ。）この言葉はだめです。Mark，この言葉は分かりますか。
　Mark：「簡単だ」
　T：その通り。私たちが算数の問題に取り組んでいるとき，ある人が私のところにやってきて，「なんだ，簡単だよ」と言いました。私はその人を見て，こう言いました。「そんなことはありません。私はそんなに簡単だとは思いません」。私がどのように感じたか，分かりますか。
　Brenda：気分を悪くした。
　T：「なんだ，簡単だよ」という言葉は，心を傷つけるものです。もし私が問題に苦しんでいて，なんとか解こうといっしょうけんめい取り組んでいたら，その言葉は，私を無能だと無理やり感じさせることになります。というのも，私が考えている最中に「なんだ，簡単だよ」って言われたら，「なぜ？　自分はこんなにも困っているのに」って思うでしょう。

これらは，学級での規範を構成していく場合の事例である。教師が繰り返し強調することによってつくっていこうとしていることが分かる。そのことにより，「気分を悪くした」という情意面の改善を図っている。
　次に，状況解釈のしなおしによる規範の定着，規範の再構成の場面を見てみよう。次の事例は，Andyが答えを出してしまい，それをJohnに教えようとしたときに，Johnがこばんだときのものである。

[エピソード3章1(3)-3]（pp.131-132）
T：問題には，「あなたたちは何時に寝ますか」とあるね。Johnは8時に寝るんだね。Andyは8時30分だ。2人とも7時に起きる。では，あなたたちは，それぞれ何時間寝ていることになるでしょうか。
John：いま考えているところです。
Andy：ぼくは11時間だ。Johnに，きみは$10\frac{1}{2}$時間だよと言ったんだけど，ぼくの言うことを信じないんだよ。
John：わからないんだ。
T：（Andyに）Johnはきみの言うことを信じないのではないよ。まだ自分で確かめていないということなんだよ。

　この場面は，友だちを助けてあげようと思ったAndyが，Johnがそれをこばんだと受け取ってしまい，かなりいらだっていたときのものである。教師はそれを見て，「この学級では，自分の力でものごとを考えていくことが大切だよ」，「Johnは問題をどのように解けばよいかを考えていたところなので，Andyの言った答えをそのまま受け入れることはしなかったんだ」と説明することにより，Andyに異なった状況解釈を促し，彼のいらだちを解消したものである。状況解釈のしなおしによる規範の再構成により，Andyの情緒的行動の改善を図ったものである。

　次の事例は，一人の子どもが問題の答えを言ってしまったことに，他の子どもが怒っている場面での教師の言葉かけである。

[エピソード3章1(3)-4]（p.132）
T：先生が思うにはね，Ronnieはいっしょうけんめい考えて答えを出したから，それでうれしくてしかたないんだと思うよ。

　実は，このRonnieはこの学級でもっとも遅れがちな子どもであって，「自

1　規範という社会的コンテクストの役割　111

分の班の友だちといっしょに問題が解けるようになったらいいな」と，成就感を分かち合いたいと思っていたのである。「問題が解けたものだから，うれしくってしかたがなかったんだよ」とその状況を解釈することによって，他の子どもたちにも自分の力で問題について考えることが大切だという規範を破ることにRonnieの意図があるのではないと捉えることができたものである。その結果，Ronnieに対して怒るというような否定的な感情は解消されるようになった。

　これらは，規範の構成とそれに基づく状況解釈の様子を示しており，そのことに子どもたちの情意が依拠していることを示すものである。また，そのことが繰り返し行われ，かつ，状況解釈のしなおしという行為によって進められるものであることが分かる。

② 自己や教師の役割に関する規範

　自己の役割についての規範とは，例えば，まわりがどのような状況であってもじっくりと問題に取り組んでいくものである，等である。前述のエピソードや次の［エピソード3章1(3)−5］がその事例として挙げられる。

　次の事例は，子どもたちが問題に取りかかって20分経っても，AndyとRodneyとが最初の問題に取り組んでいるときのものである。

［**エピソード3章1(3)−5**］（p.132）
Rodney：ぼくはまだこの問題ができなくて，ずっとここで止まっているんだよ。
　　　　Jさんを見てごらんよ。3番目の問題を解いているよ。
Andy：彼らはこのことを理解していないんだよ。

　Andyの言おうとしていることは，一人一人が問題にじっくりと取り組むことが大切で，このことに応えることが，できるだけたくさんの問題を解くことよりも重要であるという規範のことを指している。そして，そのことをRodneyに思い出させることによって，不安などの否定的な感情をいだくような状況解釈をすべきでないことを促しているといえる。その意味で，自己の学習活動に対する在り方について述べているものである。

　また，教師の役割に対する規範とは，例えば，教師から答えを教えてもらうのではなく，子どもたちが自分の力で考えていくことを教師は期待しているものであるというようなことである。このような規範は年間を通して築かれるものであり，また，それに伴って子どもたちの信念は発達していくものである。

次の事例は，年度の始めのものである。

> ［エピソード3章1(3)-6］(p.134)
> Ann：たすのか引くのか，先生に聞きに行ってくる。(Annは先生のところに聞きに行ったが，もどってくると友だちに次のように言った。)
> Ann：どっちだか知らないって。

このときAnnは，教師が子どもたちに対してどのような役割を果たすものであるかについて，どのようなことを願っているかを理解できていない。でも，1年近く経つと，Annは，どうしたらいいのかを先生が言わなかったのは先生も分からないからではなく，自分たちが自分自身の力で考えることを期待しているからだということを理解するようになっている。子どもたちが教師の役割について改めて認識したとき，子どもたちは，どのようにして答えを求めたらよいかを教師が教えてくれなくても，不満や不安をもったりすることをしなくなってくるのである。また，子どもたちは，教師が頭に描いている特定の方法を使うように期待しているわけではないことにも気づいていくのである。

これらのエピソードが，教師の役割についての規範がそこに存在していることを示し，また，子どもたちの行動がその内面化した様子を示している。

③ 数学的活動の本性に関する規範

数学的活動の本性に関する規範とは，数学を行うこと (doing mathematics) の強調に関するものである。ここでは，いろいろと考え，表現し，それらを振り返って検討し，改善をしていくという問題解決活動のことを指している。次の事例は，「レースには2組のチームがあり，各々のチームには6人の走者がいます。走者はみんなで何人ですか」という問題についてのものである。

> ［エピソード3章1(3)-7］(pp.134-135)
> T：Jack，答えはいくらになりましたか。
> Jack：14です。
> T：14ですか。どうやって求めましたか。
> Jack：6たす6は12。えっと，2チームに2人の走者だから……(Jackは，しゃべるのをやめて，ほほに手を当て床を見つめた。それから教師の方，そして友達のAnnの方を見て，再び教室の前を見て，もぐもぐとつぶやいた。)
> T：もう一度，言ってごらん。全部は聞こえなかったんだ。さあ，もう一度 言って。
> Jack：(弱々しく。ずっと前を見ながら。) それぞれのチームには6人いて……

> T：その通り。
> Jack：(教師の方に向かって) あっ，間違えてた。12 にしないとだめだ。(と言って，また前を見つめた。)

このとき，教師は，子どもたちが他の人に解き方を示すときに，恥ずかしがったり当惑したりすることのないようにと考え，直ちに次のように応えた。

> T：(やさしく) いいんだよ。間違えてもいいんだよね。
> Andrew：そうです。
> T：Jack，間違えてもいいんだよ。
> Jack：(まだ前を見つめながら) はい。
> T：その通りだよ。間違ってもいいんだよ。だって，私もいつも間違えるし，それに，間違いからたくさんのことを学ぶことができるんだよ。Jack はいつもいっしょうけんめい考え，「すぐには正しい答えが求まらない」って。(Jack は振り向き，教師の方を見て微笑んだ。) でも，ずっと考え続けて，答えを得たんだよね。

そして1年近く経つと，次のような場面が見られるようになった。そこでは，間違いを認めることは，もはや恥ずかしいことや当惑するようなこととして捉えられているのではなく，数学の学習活動の中で普通に起こることだと見なされるようになっている。

> [**エピソード**3章1(3)-8] (p.135)
> Chrles：67 です。
> T：67 (と，答えを書き始めた。)
> Joel：違うと思います。
> T：じゃ，Joel，あなたはどう考えるの。
> Joel：72 です。
> T：きみは，答えが72だと考えるんだね。(何人かの子どもたちが反対する。)
> Joel：じゃあ…… (立ち上がって，前に出た。)
> T：Joel の説明を聞いてみよう。
> Joel：(立って黒板を見つめながら) 25 と 10 で 35，それにもう一つの 10 で 45，またもう一つの 10 で 55 だ。(ちょっと止まって手に持った紙を見た。) もう一つあるから 65。[そして，さらなる 2 で] 67 だ。(彼はもどって，教師の顔を見つめ) 自分の考えが間違ってた。(と，微笑んだ。)

> T：(微笑みながら) とってもいいね，「自分の答えが間違っていた」と言うのは。自分の答えが間違っていたって気づいた人が他にもいたら手を挙げてください。(見渡して) そう，とってもいいよ。

　子どもたちは，このような活動を通して問題を解決し数学を創っていくことが，数学を行うということであるとの信念をもつようになってきたので，不安や当惑や恥ずかしさのような否定的な感情はこの学級では生じなくなったということである。

(4) 情意形成の特徴及び情緒的行動の自覚における規範の役割

　子どもたちの情緒的行動が規範の内面化した信念に照らし合わされて引き起こされるものと考えられていることから，情意の構成主義的特徴として次のことが指摘できる（金本，1993；金ス，1998）。
　第1に，情緒的行動は，規範が自己へ内面化されたものとの関連で生じるものである。
　第2に，情緒的行動は，状況に対する自らの解釈の結果生ずるものであって，状況から受動的に与えられるものではない。
　第3に，状況に対する自らの解釈は，規範が自己へ内面化されたものを基に生ずるものである。しかも，その規範の自己への内面化は，自らの経験世界の組織化とともになされるものである。したがって，状況解釈とは，自らの世界における状況の構成・再構成活動である。
　ところで，McLeod (1988) は，子どもたちの問題解決活動に関わって情緒的行動の自覚とコントロールが重要であることを述べている。例えば，問題解決の際に，「うまくいかない」「どうしたらいいのか」と不安になっても，すぐに友だちに答えを教えてもらうというのではなく，そのような状況を自覚し，情緒的行動をコントロールしていくことの重要さを主張している。不安感・焦燥感などが生じた際にそれらを軽減化したり，あるいは，それらがあっても自分でじっくりと考えていくことが大切なのだという意識をもち行動することである。ただし，McLeodの場合，自覚とコントロールがどのようなことを手掛かりとしてなされるのかという点については，明確ではない。その点，Cobbらの場合は，規範やその内面化されたものとしての信念を手掛かりに，自覚とコントロールを進めようとしているということができる。したがって，McLeodの捉え方を発展させ，Cobbらのように，規範やその内面化されたものとしての信念を手掛かりに自覚とコントロールがなされると捉えることができる（金

本，1993；金本，1998）。

　このようにして，規範という社会的コンテクストが子どもたちの活動の在り方を規定していくこととなる。そして，このことによって，よりよいものを築いていくに当たって依拠するものともなる。

2　外部的構造としてのコミュニティ

　学級の規範がコミュニケーションの主体にとって重要な役割を果たしているのと同様に，学級というコミュニティ自体も重要な役割を果たしている。ここでは，コミュニケーションにとってコミュニティがどのような役割を果たすものであるかを先行研究を基に明らかにするとともに，本研究におけるコミュニティの定義を行うこととする。

　なお，コミュニティとは，通常，訳すときは「共同体」あるいは「共同性」とされ，一般的には，「物質的富や精神的価値を共有すること，あるいはそれらを共有する集団」（西谷，1998，p.346）と捉えられている。本研究では「精神的価値を共有する集団」という意味を拡張した形で「コミュニティ」の用語を使い，改めて，本研究におけるコミュニティの定義を3章2(4)にて行うとする。

(1)　数学的コミュニケーションにとってのコミュニティの役割

　数学的コミュニケーションにとってのコミュニティの役割に着目することは，本研究が学級での授業を対象にしていることから，欠かすことのできないものである。

　先に，コミュニティを，「精神的価値を共有する集団」という意味を拡張した形で捉えるとした。教育学上では，このような意味と関連した形で，次のように捉えられる。

　　「共同体という言葉は多様な意味で用いられているが，その要素として，場の共有，相互交渉・コミュニケーション，文化の共有，連帯の絆，の四つが重要である。学校はこれらの点で共同体として存在しているが，そのありようは各要素のありようにかかっている。学校・教室は，子どもたちの学習と生活が展開する場であり，

そこでの諸活動は教師と生徒たちの間で繰り広げられる相互交渉でありコミュニケーションである。その諸活動は、社会のさまざまの文化を取り込み、そして、そこに特有の文化と絆を育む。(中略) どのような文化、どのような連帯の絆を育むかは、その相互交渉のありよう、その文化的活動のありようにかかっている。学校を豊かな〈学びの共同体〉として構築することが重要だというのは、そのためである。」(藤田, 1996, p. iii)

このような4つの要素をもった共同体という概念は、学校教育の場では、「学習・生活を〈学び＝文化的実践への参加〉として捉え直し、教育を〈文化的実践への誘い〉として再構築するという視点」(藤田, 1996, pp. ii - iii) の提起との関わりで主張されているものである。いわば、教師から子どもへの伝達的な教授活動として教育を捉えるのではなく、〈学び＝文化的実践への参加〉という形で、コミュニティの構成とともに参加者としてそこに参加していく活動としての学習活動、また、それを〈誘う〉活動としての教育が提起されてくるのである。このような学びの視点をもつことによって、コミュニティについての議論が可能となる。

数学教育学上での研究を見るとする。

ランパート (1995) は、授業を新しい種類の実践として、すなわち、「参加者を真正の数学活動に携わらせる実践」(p.232) として捉える。それは、教室で〈数学をわかる〉ことを学問として〈数学をわかる〉ことに近づけるということである。すなわち、数学が発展してきたのは、単に演繹的証明によって正当化され進められてきただけではなく、そもそもそのような論理的な議論の前提となる公理や定義自体が検証や修正の対象となっているということによると述べる。そして、そのような〈わかり方〉がなされているのが数学のディスコースコミュニティ (discourse community) であり (pp.189-190)、そのようなディスコースコミュニティへと近づけていくことが大切であると述べている。

このようなことから、ランパート (1995) は、教師は授業において2つの課題、同時に教えるべき2つの課題に取り組む必要があると述べる。

「一つは、生徒たちがその学問の技術と知識を習得するという目標に関するものである。これは数学の知識とか数学の内容と呼べるものである。もう一つは、生徒がその学問のディスコースに参加するのに必要な技能と資質を習得するという目標に向けたものである。この二つの知識は教育内容である数学そのものの知識 (knowledge of mathematics) と、数学という実践、つまり数学についての知識 (knowledge about mathematics) と呼ぶことができる。この二種類の知識は互いに影響し合う。すなわち、数学のディスコースについて学ぶなかで、生徒は指数の使い方を知るのにどのような種類の知識が必要かも学ぶ。同時に、ツールや用語、記

号の知識は，その技術を使わないでする議論とは実質的に異なる種類の議論を可能にする『認知技術』を生徒に提供する。数学文化の一部となっているツールの使い方を学ぶことと，推理によって新たな数学を考案することの相互作用は，その教室におけるディスコースコミュニティにいる個々人が数学についてわかっていく過程として考えられるだろう。このように，〈数学をわかる〉過程は数学という学問知識の発展に類似しているのである。」（ランパート，1995, pp.208-209）

なお，本研究において，授業の目標として「数学的な意味の構成」に関する目標とともに「数学的な意味の構成活動の在り方」に関する目標を掲げて授業を分析する作業をしようとしているのは，このような学習観の下でコミュニティの構成を考えていくことの重要性を認めるからである。ただし，本研究では，後に述べるが，「数学のディスコースコミュニティ」へ近づけていくという立場はとらない。

さて，ランパート（1995）が示すこのような捉え方は，NCTM の "Professional Standards for Teaching Mathematics"（1991）においても示されている。すなわち，教師が身に付けるべき指導法の一つとして，「ディスコースを推進し，数学的なコミュニティ（mathematical community）のセンスを育成する方法」（p.151）を掲げている。そして，次のように述べる。

「教師は，生徒たちの質問や練り上げを奨励するような学習環境（learning environments）を創り出していくことに，焦点を当てる必要がある。すなわち，生徒たちと教師が，数学的なコミュニティの構成員として，他者の考え方や働きに対して関わっていくような学習環境の創造である。このようなコミュニティにおいてこそ，教師と生徒，また，生徒どうしの相互交流は，教師にとって（生徒たちの学習状況を）診断し指導する機会となるし，また，数学的な考え方を導き出す機会となる。と同時に，生徒たちにとって，自分たちの構成へと挑戦していく機会となる。」（NCTM, 1991, p.152）

このようにして，コミュニティの構成が学習活動と切り離せないことが主張されている。

さらに，Silver & Smith（1996）は，NCTM（1991）を受けて，学級を数学的なディスコースコミュニティ（mathematical discourse communities）としていくための"長い道のり"へと教師たちが挑戦していくべきであると主張している。そのための方策としては，第1に，子どもたちに話し合い活動に参加させていくことである。そのためには，ディスコースのための規範を構成すべきであり，子どもたちが他者の考えや主張に質問をし，また，敬意を表するように，教師は推奨すべきであると述べている。他者の考えに敬意を表して，話し合い

活動に参加していく雰囲気をつくっていくべきであるということである（pp.22-23）。方策の第2は，価値のある数学的な考えにディスコースを絞っていくことである。そのためには，価値のある数学的な課題について話し合っていくことが大切であると述べている。ここで，価値のある数学的な課題とは，問題解決に当たっての多様な方法があるもの，多様な表現の仕方があるもの，そして，子どもたちに正当化させたり推測させたり解釈させたりすることのできるものであると述べている（p.24）。

　これらの先行研究での特徴に，第1に，数学の学習活動にとって，それ故，数学的コミュニケーションにとって，コミュニティの構成が大切なこととしてあるということである。そして，第2に，これらの議論におけるコミュニティとは，目指すべき"理想"のものとして捉えられているということである。
　この第2の点は，本研究でとることになる立場とは異なっている。すなわち，本研究では，コミュニティとは，学級としてそこに成立している集団に対して用いている。それ故，"よい"コミュニティもあれば"悪い"コミュニティもあるということになる。そこに存在している学級という集団をそのままでコミュニティとして規定していく。このような立場をとる理由は，コミュニティを目標として設定するのではなく，現実に目の前に存在するものを捉え分析し，そこにおける授業実践から授業構成のための示唆を引き出そうとするためである。また，コミュニティをいくつかの要素でもって規定していくことを行い，そのことによって本研究の課題を追究するためである。なお，このような立場は，上野（1999）の主張に近い。状況的学習論の立場である上野は，「状況論的なアプローチからすれば，コミュニティとは，特定の実態をもったグループとか，社会組織としてではなく，ある種の行為とか実践と見なされるべきものである。つまり，コミュニティは，コンテキストの組織化の一形態なのである」（p.128）と述べている。なお，ここでの「コンテキスト」は本研究における言語的コンテキストや社会的コンテキストのみならず，実践の遂行とその経緯がつくり出しているものとしての「コンテキスト」も含んでいるが，それを言語行為として見た場合は，本研究でいう言語的コンテキストや社会的コンテキストに相当するものと重なってくる。この「コンテキストの組織化の一形態」としてコミュニティを捉えるという考えを本研究では含み込みながら，改めてコミュニティを規定することになる。
　先行研究の特徴の第3は，特にSilver & Smith（1996）が述べるように，ディスコースのための規範を構成すべきであるという点である。このような指摘は，本研究でも取り上げているように重要なものである。しかしながら，そのよう

な規範を,コミュニケーションの参加者にとっての環境（classroom environment）としてだけではなく,コミュニケーションの主体者にとって一層の役割をもっていることを明らかにすることが必要であると考えている。そのことを,本研究において設定した課題の中に含んで,本研究では追究をしている。

以上のような特徴を捉えた上で,本研究におけるコミュニティの定義に取り組むとする。

(2) 多層的なコンテクスト構造

本研究では,コミュニティという用語を学級としてそこに成立している集団に対して用い,そのことに沿ったコミュニティの規定を行っていこうと考えている。そのために,ここでは,まず,Cobb & Yackel（1998）が,数学の学習活動が行われている教室の「文化」を規定していることに着目する。本研究では,それを学級というコミュニティがもっている「文化」として捉え,「学級の文化」と呼ぶことにする。

Cobb & Yackel（1998）によると,「学級の文化」は次のような3つの要素で構成されている。

第1は,社会的規範（social norms）という社会的コンテクストであり,これらは算数数学という教科に特定されないものとしてある（Cobb & Yackel, 1998; Cobb, Yackel & Wood, 1989）。これらには,例えば,解き方を説明したり,他者の説明を理解しようとしたり,同意できるか否かを明確にしたり,また,矛盾が明らかになった解き方に意義をとなえたりすることに関わる規範などが含まれる。

第2は,社会数学的規範（sociomathematical norms）という社会的コンテクストであり,これらは算数数学という教科の特質に応じた活動に関わる規範である（Cobb & Yackel, 1998; Yackel & Cobb, 1996）。これらには,例えば,多様な数学的な解き方,よりよい数学的な解き方,効率的な数学的な解き方,そして,納得しうる数学的な説明に関わる規範などが含まれる。

第3は,数学的実践（mathematical practices）という実践である（Cobb & Yackel, 1998; Cobb, 1999）。このような数学的実践は,数学的な考えについて話し合っているときに構成される,「推論する」・「議論する」・「記号化する」ことについての共有された方法,いわば,その社会的集団において共有された方法に着目したものである。例えば,記数法についての指導場面でいうと,教師と子どもたちによる大きさについての推論の仕方や議論の仕方に着目すること

となる．それらが共有されたものとして存在することによって，数学的実践として明確になり，「学級の文化」を構成するものとなる．したがって，その際に存在するコンテクストは，共有された，あるいは，さらに公共化された言語的コンテクストが，その数学的実践がなされているときに存在していることとなる．

なお，Cobb & Yackel (1998) はこのように「学級の文化」について3つの要素で捉えているが，さらに，それぞれを社会的側面と心理的側面からも捉えている．前述の事項は，社会的側面から見たものである．まず第1は，その社会的側面から見た学級の社会的規範であり，心理的側面から見た学習者自身の役割や他者の役割，数学的活動（mathematical activity）の特徴についての信念（beliefs）である．第2は，社会的側面から見た社会数学的規範であり，心理的側面から見た数学的な信念や価値意識である．そして，第3は，社会的側面から見た学級の数学的実践であり，心理的側面から見た数学的活動である（Cobb & Yackel, 1998, p.166）．これらはそれぞれ同じものの2つの側面であり，どのような側面を見ているかの違いとして捉えられる．また，それらは一体的であり相互に構成し合っているものであるというように，相互構成性（reflexivity）という概念でもって捉えられている．

さて，これら3つの要素の関係性については，1章1(4)において意味及びコンテクストの階層性を捉えたように，"メタレベル"という観点で見ることによって，数学的実践の言語的コンテクストに対して，社会数学的規範や社会的規範という社会的コンテクストがメタレベルに位置づくこととなる．また，社会数学的規範に対して，社会的規範はメタレベルに位置づくことにもなる．数学性を超えたものとして存在するからである．しかしながら，授業の展開の様子から教師の規範構成行為を観察すると，次の3章2(3)に見るように，授業が，狭義の数学的問題解決の活動，すなわち数学の問題が与えられてその解決を行っていくという活動だけで構成されてはいないので，授業の展開から社会的規範が構成されることもあるのが実際である．

いずれにしろ，Cobb & Yackel (1998) が提示した「学級の文化」の3つの要素は階層的に存在している．いわば，多層的なコンテクストとして，それらは存在していることになる（金本, 2000a）．なお, 松下 (2003) は，エンゲストローム (1999) を基に，我が国でのケーススタディとして，学習活動の中に塾などの学校外の諸「文化」によるコンテクストを見いだし，学習のコンテクストがもつ重層性（カリキュラムをそのコンテクストの中心部分をなすものと考え，「制度化されたカリキュラム」「教師によって計画・実践されたカリキュラム」「生徒によっ

て経験されたカリキュラム」でもって捉えている）及び多様性（学校の「探究の文化」と塾の「受験文化」等）を明らかにしている (pp.99-126)。問題意識は異なるが，学習活動の中に存在している様々なコンテクストに着目し，また，それらが学習活動を階層的に取り巻いていると分析している。

(3) 多層的なコンテクストの構成行為

　教師による多層的なコンテクストの構成行為を見ることとする。このことによって，前述の多層的なコンテクストの存在の仕方が見えるからである。
　Cobb, Wood & Yackel (1993) は，教室における教師と子どもたちのコミュニケーションの中に，「数学について話し，創っていくこと（Talking about and doing mathematics）」と「数学について話すということについて話すこと(Talking about talking about mathematics)」という，2種類のものが存在していることに着目している。例えば，この後者の例として，教師の発話で「いいかな，間違えることに問題はあるかな」などを挙げている。このような発話は数学的な問題解決についての発話ではなく，問題解決に関わるメタレベルの発話であり，規範の構成（renegotiating classroom social norms）を行っている発話行為である。そして，このような規範の構成に関わる発話行為が存在することによって，数学の問題について話し合うということも可能なものになっていると，Cobb, Wood & Yackel (1993) は主張する。
　ところで，これらの2種類の発話は，同時に2種類のコンテクストを想定し，また，構成することになる。前者の発話のコンテクストは，算数数学の問題の内容に関わってである。そして，これには，授業における参加者の個々のコンテクストが存在するとともに公共的なコンテクストが存在する。教師は，その公共的なコンテクストを構成すること，そして，その公共的なコンテクストと参加者の個々のコンテクストとの関連に，授業において留意することとなる。他方，後者の発話のコンテクストは，規範構成の発話である。それは，授業がなされる「学級の文化」となるコンテクストの構成を目指したものである。したがって，「数学について話し，創っていくこと」は，数学的実践として位置づいていくものであり，その授業がなされる学級という集団において構築されている，あるいは，構築されつつある多層的なコンテクストの中に位置づいていくことになる。
　このような教師のコンテクスト構成行為，ここでは，規範の構成行為にも，授業内容の展開に伴っての特徴をもっていることが指摘できる（金本，2000a）。次の2つを挙げることができる。

第1の例は，Cobb, Wood & Yackel (1993) が主張するものに相当する。この事例は，小学校第5学年の三角形の面積についての授業の一部である。ここでは，教師は，規範について話し合う（renegotiate）というよりは，子どもYamaに話すことによって学級全体に話しているという構図を帯びている。

[エピソード3章2(3)-1]
Yama：最初は，ぼくも渡辺さんと同じだったんだけど，考えてみたら違うふうになった。底辺をつくってあげればいいんだと思う。
T：どういうことだろう。Yama君はね，ここに一本線を引いて，これを底辺にすればいいんだって言うんだ。ちょっとYama君の考え方は置いておいて。これは底辺といってはまずい？
Yama：底辺は下にある線だから，底辺じゃない。
Nami：Yama君は，底はつくってあげた方がいいって言ったけど，反対にすれば底になるんだからいいんだと思います。
Ichi：底辺をつくってあげるっていっても，つくるんだと底辺を何センチにすればいいのかわかんないじゃないかと思います。
T：つくるにしても少し問題があるんじゃないかって言うんだね。
T：Yama君，困った顔しなくてもいいからね。Yama君が意見を言ってくれたおかげで，みんなの頭の中がこうじゃないかなぁってグルグル回って意見言ってくれたの。Yama君が言ってくれなかったら，言ってくれなかったんだよ。あなたが言ってくれたっていうことは，とってもいいことなんだよ。
Yama：はい。
T：（みんなに向かって）問題もとにもどそう。姿勢よくしましょう。

　ここでは，Yamaの意見をきっかけにしてNamiとIchiが対立的な意見を出し，教師がいったん，「つくるにしても少し問題があるんじゃないかっていうんだね」とそれらをまとめている。そして，Yamaがダメージをうけていると考えた教師が，まずは直接的にYamaをケアしようとしている。しかも，それが，たとえ「適切ではない」というような対立的な意見だとしても，その意見交流の状況を作り出すことに貢献していればとてもよいことであるということでもってケアしている。それによって，学級での学習活動を進めていくに当たって，結果的に正解ではないような意見でもそれを述べることによって交流を進めていくことはよいことであるということを，一つの典型例としてみんなに示しているのである。このようにして，教師の行為は規範の構成行為となっ

ている。このような行為がCobbらの事例と異なる点は，教師と子どもとの話し合いという形態ではなく，教師からの一方的な説明によるもの（"権威をもった"と付け加えた方がよいであろう）であるということである。

第2の例は，同じ授業であるが，授業開始直後の教師に見られた規範の構成行為である。子どもMatuがすぐに返答できない状況が生まれたことをきっかけにして「学習活動への参加の仕方」を話したものとなっている。Cobbらがいう「数学について話すということについて話す」というよりはさらに一般的な「学習活動への関わり方」についての話である。

[エピソード3章2(3)-2]
T：Miwa君，先生の授業が始まってはじめに考えた四角形は？
Miwa：長方形。
T：長方形と正方形の勉強，4年生でやっていない？
Miwa：やった。
T：確かに，長方形の面積をはじめに求めたよね。Koba君があまりうまく言えなかったんだよね。その後何やった？　正方形でも長方形でもない，だけど，今まで習ったことのある四角形の面積求めたよね。
Miwa：形はわかるけど。
T：どんな形だった。
Miwa：（手で形を作る。）
T：こんな形。何という名前だっけ。
C：平行四辺形。
T：はい，平行四辺形の勉強をしました。Matu君，次はどんな図形をやった？
Matu：……。
T：いま先生がこう聞いている間に，もう先生の質問に答えられる人，手を挙げてごらん。木曜日に何をやったか。その人たちは，あっ何々だって答えるよりも，その日の授業のことを一生懸命に思い出そうとして欲しい。いい。簡単なことでしょう。木曜日どんな授業をやったって聞いたら，こんな授業ですっていうのは。その答えがすぐわかったら，誰々が発表したな。誰々君の考え，おもしろかったな。誰々さんの考え方は変わっていたな。だけど，ぼくはこの考え方でいくんだったけな。もっと言えば，じゃ今日何をやるんだろう。いったい，先生は何を考えているんだろう，っていうことを一生懸命考えてくると，学校というところはおもしろくなるんだろうな。さて，Matu君。

> Matu：三角形です。
> T：そうだね。三角形の面積だったよね。

　この例は，その授業での問題が提示される前段階における既習事項の振り返りの場面である。既習事項の振り返りという活動の過程であるということが，Matuの「……」に対して語っている教師の発話が，Matuに考えるための時間を与え発言をうながすという目的をもつとともに，Matu以外の子どもたちに話しかけるという形態をとって，Matuも含めた全員に対して「学習活動への関わり方」について話しているという特徴をもっている。

　これらが示すように，教師の規範の構成行為は，授業の展開に伴って，一方は問題解決活動に関わって，他方は学習活動への関わり方として生じていることが分かる。前者は，Cobbらのいうように「数学について話すということについて話すこと」になっているが，後者はそのようには捉えにくい。その時間の数学的活動にまだ入っていないからである。ただ，これらに共通していることは，1章1(4)においても述べたことであるが，ベイトソン（1990, pp.382-419）がいうところの「論理階型（logical type）」が異なっているという特徴である。また，それは，Mellin-Olsen（1987, pp.175-190）がBatesonの考えを基に「学習とメタ学習（metalearning）」として区別している特徴でもある。それ故，このような視点の中にCobbらの指摘する点は含み込まれている。
　そして，教師の規範構成行為は，授業展開の各場面に関わりながら学習活動あるいはそのコミュニケーションに階層的な区別を持ち込みつつ，そこに多層的なコンテクストを構成する形で行われているという特徴をもつことになる。そして，数学の問題について考えるという活動，また，その話し合い活動は，そのような規範や実践のコンテクストに包み込まれているものである。いわば，多層的なコンテクストの中に算数数学学習のコミュニケーションが存在し，そのコンテクストが多層的コンテクストの中に編み込まれているということになる。

(4) 外部的構造にひらかれた学級というコミュニティ

　以上のことを基に，ここで　学級というコミュニティについて定義をする。それは，外部の構造にひらかれたものであり，数学的な意味の構成に当たって重要な役割を果たすものである。
　コミュニティとは，社会的規範や社会数学的規範，また，現に取り組んでい

る問題に対する数学的実践，及び，そのコンテクストを共有し，そこに何らかの「参加構造（participation structure）」（大谷，1997；茂呂，1997）をもった教師と子どもたちによる集団のことである（金本，2001）。

なお，コミュニティへの言及は先行研究に見ることができるが（cf. Cobb, 1999；Cobb & Bowers, 1999；Cobb, Gravemeijer, Yackel, McClain & Whitenack, 1997；Cobb & Yackel, 1998；Cobb, Yackel & Wood, 1989；Yackel & Cobb, 1996；Wood, 1999），ここでの規定は筆者による。そして，この規定によると，現に取り組んでいる問題が異なることによりコミュニティは異なると考えることができるとともに，コミュニティの構成要素で変化しない部分があることによって，その部分に着目した場合に同一のコミュニティと考えることができる。このような規定は，上野（1999）の「コミュニティとは，特定の実体を持ったグループとか，社会組織としてではなく，ある種の行為とか実践と見なされるべきものである。つまり，コミュニティは，コンテクストの組織化の一形態なのである」（p.128）という規定の一部に依存をしている。

このようにコミュニティの定義を行うのは，コミュニティを理想的なものとして捉えるのではなく，現に存在しているものとしての学級を捉えるためである。そして，さらには，そのことによって，数学的コミュニケーションがどのような階層のコンテクストと関わりつつなされているかを明らかにし，また，このような数学的コミュニケーションの外部的構造と，先に論じた内部的構造との統合的な理論の構築を基にして，数学的コミュニケーションを展開するための授業構成の在り方を示すためである。

3　第3章のまとめ

本章では，授業展開を支える数学的コミュニケーションの外部的構造について明らかにしてきた。

まず，コミュニケーションの外部的構造を明らかにするために，授業における社会的コンテクストである規範そして学級というコミュニティについて検討した。規範は，「数学的な意味の構成活動の在り方」に関する目標に関わるコンテクストとしての社会的コンテクストである。そして，社会的コンテクスト

としての学級の規範が「数学的な意味の構成活動の在り方」に関して存在するが故に，数学的問題解決を進めることに関わって，また，情意形成にも関わって規範は存在し機能していることになる。したがって，数学的コミュニケーションは，そのような社会的コンテクストとの関わりでも捉えていくことが必要となる。

　さらに，外部的構造を明らかにすることとして学級に焦点を当て，社会的コンテクストや言語的コンテクストを保持している集団であるコミュニティとして規定した。このようにコミュニティを明確にすることによって，次章においてであるが，コミュニティの構成が数学的な意味の構成と相互的なものであることを基に，数学的コミュニケーションの内部的構造と外部的構造の統合的な理論の構築を行うことができることとなる。

第4章
数学的コミュニケーションの内部的構造と外部的構造の統合

　本章では，数学的コミュニケーションの内部的構造と外部的構造の統合を図る。そのために，まず，公共的な言語的コンテクストと社会的コンテクストとの関連を明確にする。次に，これらを接続面として内部的構造と外部的構造の統合のためのコミュニケーションの構造理論を構築する。

　先の第2章では，数学的コミュニケーションの内部的構造を明らかにすることとして，授業における言語的コンテクストに着目している。特に授業の特性を踏まえた言語的コンテクストの組織化として，授業の目標との関わりで公共化された考えの中でそれが推論や意味の構成に当たって前提とされる場合，それを「公共的な言語的コンテクスト」として特定化した。授業の目標としての「数学的な意味の構成」に関わるコンテクストである。

　また，第3章では，数学的コミュニケーションの外部的構造を明らかにすることとして，「数学的な意味の構成活動の在り方」に関わって構成される社会的コンテクストについて整理し，学級の規範をそのような社会的コンテクストとして位置づけた。さらに，そのような社会的コンテクストの構造と，それらを保持する，教師と子どもたちによって構成されるコミュニティについて規定した。

　この第4章では，これらのコミュニケーションの構造について，コミュニケーションの主体たる個人とその所属するコミュニティとの関係を見つめ，意味構成に関わるコンテクストと意味構成活動の在り方に関わるコンテクストを統合的に捉える原理を示す。すなわち，「社会的コンテクスト」を捉えなおすことにより，「公共的なコンテクスト」を，言語的コンテクストから社会的コンテクストまでを含む統合的なものとして捉えなおす。そして，そのことの妥当性を，意味とコミュニティとの相互構成的な関係を明らかにすることによって示す。

　このようにして統合的な理論を構築することによって，次の第5章で，新たな理論に基づいた数学的コミュニケーションの展開と数学的コミュニケーション能力育成のための授業構成の原理を示すことができると考えている。

1 外部的構造に向かう公共的な言語的コンテクストの拡張

　先の第2章では，数学的コミュニケーションの内部的構造を明らかにするために，授業における言語的コンテクストに着目した。特に授業の特性を踏まえた言語的コンテクストの組織化として，「公共的な言語的コンテクスト」を提起し，公共的な言語的コンテクストとの関わりにおいて授業でのコミュニケーションの特徴を明らかにした。その際，公共的なコンテクストの根幹となる「授業の目標」を「数学的な意味の構成」とした。
　ここでは，「公共的なコンテクスト」の概念を拡張する。
　1章1(1)②においてコミュニケーションモデルを示す際に，発話の理解に関わって定義したコンテクスト，すなわち，「発話の理解にあたって，発話の内容と共に推論の前提として用いられ，結論を導く役割をする想定」（本研究ではこれを言語的コンテクストと呼んだ）について，2章4において，授業の目標との関わりで公共化された考えの中でそれが推論や意味の構成に当たって前提とされる場合，それを「公共的な言語的コンテクスト」と呼んだ。そのような公共的な言語的コンテクストは，授業の目標としての「数学的な意味の構成」に関わっている。また，コミュニケーションモデルを1章1(2)②において拡張した。すなわち，結論の部分を，理解の表れとしての発話や学習活動，また，問いに対する答えをも含めて捉え，「拡張された推論モデル」として拡張した。
　このような「拡張された推論モデル」において，前提となるものの中に，授業の目標を「数学的な意味の構成活動の在り方」とすることを含めることによって，いわば数学的な意味とその理解という関係でのみモデルを適用するのではなく，「活動の在り方」とその理解ないしその表れとしての学習活動をも含めることにより，適用範囲を広げる形で拡張することとする。このとき，何らかの活動（発話も含む）Pに対して，活動Qを導き出すことになる「想定」（「準則」と言った方がよい）P→Qが，「社会的コンテクスト」と呼ぶものである。学級の規範は，そのような社会的コンテクストとして位置づけることができる。

　3章1(3)③に挙げた［**エピソード**3章1(3)−7］及び［**エピソード**3章1(3)−8］での様子を取り上げて説明するとしよう。
　Jackが間違えたことに対して，教師は，「間違えてもいいんだよ」「間違い

130　第4章　数学的コミュニケーションの内部的構造と外部的構造の統合

からたくさんのことを学ぶことができるんだよ」「いっしょうけんめい考え，すぐには正しい答えが求まらなくても，ずっと考え続けて，答えを得た（のはいいことだよ）」と述べている。このような教師の発話は，学級の中に，「数学の学習はすぐには正しい答えが求まらなくても，恥ずかしがったり当惑する必要はなく，振り返って考えたり改善することができれば，とてもよい」という社会的コンテクストを形成することとなる。そのような社会的コンテクストP→Qに準拠して，P：「間違った答えを出す」に対して，例えば，Q１：「恥ずかしがらない」あるいはQ２：「振り返って改善する」という活動が導き出される。

このようにして，社会的コンテクストは個々の子どもたちが活動を導き出すに当たって準拠されるものであり，基本的には，公共的な言語的コンテクストと同様に，その学級において公共化された社会的コンテクストである。したがって，「拡張された推論モデル」を用いることにより，公共的な言語的コンテクストと同様に，社会的コンテクストを種々の活動を導き出すための前提となるものの集合を構成するとして捉えることができる。

ただし，個々の子どもたちが学級とは異なった"社会"の構成員であるという側面から捉えた同様のコンテクストも，その"社会"において公共性をもったコンテクストとして見いだすことは可能である。しかしながら，本研究の課題との関連から，その部分に焦点を当てることは行わない。なお，その部分に焦点を当てた研究としては，エンゲストローム（1999）やそれを基にした松下（2003）の研究を見ることができる。

2 コミュニティとの相互構成性に基づく数学的な意味の構成

4章1にて，「数学的な意味の構成」に関わっている公共的な言語的コンテクストと，「数学的な意味の構成活動の在り方」に関わっている社会的コンテクストについて，コンテクストの定義を拡張する形で統合することを提起した。ここでは，そのような数学的な意味と社会的なコンテクストの集積した形態としての面をもつコミュニティとの関係について，それらが相互に構成されるという特徴をもつことを明らかにする。そのことによって，4章1にて行ったコミュニケーションモデルとの関連での議論に対して，「数学的な意味の構成」

を捉えることと「数学的な意味の構成活動の在り方」を捉えることとの直接的な関連性を明らかにし,「統合的なコミュニケーション構造理論」の構築を行う。

(1) 相互構成性

　数学的な意味の構成とコミュニティの構成との関連を捉えるに当たり,相互構成性(reflexivity)という概念について考察をしておく(金本, 2000b)。それは,数学的コミュニケーションの内部的構造と外部的構造との統合を進めるためである。

　数学的コミュニケーションの内部的構造と外部的構造との統合のための第一歩は, 4章1で示したように,公共的なコンテクストという概念を提起した点である。その概念を,言語的コンテクストと社会的コンテクストとの両方にまたがる概念として拡張することによって,コミュニケーションの内部的構造と外部的構造との統合を可能にしている。本節においては,このような統合について,コミュニケーションモデルとの関連で捉えるだけではなく,「数学的な意味の構成」を捉えることと「数学的な意味の構成活動の在り方」を捉えることとの直接的な関連性を明らかにすることにより行う。そのために,外部的構造として存在するコミュニティを,単に教師と子どもたちにとっての"入れ物"として捉えるのではなく,相互構成性(reflexivity)という概念を持ち込むことによって,コミュニケーションによる数学的な意味の構成とコミュニティの構成とを相互に構成されるものとして捉えることができることを示す。そして,そのことが,このように統合することの根拠を与えることになる。

　相互構成性(reflexivity)という概念は,もともとエスノメソドロジーの中で用いられている概念であり,そこでは相互反映性という訳語を用いることが少なくない。例えば,山田(1998)は,エスノメソドロジーがどのような手法でもって何を明らかにしようとしているかの説明の中で次のように用いている。

> 「オーソドックスな科学のように現象を科学的方法で体系的に隠蔽することによって『科学的発見』を構築するのではなく,『エスノメソドロジー的無関心』を通して自然に組織された具体的な日常的活動へと降り立っていく試みである。ここにローカルな場面で自然言語の内部から,自然言語の使用を通して立ち現れる世界が手に入る。その世界は意味的に閉じられることはなく,いま発せられた説明(account)がさらに新たな文脈に組み込まれ,それがさらに新たな説明の土台になっていくという相互反映性(reflexivity)をもつ。エスノメソドロジーは,自らが研究するローカルな文化の中に埋め込まれているのである。」(山田, 1998, p.156)

このような特徴をもつ相互反映性であるが，本研究で相互構成性という言葉を用いるのは，主に上野（1999）によるが，文化心理学の知見にも拠っている（cf. 田島，2000；北山・宮本，2000）。上野（1999）は，次のように用いている。

「状況論的アプローチのコンテキストに関する第二の強調点は，語ることや行為とコンテキストの関係が，いわば，相互的に構成されるということである。すなわち，そのときどきで語られたことや行われたことは，あるコンテキストの中で意味を持つ（文脈依存的，indexical）が，同時に，ある時点で語られたことや行われたことは，別の時点で語られたことや行われたことのコンテキストを構成している。つまり，ある道筋の中での行為や発話は，それぞれが，相互構成的（reflexive）に，それぞれのコンテキストを構成し，また，コンテキストに埋め込まれて，その意味を特定することを可能にしている。このように，語ることや行うことは，あるコンテキストの中でそうすることであると同時に，あるコンテキストを組織化するという二重の行為である。」（上野，1999, pp.70-71）

このように，相互反映性と相互構成性という言葉は同じものを指しているが，本研究では，相互反映性という言葉よりも日本語として強い意味合いをもつ言葉である相互構成性という言葉を用いることとする。

さて，このような言葉を用いて，本節での関心から，数学教育学上の概念として相互構成性を明確にするために，まずは，「認知と文化」（関口，1997；Seeger, Voigt & Waschescio, 1998）について述べる。

そもそも，文化という概念が近年教育研究の場に持ち込まれたのは，Bruner（1990）の認知革命批判あたりからである。認知研究が情報処理の研究になってしまったこと，すなわち，認知をプログラムによる計算可能性によって捉えたことを批判し，新たな認知革命を文化という概念を立てることにより試みようとしている。そこでは，意味を改めて見いだすことにより，しかも，それをコミュニティにおける文化の中で捉えることにより，意味を個人の中だけで構成されるものではなく文化の中で構成されるものとして捉えようとしている。そして，このような認識の流れの中に，「"認識・行動と文化との関係"に関する総合科学的な研究領域」（田島，2000, p.6）としての文化心理学（cultural psychology）が発展してくることになる。

さて，そのような文化心理学の特徴として，「心性と文化の相互構成的」な捉え方（北山・宮本，2000, p.58）を見ることができる。もともと，心と文化の捉え方には2つの方向性を見ることができ，一つは，「心を，そして人の主体や能動を，社会的，文化的産物として定式化する」方向であり，他の一つは，「文

化とはとりもなおさず，人の行動の集合的なパターンである」と見る方向である（北山・宮本，2000, p.58）。これらの方向性を統合して捉えることによって，「文化心理学は，心と文化の両者を，相互構成システムの異なった位相として個別に定位できると考える」（北山・宮本，2000, p.59）としている。文化心理学においては，従来，認知と文化の二分法的捉え方の下に，文化が認知にどのように影響を及ぼしているかという研究がなされていたが，現在は，認知と文化を相互構成的なものとして探究をしていく傾向にある（田島，2000, p.3）。

　このような視点は，数学教育学研究においてはどうであるのか。
　二分法的に捉えている例として，社会文化的アプローチをとる Saxe（1991）の研究がある。Saxe（1991）は，子どもの数学的な意味の構成と文化との関わりについて，パプアニューギニアの民族がもっている数の数え方を基に，文化的実践としての数学的実践についての研究をしているが，Saxe（1991）においては，文化的実践を通してその文化の中から認知を形成してくる点に着目しており，「活動に埋め込まれた実践的算数能力の吟味」（田島，2000, p.3）を行っているといえる。このことは認知を文化に従属するものとしている点で二分法的である。なお，このような二分法が，社会文化的アプローチに対する批判点として Cobb & Yackel（1998）によって挙げられる点でもある。
　相互構成的に捉えている例として，Cobb & Yackel（1998）の研究がある。社会的構成主義の立場に立つ Cobb & Yackel（1998）は，3章2(2)でも述べたように，「学級の文化」について3つの要素を考える。しかも，それぞれを社会的側面と心理的側面とから捉えている。第1は，社会的側面から見た教室の社会的規範であり，心理的側面から見た，学習者自身の役割や他者の役割や数学的活動の特徴についての信念である。第2は，社会的側面から見た社会数学的規範であり，心理的側面から見た数学的な信念及び価値意識である。そして，第3は，社会的側面から見た教室の数学的実践であり，心理的側面から見た数学的活動である（Cobb & Yackel, 1998, p.166）。この第3の要素が学習活動として通常捉えられている部分であるが，そのことが第1や第2の要素とつながっていることを主張している。このようにして社会的側面と心理的側面とを捉え，しかも，それらを相互構成性（reflexivity）という概念でもって捉えようとしている。
　Cobb & Yackel（1998）によると，社会文化的アプローチでは，例えば円や分数の記号などのような文化的道具（cultural tools）の教師による導入とそれらが引き続き教室で用いられるようにすることを強調する傾向にあるという。そこでは，媒介的テクノロジーとしてのシンボル（symbols as mediating

technologies）が強調され，シンボル（本研究における「表現」）を用いた社会的実践が心理的なものを構成していくと捉えられる。それ故，このような捉え方は，社会的プロセスに優先性を与えることになる。Cobb & Yackel（1998）の立場では，これらと心理的プロセスとは相互構成的に（reflexively）関連づいており，決して一方が他方に先行しているとは捉えていない。すなわち，授業における子どもたちの活動と心理的なもの，いわば意味の構成とが，学級というコミュニティによる数学的実践そのものともなり，さらなる社会的なもの，例えば規範をも構成しているということなのである（pp.175-179）。

したがって，Saxe（1991）のような社会文化的アプローチにおいては，文化は「培地としての文化」であり，さらに，「他者経験としての文化」である（cf. 青山・茂呂，2000，pp.88-89）。そして，表現がその文化を担い，個人の認知に「培地」として，あるいは，「他者経験」として迫ることになる。しかしながら，文化心理学や Cobb & Yackel（1998）等の社会的構成主義の立場での文化の捉え方においては，文化と認知とが相互構成的な関係にあるという特徴が強調されているといえよう。

さらに，相互構成的な関係にあるものに焦点を当てるとともに，「表現」の重要性を指摘しておく必要がある。そのことを明らかにするに当たり，まずは，Cobb, Gravemeijer, Yackel, McClain & Whitenack（1997）が，分散的認知（distributed intelligence）に着目していることに触れておく。

分散的認知は，「一人のエージェントだけでは実現できないことを実現するために複数のエージェントが記号化された知識（symbolic knowledge）やプラン（plan）やゴール（goal）に関する認知的な資源を共有すること」（アイゼンク，1998，pp.398-399）として捉えられるものである。そして，このような「認知的な資源を共有すること」が集団によって行われているということを主張するものである。Cobb, Gravemeijer, Yackel, McClain & Whitenack（1997）は，自らの主張がいくつかの点でこの分散的認知と共通点をもつと述べている。それは，「認知的な資源を共有すること」が集団によって行われているということとともに，道具（tools）は単に人間の能力の増幅器ではなく，道具が活動の組織化をリードするとの考えであり，同時に，子どもたちの数学的実践への参加やその発達に寄与しているということである（pp.222-223）。ただし，Cobb, Gravemeijer, Yackel, McClain & Whitenack（1997）は，全面的には分散的認知理論に同意しない。分散的認知理論では，道具を人間の外部にあって環境をコントロールすることをサポートするものとして捉えるのに対して，Cobb, Gravemeijer, Yackel, McClain & Whitenack（1997）は，それでは活動を再組

織化していく過程を説明できないため，「アーティファクト（artifacts）は目的的な人間の活動の構成要素として考えられる」(p.225)ものと捉えている。いわば，「物理的な装置，記号，そして，シンボルのシステムが人間の活動の構成要素として見なされる」(p.226)ということである。このような違いは，主体の活動とコミュニティあるいはそこにおける実践との結節面である「表現」の二面性，すなわち個々の子どもたちの意味構成活動と学級の数学的実践との相互構成的局面において各々を作り出す機能をもっているものとしての「表現」の特性を明らかにすることとなり，「表現」が両方に所属しつつ位置づいていることを示している。このようにして，「表現」を結節面としながら，子どもたちの意味構成の活動と学級の数学的実践とが相互構成的な関係にあることとなる。

　さらに，表現の構成の仕方は，子どもたちの意味構成の活動と学級の数学的実践の在り方，子どもたちの参加の在り方に関わり，社会的規範や社会数学的規範をも構成していることから，コミュニティの構成へとつながっている。したがって，上野（1999）が，「参加の組織化，コミュニティの形成といったことと，道具などのテクノロジーの使用，知識の表現，構成といったことは切り離すことができない。つまり，知識やテクノロジーは，参加の組織化やコミュニティの形成や維持といったダイナミックな社会的な実践の中に埋め込まれ，かつ，そうした実践を組織化するものであって，それ自体として扱うことができないものである」(p.134)というように，表現をどのように構成していくかということは，学級の数学的実践の中に埋め込まれ，かつ，その数学的実践を組織化しているのであり，そのことにより，コミュニティの構成と相互的なものと考えられるのである。

　以上のことを基に，本研究では，数学的な意味とその意味が構成され共有されるコミュニティとが相互的に構成されるという関係をもつと考える（金本，2001）。すなわち，そもそも，個人における意味の構成は，その言語的コンテクスト及び社会的コンテクストと切り離すことができず，また，それらの言語的コンテクスト及び社会的コンテクストは，授業においてはコミュニティが保持する言語的コンテクスト及び社会的コンテクストと切り離すことができない。
　このことは，第1に，Cobb & Yackel（1998）が，社会的側面と心理的側面は相互構成的に関連づいており決して一方が他方に先行しているのではないと述べていることに関連している。心理的側面である子どもたちの意味構成の活動と，社会的側面である学級の数学的実践とは，相互構成的であるということ

である。また，第2に，Cobb, Wood & Yackel (1993) が，教師の発話には数学について語る部分とそれに関わって規範を語る部分があることを主張するように，規範の構成に関わる活動が意味構成の活動に沿いつつなされていることに関連している。いわば，意味構成の活動の仕方が，規範の構成を行っている。

これらのことから，学級での意味構成の活動は，その意味を共有し公共化する学級というコミュニティの構成と相互的であると考える。いわば，意味の構成及びその構成活動の仕方は，コミュニティが保持するコンテクスト及び参加構造に埋め込まれており，逆に，コミュニティの構成は，数学的実践における意味の構成と共有そして公共化によって，また，それに伴ってなされることであると考える。

このことを，次のように，具体的事例の中で捉えることができる（金本，2001）。

(2) 数学的な意味とコミュニティとの相互構成的関係

ここで取り上げる授業は小学校5年の単元「四角形と三角形の面積」であり，授業が実施されたのは1995年10月23日～11月9日（全12時間）である。本節では，特に第1時（10月23日）を取り上げる。第1時は，平行四辺形の面積の学習の前半ともいうべきものである。第1時の授業の中からいくつかのエピソードを取り出して分析する。

［エピソード4章2－1］
T：今日何やるかっていうとプリント用意してきました。これからこういうプリントはどんどん配られますからね。（プリント配付）
T：見たことある？
C：ある。
T：何という形ですか。はい，Hon君。
Hon：正方形。
T：さっき四角形って言ったね。
Hon：うんうん，四角形。
T：他の言い方ができる人。
Oga：あの鉛筆で書いてあるのを言えばいいんですか。
T：この図形は何という図形ですか。見えない……見える。
C：四角形。
T：そうだよね。Hon君が言ったように四角形だよね。他に名前がついていない。

> 　他の言い方できないかな。……えっ，手が挙がらない人がいる。これ2年生のお勉強だよ。ほら，こういうときに2年生の教科書を見てもかまわないよ。
> C：やった。
> T：自信がない人はパラパラパラ。ただ見るようなことじゃないと思うんだけどね。
> C：ははっ。
> T：見たかったら見てもいいよ。2年の教科書パラパラって。
> T：Yama君。Yama君。
> Yama：正方形です。
> T：正方形。
> C：違います。
> C：他にあります。
> T：Ono君。
> Ono：長方形。
> T：長方形。なるほど。
> C：いいです。

　はじめに，算数の学習の進め方について教師が述べている。特に，教科書（注：前学年までの教科書をすべて持参している）と学習プリントの取り扱いの仕方について，いわば，子どもたち自身が教科書と学習プリントをどのように利用するとよいかについて，教師が子どもたちに語っている。また，このような教科書と学習プリントという道具及びその利用の仕方を授業の中に持ち込むことが，その授業の参加の仕方を構成している。その上で，そのプリントにかかれている図によって表されている図形の名前を答えさせることを行っている。

　その図形の名前を確かめることが教師にとっては子どもたちの知識を確認する行為なのであるが，そのことが共有すべき表現（ここでは図や言葉）とその意味をそのコミュニティにおいて確認・構成するという行為となっている。特に，Honが「正方形」と言ったのに対して，教師が「さっき四角形って言ったね」と訂正していることは，この場面において共有すべき表現（ここでは「四角形」という言葉）とその意味が何かということを語っている。そして，同時に，それらの表現とその意味を共有するコミュニティを構成していく行為になっている。このような行為は次のエピソードにおいても続いている。

　次は，［**エピソード4章2−1**］に続くものである。

[エピソード4章2－2]
T：うん？　まだある。もうない。今，3つ出てきました。四角形，正方形，長方形。まずは，解決していこう，みんなで。四角形というのはどうですか。
C：OK。
T：OK。どうして。
C：4つの角がある。
T：4つの角がある。Ichi君は違うこと言ったね。
Ichi：4つの辺がある。
T：4つの辺がある。だから四角形だ。これでいいですか。
C：はい。
(中略)
T：次，この形。これは，何という四角形だっけ。Fujiさん。
Fuji：平行四辺形です。
T：どうですか。
C：いいです。
T：平行四辺形ですね。じゃもう一個，もう一つ見てください。これはどうですか。Hiruさん。
Hiru：ひし形だと思います。
T：ひし形。
C：違います。
C：他にあります。
T：ちょっと待って。今，意見を聞いているんだから。違うとか合ってるとか。他に意見のある人は。
(中略)
T：さっき，これが正方形かってでた。正方形か長方形。これは平行四辺形でみんな一致した。これはよくわからん。ひし形と平行四辺形と。じゃ，ちょっと，どうにかはっきりしたいね。

　ここでの特徴は，教師の「今，3つ出てきました。四角形，正方形，長方形。まずは，解決していこう，みんなで」という発話である。まず第1に，みんなで解決することを通して共有すべきものを示している。四角形，正方形，長方形という表現とその意味を確認し，共有しようということである。第2に，みんなで解決していくという，いわば，参加の仕方を示している。例えば，Hiruの「ひし形だと思います」という発話に対する子どもたちの反応に対して，教

師が「ちょっと待って。今，意見を聞いているんだから。違うとか合ってるとか。他に意見のある人は」と述べていることは，「まずは，解決していこう。みんなで」という言葉の意味を説明していることになっており，参加の仕方への注意をうながしている。

次のエピソードは，[**エピソード4章2-2**]のあと，何という図形かを角度や辺の長さを測ることによって確かめることへと進んだあとのものである。

[**エピソード4章2-3**]
T：測ってみてください。
Ichi：面積の解き方，式でやるの。
T：いやいや，今，面積をやるんじゃないよ。今，何やるの。面積をやろうなんていう話になってないよ。今は平行四辺形かひし形か，正方形か長方形か。それをはっきりしよう。で，長さを測りましょうっていう話になっているんです。測ったら，測った数字を書いておいてね。何センチメートル。アとイとウの……アとイとウの四角形の長さを測って下さい。
T：Ichi君，話よく聞いていてね。今，何しようかって，みんなで相談して決めたんだから。

このエピソードは，教師がある授業の目標に向かって進めていこうとしている流れに沿って，子どもたちが学習活動を進めていくことを求めているものである。いわば，ここで求められている測定という行為がどのようなコンテクストの中に位置づいているかということに留意すべきこと，しかも，公共的なコンテクストに留意すべきことを，教師が子どもたちに求めているのである。

次のエピソードは，辺の長さを測って，それらの長さを確認したあとのものである。

[**エピソード4章2-4**]
T：平行四辺形だね。大丈夫だね。はい，じゃ，これは。
Wata：平行四辺形。
T：おっWata君，よくしゃべるね。Wata君。じゃWata君。ここ何センチ。
Wata：6センチ。
T：6センチメートル。こっちは。
Wata：5センチ。
T：5センチメートル。なるほど。上は。
Wata：6センチ。

> T：こっちは。
> Wata：5センチ。
> T：はい。ということは，これは。
> C：平行四辺形。
> T：Higu君いいかい。
> Higu：はい。
> T：ここまで大丈夫。
> Higu：はい。
> T：これが5センチ5センチだったら，あるいは6センチ6センチだったら，何ていう図形なの。
> Higu：ひし形。
> T：今，6センチ5センチで長さが違うから，Hiruさん，平行四辺形ね。大丈夫。納得してくれた。
> Hiru：（こっくり）
> T：おーありがとありがと。よかった。

 教師とWataとの会話の部分で，教師が「はい。ということは，これは」とみんなに問いかけ，みんなが「平行四辺形」と答えている。また，その後でHiguに確かめていくことによって，一人一人に確かめていくことがあるのだということを示している。また，これらによって，一人一人が参加していくことを求めている。

 これらの事例を基に，意味とコミュニティとの相互構成的な関係についての検討をすることとする（cf. 金本，2001）。第1に，意味の構成そのものから，第2に，意味の構成の仕方から検討する。
 まず，第1の点に関わって，教師によるコミュニティ構成の意図が強い［エピソード4章2－1］から［エピソード4章2－2］における図形の名前とその意味の確認という活動を見てみよう。
 ［エピソード4章2－2］では，四角形・正方形・長方形・平行四辺形・ひし形の意味を教師と子どもたちによって共有し公共化していく活動がなされている。このことは，この時点でのコミュニティの中での意味の構成であるとともに，他方，このコミュニティによる今後の問題解決活動にとっての公共的なコンテクストをつくるための活動であるということができる。いわば，新たに（あるいは改めて）公共化していくことが，そのコミュニティを新たに（あるいは改めて）組織化しているということである。さらに，教師が「さっき，これ

が正方形かってでた。正方形か長方形。これは平行四辺形でみんな一致した。これはよくわからん。ひし形と平行四辺形と。じゃ，ちょっと，どうにかはっきりしたいね」という発話も，意味を公共化していく活動であることを明示している。公共化された意味そのものが，思考と活動にとっての公共的なコンテクストを構成し，そのことを通じて，それらを公共化するコミュニティの構成も行っていることになる。

　次に，第2の点に関わって，公共化された意味をつくっていく過程を見ることにする。例えば，[**エピソード**4章2-2]で，「みんなで解決をしていく」という公共化の過程として教師が進めているからこそ，また，それと同時に，公共化の過程そのものをつくろうとしているからこそ，Hiruの「ひし形だと思います」という意見に対する「違います」という子どもの発言を公共化の過程に参加していない，あるいは，公共化の過程がそれではつくれないと感じた教師が，「ちょっと待って。今，意見を聞いているんだから。違うとか合ってるとか」と不満を述べることになる。このことは，学級としての数学的実践を組織しているのであり，また，その実践への参加構造をも構成しているのである。

　これらのことは，[**エピソード**4章2-3]の教師の発話の中にさらに見ることができる。Ichiの「面積の解き方，式でやるの」に対して，教師の「いやいや，今，面積をやるんじゃないよ。今，何やるの。面積をやろうなんていう話になってないよ」や「Ichi君，話よく聞いていてね。今，何しようかって，みんなで相談して決めたんだから」という発話は，長さを測る活動をどのようなコンテクストの中で理解していたかということの違いを示している。そして，教師はここでの公共的なコンテクストに沿うことを子どもに要求しており，また，規範を構成している。いわば，授業においては，子どもたち各自の意味の構成がその場面における公共的なコンテクストに関わりつつなされるべきことを教師は要求しており，また，規範を構成している。Cobb & Bowers (1999) は，「教室の数学的実践に参加できない子どもは，もはや教室のコミュニティの成員ではない」(pp.9-10)と述べているが，この授業場面では，学級としての数学的実践への参加を組織していることが分かる。また，そのことは，学級の参加構造として教師が求めているものを可視化している。

　このように，意味の構成とその構成過程はコミュニティの構成と同時的であることが分かる。しかも，そこには，意味の構成そのものがコミュニティの構成につながっているという側面と，意味の構成の仕方がコミュニティの構成につながっているという側面とを見ることができる。

(3) 相互構成性に基づく統合的なコミュニケーション構造理論の提起

　本節では，コミュニティを，規範と数学的実践及びそのコンテクストを共有し，何らかの参加構造をもった教師と子どもたちによる集団のことであると考えた。そして，そのようなコミュニティの中で意味がどのように構成されるか，また，意味の構成を通じてどのようにコミュニティが構成されているかを明らかにした。

　事例分析から，次のことが分かる。

　まず，(1)学級での意味構成の活動は，例えば図によって示されている図形を確認していく活動（[エピソード4章2-1]，[エピソード4章2-2]）のように，その意味を共有し公共化している。そして，それらが，それ以降の思考と活動にとっての公共的なコンテクストを構成するものとなっていることが分かる。また，(2)学級での意味の構成過程，例えば「みんなで解決していこう」（[エピソード4章2-2]）というような公共化の過程は，社会的なものである学級としての数学的実践を組織化していることが分かる。さらに，(3)子どもたちの各自の意味の構成の仕方は，例えば「今，何やるの。面積をやろうなんていう話になってないよ」（[エピソード4章2-3]）という発話で示されたように，また，例えば，「はい。ということは，これは」（[エピソード4章2-4]）とみんなに問いかけ，個々の子どもに確かめる行為によって示されたように，その場面における公共的なコンテクストに沿いつつなされることが求められている。いわば，学級としての数学的実践への参加の仕方が重視され，そのことによって参加構造を構成していることが分かる。そして，そのことが，(4)意味構成の活動に沿いつつなされる規範の構成という行為であることが分かる。

　このようにして，意味の構成とコミュニティの構成は相互的なものとして生じている。

　これらのことを基に，統合的なコミュニケーション構造理論を提起する。その特徴点を挙げる。
　(1)主体はコミュニケーションを通して数学的な意味の構成を行う。
　(2)主体は数学的な意味の構成に当たって，授業の目標に関わる公共的な言語的コンテクストに依拠しながら行う。
　(3)主体は数学的な意味の構成活動に当たって，学級というコミュニティの社会的コンテクストに準拠して活動に取り組む。それとともに，学級というコミュニティの社会的コンテクストをも創っていく。

(4)数学的な意味の構成活動とその活動での主体の在り方とは同時的に存在する。
(5)主体の数学的な意味の構成は，主体がコミュニケーションを行うコミュニティと不可分の関係にあり，いわば数学的な意味とコミュニティは相互に構成されるということができる。
(6)主体の数学的な意味の構成活動の在り方は，主体がコミュニケーションを行っているコミュニティにおいて公共化されている社会的コンテクストに依存をするとともに，そのコミュニティの在り方を決める。

　これらの特徴を，次のような図の中で捉えることとする。なお，この図では，公共的な言語的コンテクストと社会的コンテクストを「公共的なコンテクスト」として統合的に捉えつつ，意味とコミュニティとの相互構成的な関係を主体とコミュニティとの双方向の矢印でもって示している。
　これらによって，算数数学学習における新たなるコミュニケーション構造理論とする。

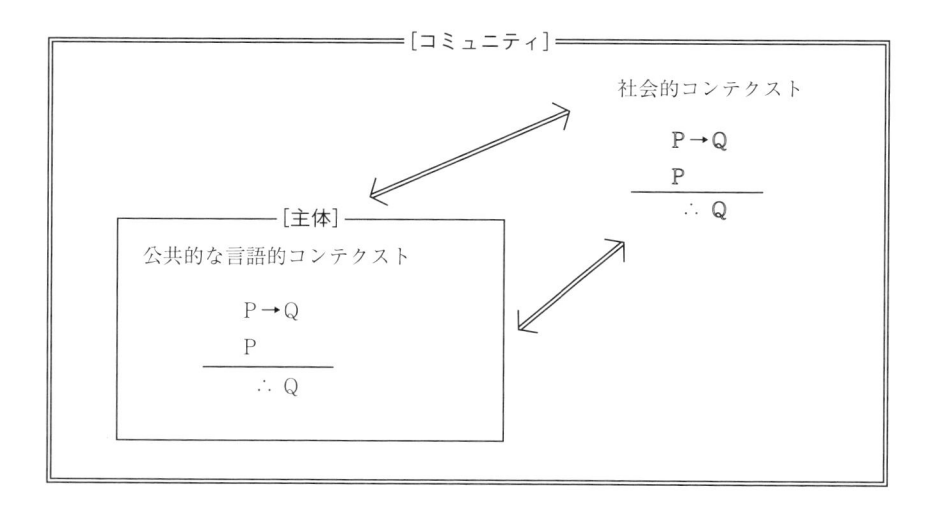

3　第4章のまとめ

　本章では，数学的コミュニケーションの内部的構造と外部的構造の統合を図るため，まず，公共的な言語的コンテクストと社会的コンテクストとの関連を明確にし，次に，これらを接続面として内部的構造と外部的構造の統合的把握のためのコミュニケーションの構造理論を構築することとした。そのために，数学的コミュニケーションの内部的構造と外部的構造について，コミュニケーションの主体たる個人とその所属するコミュニティとの関係を見つめ，意味構成に関わるコンテクストと意味構戍活動の在り方に関わるコンテクストを捉える原理を示し，そのことを授業の実際において見いだすことによって，そのことの妥当性を示すこととした。すなわち，「公共的なコンテクスト」を，言語的コンテクストから社会的コンテクストまでを含む概念として捉えなおし，このように捉えていくことことの根拠を意味とコミュニティとの相互構成的な関係を指摘することによって進めた。

　これらのことを基に，数学的コミュニケーションの内部的構造と外部的構造の統合を行い，その特徴を6点にまとめた。このことにより，新たな理論に基づいた数学的コミュニケーション能力育成のための授業構成の視点を得，また，その在り方を示すことができると考えた。

第5章
数学的コミュニケーションの展開と数学的コミュニケーション能力育成のための授業構成の在り方

　本章では，数学的コミュニケーションの内部的構造と外部的構造の特徴，そして，統合的な構造理論によって分析してきた授業の記述からさらに見えてくる数学的コミュニケーションの特徴を基に，それらから示唆されるものとしての授業構成の視点を得る。また，これらを基に，さらなる展望も含めて，授業構成原理を提起するとともに，授業実践に向けての提言を行い，授業構成の在り方を示すことになる。

　このことに取り組むことの理由は，まずは，数学的コミュニケーションを数学カリキュラムに位置づけることに関わってである。コミュニケーション活動を教育目標として位置づけるに当たっては，コミュニケーションのメタレベルに位置づく事項までも含めることが必要である。意味構成と意味構成の在り方・情意形成とを分離的に捉えることなく，しかも，意味構成と統合的に捉えることのできる枠組みを構築しておくことが必要である。学校における学習活動は，学級という学習集団による学習活動とそのような学習集団の中における一人一人の学習活動ということに着目することが必要である（金本，2008b）。

　また，近年改めて相互学習や協同的学習の強調がなされてきていることにも拠る。例えば中央教育審議会（2008）は，思考力・判断力・表現力の育成にとって不可欠な活動の一つとして「互いの考えを伝え合い，自らの考えや集団の考えを発展させる」活動を挙げている。また，文部科学省（2011）は『言語活動の充実に関する指導事例集 中学校版』の中で教科横断的に充実させる活動の一つとして，「グループで協同的に問題を解決するため，学習の見通しを立てたり，調査や観察等の結果を分析し解決したりする話合いを行う」ことを挙げている。また，第40回教育展望セミナーの基調提案として新井（2011）は，「『子どもの学びを拓く学校』を創るには，制度的文化を教師文化を媒介して生徒に伝えるのではなく，生徒間，教師間，教師・生徒間で意味の交換が行われなくてはならない」（p.8）と強調している。そして，このような認識は，ブルーナー（2004；原著1996）が学校のあるべき姿を「相互学習文化」という言葉で特徴づけていることに拠っていると述べている。

　このような状況が，本研究の立場での授業構成の在り方を示すことの意義を明らかにする。

1　数学的コミュニケーションの分析から数学的コミュニケーション能力の育成へ

　1章3において，近年の能力概念との関わりで数学的コミュニケーション能力の位置を明らかにし，数学的コミュニケーション能力育成への展望を示した。すなわち，本研究における数学的コミュニケーション能力は定義と4つの構成要素の提起によって規定され，「表現」と「活動」とそれらの「メタレベルの要素」でもって構造的に規定するところに特色があり，我が国において強調されている思考力・判断力・表現力等の能力の一環に位置づけられるとともに，さらには，松下（2010）が指摘する近年の〈新しい能力〉概念の中に組み込まれているものということができる。

　数学的コミュニケーション能力の4つの構成要素とは，次のものであった。

【第1要素：算数数学の表現が使用できる】
　①形式的でない直観的な表現を，数学の記述的な表記としての表現に関連づけることができる。
　②様々な表現，例えば，文字，式，言葉，記号，絵，図，表，グラフ，具体物，行為などを関連づけることができる。

【第2要素：数学的な考えや考え方についての話し合い活動などの交流ができる】
　③友だちの説明を理解することができる。
　④自分の考えや考え方を説明することができる。
　⑤筋道を立てて意見を述べることができる。また，交流を通して新たな考えや問いを創り出すことができる。また，考えを共有するだけではなく，公共的なものを創り出す行為に参加できる。

【第3要素：数学の記述的な表記としての表現のよさが理解できる】
　⑥いろいろな表現の違いから，考えや考え方の違いやよさに気づく。
　⑦数学の記述的な表記としての表現のよさに気づき，そのよさを活用できる。
　⑧数学の記述的な表記としての表現にある約束や規則を理解し，それらを使って筋道を立てて考えを進めていくことができ，その重要性を理解できる。

【第4要素：数学的な考えや考え方についての話し合い活動への適切な価値意識と態度が形成されている】
　⑨根拠や合理性などを問わなければならないという意識をもち，また，問おうとする。

⑩考えを深め，表現を的確にし，また，これらを発展させるためにも，話し合い活動をすることには価値があるという意識をもち，また，話し合い活動を進めていこうとする。

これらの4つの構成要素の互いの関連性は，第1と第2が表現と数学的コミュニケーションの活動についての理解や技能に関するものであり，第3と第4がそれらのメタレベルにあるものであって価値意識や態度に関するものとなっている。また，第1と第3が数学的コミュニケーションにおいて使用される表現に関するものであり，第2と第4が数学的コミュニケーションの活動に関するものとなっている。

本研究において数学的コミュニケーションの内部的構造として言語的コンテクストの自己組織の様相や公共化について明らかにしてきた。そのことは，数学的コミュニケーション能力の第1と第2の表現とコミュニケーション活動についての理解や技能に関する構成要素が数学的コミュニケーションの展開において実現をしていくに当たって，その実現の特徴としての構造を明らかにしたものであった。

また，数学的コミュニケーションの外部的構造として社会的コンテクストの様相とコミュニティについて明らかにしてきたことは，数学的コミュニケーション能力の第4の適切な価値意識と態度の形成に関する構成要素が数学的な意味構成活動の過程において実現をしていくに当たって，数学的コミュニケーションの展開を保証する社会的コンテクストに依拠しながら，また，それらを保持しているコミュニティと個人との関係性の中で実現をしていく際の構造を明らかにしたものであった。さらには，この第4の要素に留まることなく，数学的コミュニケーション能力の各要素の実現を保証していくものでもある。

このようにして，数学的コミュニケーション能力の育成に当たって具体的な数学的コミュニケーションの展開の中にその育成の要諦となる事実を見いだしそれを促進していこうとするのに，また，数学的コミュニケーションの展開がなされているコミュニティやそこにおける社会的コンテクストとの関係性の中で数学的コミュニケーションの展開を保証する要諦となる事項を見いだしそれを促進していこうとするのは，そして，さらに数学的コミュニケーションの内部的構造と外部的構造との統合理論を提起して見いだされるものを重視しようとするのは，先に1章3(4)に示したように，松下（2010）が〈新しい能力〉概念の分析において垂直軸（深さ）と水平軸（広さ）でもって捉え，統合的で文脈的なアプローチを強調していることと同様の立場に立っていることによる。すなわち，垂直軸（深さ）について，DeSeCoのコンピテンス概念は「ある特

定の文脈における要求に対してそれらの要素を結集して応答する能力こそがコンピテンスだとされる」（松下，2010，p.29），「3つのキー・コンピテンシーが3次元座標のような相互関連性をもつと考えられている点でも，統合的である」（松下，2010，p.29）と述べ，水平軸（広さ）について，「DeSeCoの能力概念は，文脈によって変化する対象世界・道具や他者との相互作用を含んでおり，文脈とは独立に個人の内的属性であるスキルにおいて汎用性を強調する能力概念とは対照的である」（松下，2010，p.30）と述べているようにである。ただ，本研究は，PISA調査で示されているような現実世界での問題解決活動に限定しているわけではなく，授業で取り上げる数学的な問題・教材によって変化する中に汎用的なものを求めていこうとしているものであり，状況横断的な取り扱いを主張するものである（金本，2012b）。なお，松下（2010）は，〈新しい能力〉概念についていくつかの危険性や困難点を指摘しつつも，統合的で文脈的なアプローチをとっている「DeSeCoの能力概念は，総花的で理想主義的ではあるが，理念的には，現在における一つの到達点を示している」（p.32）と評価している。

　このようなことから，この第5章において，数学的コミュニケーション能力のいくつかの構成要素の育成に寄与するものとして授業構成の視点を引き出している。このことは，要素主義的アプローチのような「どの要素もいったんばらばらに切り離された後に，組み合わされて全体を構成する」（松下，2010，p.28）という立場をとっているのではなく，授業展開の文脈の中に組み込まれ，そこでの数学的な問題・教材に取り組む中で，その「ある特定の文脈における要求に対してそれらの要素を結集して応答する能力」（松下，2010，p.29）として捉えながら，ある構成要素の育成への寄与を重点的に提起しているものである。もちろん，他の構成要素も同時的に関わっているものでもあり，それらの育成への寄与についても述べることができるが，次節からの授業構成の視点の記述に当たっては限定的にしている。

　本研究では，数学的コミュニケーション能力の構成要素の相互関連性を大切にした取り組みを想定し，また，そのことと同時に，個人が存在をしているコミュニティとそこでの社会的コンテクストに着目し，それらとの同時的な取り組み（相互的構成）を重視している。このような認識の下で，数学的コミュニケーションの分析に基づき，授業構成の視点を引き出すことになる。

2 数学的コミュニケーションの内部的構造及び外部的構造から見える授業の実際

(1) 言語的コンテクストの自己組織化と授業

　数学的コミュニケーションの内部的構造の検討を第2章において行ってきた。そこでは，1章1にて設定したコミュニケーションを捉えるモデルを基に，コミュニケーションにおける言語的コンテクストの自己組織に着目してその様相を明らかにし，さらに，授業という特性を踏まえた言語的コンテクストの組織化の特徴を示した。授業の実際を整理するとともに，それらから数学的コミュニケーションを展開するために重要な行為を，授業構成の視点あるいは改善への課題として引き出していくこととする。

① 言語的コンテクストの自己組織化

　まず，2章1では，小学校5年「小数のかけ算」の授業を取り上げ，話し合い場面の中から，特に，(ア)本時の問題が，かけ算の式に表してよいことの理由，(イ)筆算形式で計算するときの小数点の処理の仕方，を取り上げ，教師と子どもたちの発話について考察した。そして，そこでの検討では，拡張した推論モデルを基に，授業での発話における言語的コンテクストの自己組織についての特徴を探った。その結果として，子どもたちの発話について，①「1.2×7.3」をその7や1の大きさから87.6という答えは大きすぎるという量（大きさ）に着眼したもの，②「小数×小数」は「小数×整数」とは違うという数の種類に着眼したもの，③小数点2つ分を考えるべきだという形式に着眼したものが見られた。それらの特徴としては，自らの結論を述べるに当たってどのような言語的コンテクストを自己組織しているかについて語っており，しかも，その言語的コンテクストの中でどのように結論が出てくるかについて語っていることが指摘できる。いわば，式の意味をどこに着目してどのように捉えるかということが，ここでの数学的コミュニケーションの根幹に位置づいているということができる。

　このことから，数学的コミュニケーションを展開するに当たって重視したいことを示唆として引き出したい。すなわち，授業というコミュニケーションの場において，

　　　　○言語的コンテクストが不明確である場合は，他者がその言語的コンテクストの確認を行う
　　　　○どのような言語的コンテクストの中で結論を導き出しているかを明らかにしながら説明する

ということが重要であると考えられる。特に，2章1(2)で検討したものでは，子どもが適切なコンテクストを自己組織することを促す教師の発話としての特徴がある。また，2章1(3)で検討したものでは，発話における結論を理解してもらうためには，言語的コンテクストについても語ることによって，他者の中での言語的コンテクストの自己組織を促すという特徴として捉えることができる。いずれにしろ，これらのことは，いわば，言語的コンテクストの自己組織の明確化の行為であり，数学的コミュニケーション能力の第2の構成要素「数学的な考えや考え方についての話し合い活動などの交流ができる」を育成するに当たっての授業構成の視点とすることができる。

②　言語的コンテクストの転換

　次に，2章2では，小学校5年「四角形と三角形の面積」の授業を取り上げ，話し合い場面の中から，特に，三角形と台形の面積公式を学習したあと，それらの公式がそれぞれの図形のための異なる公式として捉えられていたことに対して，それら2つの公式を1つのものとして見ることの指導について考察した。そこでは，それまでとは異なった図形の変形方法によって考えていくことを要請することとなり，問いに答えるためには，新たな理解のための言語的コンテクストの構成が必要となる。いわば，「台形の面積＝（上底＋下底）×高さ÷2」の公式と「三角形の面積＝底辺×高さ÷2」の公式について，それぞれを「切り取り」コンテクストで捉えるのではなく，上底の長さが変化していく一連の動的な図的理解の構築とともに新たなる式「三角形の面積＝（0＋下底）×高さ÷2」の導入とそれに対応する理解によって，2つの公式を統合していっている。問いの解決に向けて，はじめの理解の言語的コンテクストの転換が迫られ，新たな言語的コンテクストが組織されていっているということである。また，そのことによって新たな意味が構成され，問いが解決されている。

　このような特徴からは，数学的コミュニケーションを展開するに当たって重視したいこととして，授業というコミュニケーションの場において，
　　　　○算数数学の表現を知るとともに表現の整合的な理解が得られるように，言語的コンテクストの自己組織やコンテクストの転換を行うこと，また，表現の理解において，従来の言語的コンテクストとのギャップの認識と新たな言語的コンテクストの必要性の認識を大切にすること

が重要であると示唆される。いわば，子どもたち自身が，表現の使用においてはその言語的コンテクストに留意して，整合的な理解を得ることができるように使用することが大切である。また，教師においては，新たな数学的意味の構成の際にその表現の使用の仕方に留意が必要であり，新たな言語的コンテクストの必要性を子どもたちが捉え，言語的コンテクストの自己組織ができるようにすることが大切である。そして，このようなことが行われるように授業を構成することによって，数学的コミュニケーション能力の育成，特に，その構成要素の第1「算数数学の表現が使用できる」と第2「数学的な考えや考え方についての話し合い活動などの交流ができる」の⑤「筋道を立てて意見を言うことができる。また，交流を通して新たな考えや問いを創り出すことができる。また，考えを共有するだけではなく，公共的なものを創り出す行為に参加できる」の育成が期待できる。

　また，特にこの事例においては，動的な図的理解の構築とともに構成されている新たなる式「三角形の面積＝（0＋下底）×高さ÷2」が，2つの公式を統合し，新たな理解へと導くのに重要な役割を果たしている。そのことは，「書き言葉」としての式がもつ役割の重要性を示している。

③　言語的コンテクストの発展

　さらに，2章3では，新たな問いや意味が生まれる場面についてさらなる場面での事例として，㈎既習の表現の使用の仕方の発展による新たな表現と意味の構成，及び，㈑複数の表現の関連づけによる新たな意味の構成，について検討した。

　㈎については，小学校4年「大きな数」の授業を取り上げ，新しい数149600000をどのように読むかという問題意識から，既習の数についての十進構造などの理解を呼び起こし，その理解の際の言語的コンテクスト上で発展的に新しい数を構成し，その表現である数の読み方を決定していこうという活動に焦点を当てた。その結果，子どもたちの表現には，アナロジーを生かした表現活動を見ることができた。特に，子どもの記述の中に，例えば「百→千→万といって，十万，百万，千万で一万とくるかもしれないけど，一万だと一万四千九百六十万でもいいけど，おかしいし，なんかへん。それに，テレビとかで一おく四千とかといっている」というように，ソースとターゲットの両方の要素が示され，アナロジーの構成を見ることができる。しかし，子どもたちの記述は，これら両方が必ず表現されているものばかりではなかった。それらは，自分の分かり方をきちっと見つめ，十分に表現しきれなかったものといえる。

これらのことから，数学的コミュニケーションのための表現とその表現活動の在り方を考えていくに当たって，何をどのように表現すればよいかの示唆を得ることができる。それは，
　　○解決したことの結果だけを表現するのではなく，互いに共有している，よく分かっていることを基にしながら，それをどこにどのように生かしていけばよいかを明らかにし，そして，生かしていく
ということである。また，そのことによって，
　　○新しい表現の使用の際のコンテクストの自己組織を行っていく
ということである。しかも，そのような行為を，
　　○よく分かっていることを基にしていく様子を例示的に示しながら，いいかえれば，そのことを，例えば「……のように」などの言葉を使用しながら行っていく
ということでもある。そして，このようなことが行われるように授業を構成することによって，数学的コミュニケーション能力の育成について，特に，その構成要素の第1「算数数学の表現が使用できる」と第2「数学的な考えや考え方についての話し合い活動などの交流ができる」の⑤「筋道を立てて意見を言うことができる。また，交流を通して新たな考えや問いを創り出すことができる。また，考えを共有するだけではなく，公共的なものを創り出す行為に参加できる」ことを高めていくことが期待できる。
　特にこの事例においては，数の表現，すなわち記号に対してそれをどう読むかということについて，数の十進構造への着目とそれを生かした思考過程の表現そしてその数学的な記号が，考えを創り出したり，共有したり，公共的なものを創り出すのにも機能していることがわかる。

④　言語的コンテクストの関連

　新たな問いや意味が生まれる場面についてさらなる場面として，さらに，(イ)複数の表現の関連づけによる新たな意味の構成，について検討した。この(イ)については，小学校5年「整数の性質」の授業から公倍数の学習場面を取り上げ，話し合い活動の中での発表内容の検討を通して，数直線や○△の表や式などを用いた表現の違いを超えて考えの共通性を見いだし，そのことによって表現を関連づけていく授業の検討を行った。表現の関連づけが新たな言語的コンテクストの自己組織を促すものとなっている。この検討の結果からは，次の点を示唆として導き出すことができる。
　　○表現の違いを超えてそれらを関連づけるために，表し方とそれらが表現している数学的な考えを区別すること，またそのためにも，関連づける

ための言語的コンテクスト「表し方は違うけど同じ考えがある」の自己組織を促すこと

である。そして，このような促しによって，数学的コミュニケーション，しかも，様々な手がかりを基に関連づけて新たな数学的考えを生み出すような言語的コンテクストを組織していくことと一体となった数学的コミュニケーションが可能となる。また，このような授業を構成することによって，数学的コミュニケーション能力の育成が，特に，その構成要素の第1「算数数学の表現が使用できる」と第2「数学的な考えや考え方についての話し合い活動などの交流ができる」の⑤「筋道を立てて意見を言うことができる。また，交流を通して新たな考えや問いを創り出すことができる。また，考えを共有するだけではなく，公共的なものを創り出す行為に参加できる」の育成が期待できる。

⑤ 言語的コンテクストの公共化

さらに，2章4での検討では授業における公共性に着目し，「コミュニケーションとは，自己と他者との間で表現を用いて行われるものであり，それぞれの考えや問いの共有，また，新しい考えや問いの構成を目指すものであるとともに，特に授業におけるコミュニケーションは，単に共有するだけではなく，公共的なものを創り出す行為でもある」（金本，2001）との認識の下に，授業での公共化を，その授業の目標との関わりで考えや意味が共有されることであると捉え，授業における共有という概念の中にさらに「公共化」の概念を設定した。そして，このような公共化されたものの中で，それが推論や意味の構成に当たって前提とされる考えであるとき，それを「公共的な言語的コンテクスト」と呼んだ。

そこでは，小学校5年「四角形と三角形の面積」の授業，また，小学校5年「小数のかけ算」の授業を取り上げて分析をした。前者では，2つの面積公式の統合的な理解ということが目標とされ，そのための相互作用的な言語的コンテクストの組織化が教師と子どもたちとの間でなされていること，しかも，そこでのコミュニケーションは，教師が子どもたちの中に，2つの公式を統合的に見るための公共的なコンテクストの構成を行っていくという役割をもっていることが明らかとなった。また，後者では，1.2 × 7.3 の計算を基に筆算形式の意味の構成が目標とされ，そのための相互作用にとって拠って立つ公共的な言語的コンテクストである，数の大きさ（量）との関係で計算の仕方を考えるというコンテクストが授業で示されていること，その上で，子どもたちは発話の中でそのことと関わりながら自らの言語的コンテクストである「4年生のときは小数点が1つしかついていなかったから，そのまま下に下ろせたけれど，

この場合は，1つの筆算で2か所に小数点がついているから，2つ分小数点をずらさなければいけないんじゃないか」などを明示し，そのこと自体が，その場面においてコミュニケーションが機能していることとして捉えることができる。

このように，授業におけるコミュニケーションがその授業での公共的な言語的コンテクストを構成し，また，それに関わっているということから，数学的コミュニケーション能力としてのコンテクストの自己組織と共有・公共化について，また，授業構成の視点について次のような示唆を得ることができる。すなわち，

　　○公共的な言語的コンテクストを共有するだけではなく，算数数学の学習活動においてそのねらい（授業の目標）の達成のために大切なものとして共有し，また，そのようなものを創っていくこと
　　○自らの考えを公共的な言語的コンテクストと関わらせていくことを意識的に行っていくこと。また，公共的な言語的コンテクストの組織化とともに，参加者の個々の言語的コンテクストの明示行為を大切にし，公共的な言語的コンテクストに関連づけていくこと

である。このような授業を構成することによって，数学的コミュニケーション能力の育成，特に，その構成要素の第2「数学的な考えや考え方についての話し合い活動などの交流ができる」の⑤「筋道を立てて意見を言うことができる。また，交流を通して新たな考えや問いを創り出すことができる。また，考えを共有するだけではなく，公共的なものを創り出す行為に参加できる」の育成が期待できる。

特に5年「小数のかけ算」の事例では，子どもたちの発表された考えが公共的なコンテクストとして位置づけられた考えと関わらせながらそれらの考えを理解することが，それらを公共的なものとして共有し，子どもたちの理解を広げていることになっている。そして，そのときに黒板に示されている 1.2×7.3 の式とその筆算形式の表現が，授業のはじめと話し合い活動を経たあとで理解の様子を変え，豊かにして捉えられることとなる。いわば，それら 1.2×7.3 の式とその筆算形式の表現が，話し合い活動などにおいて示された考えとその表現などと相互に参照されながら，新たな豊かな理解を生み出し，共有そして公共化へと進んでいる。

(2) 社会的コンテクストの内面化と授業

数学的コミュニケーションの外部的構造の検討を第3章において行ってきた。

そこでは，数学的コミュニケーションの外部的構造を明らかにすることとして，授業における社会的コンテクストである規範及び学級というコミュニティに着目した。授業の実際を整理するとともに，それらから数学的コミュニケーションを展開するために重要な行為を，授業構成の視点あるいは改善への課題として引き出していくこととする。

① 社会的コンテクストの内面化と役割

まず，3章1では，規範という社会的コンテクストの役割について検討した。本研究では，規範を，「対人的な相互行為により協定される社会集団における価値基準」（大谷, 1999, p.237）という捉え方の下で，「社会集団における価値基準」を教師と子どもたちによって構成され共有されたものと考えるとともに，他方で，教師と子どもたちとの関係性が非対称的なものであることから，「かくすべし」という指図主義的特徴ももつものとした。これらのことから，規範は，「数学的な意味の構成活動の在り方」に関する目標に関わって構成される社会的コンテクストであると捉えた。そのような規範として，例えば，数学の問題解決において自分自身で考えることが大切である，また，事象の中に数学的な関係を見いだしていくことが大切であるということなどが挙げられるし，また，数学の問題解決の過程で互いの考えを交流し，考えや表現を共有したり，関連づけたり，よりよいものにすることは大切である，などがある。

このような規定の下で，規範という社会的コンテクストの役割について，特に活動の在り方を規定する規範について，情意についての先行研究を基に検討を加え，規範が数学的問題解決を進めることに関わって存在する，また，広く算数数学学習に関して存在するものであることを示した。

そして，情意の表層的な部分である情緒的行動に対して，(1)情緒的行動は，規範が自己へ内面化されたものとの関連で生じるものであること，(2)情緒的行動は，状況に対する自らの解釈の結果生ずるものであって，状況から受動的に与えられるものではないこと，(3)状況に対する自らの解釈は，規範が自己へ内面化されたものを基に生ずるものであること，しかも，その規範の自己への内面化は，自らの経験世界の組織化とともになされるものであること，したがって，状況解釈とは，自らの世界における状況の構成・再構成活動であることを明らかにした。そして，このような状況の自覚とコントロールが，よりよい情意形成にとって必要であり，そのために，規範やその内面化されたものとしての信念が重要な役割を果たすと考えた。

このような特徴からは，数学的コミュニケーションを展開するに当たって重

視したいこととして，授業の場において，次の点に留意することが示唆される。すなわち，
- 社会的コンテクストとしての規範が子どもたちの数学的コミュニケーション活動の自覚とコントロールに機能するものとして存在することを意識し，そのことを授業において生かしていくこと
- 学級の規範に子どもたちの情意が依拠することから，よりよい情意の形成を期待し，よりよい規範を構成すること。また，子ども自らの情緒的行動の自覚とコントロールがよりよい規範に依拠することによってよりよく可能となると考えられること。したがって，よりよい問題解決の活動と数学的コミュニケーション活動が期待できること

である。これらのことは，授業において数学的コミュニケーションをしていこうとする子どもたちの意欲と態度を考えるに当たっての視点となってくると考えている。それは，学級において子どもたちが共有している規範が，子どもたちの意欲や態度も含めた情意の基盤になっているということでもある。

そして，これらのことから，数学的コミュニケーション能力の育成，特に，その構成要素の第4「数学的な考えや考え方についての話し合い活動への適切な価値意識と態度が形成されている」が，「数学的な意味の構成活動の在り方」に関する目標に関わって構成される社会的コンテクストである規範の適切な構成とそれに依拠した指導によって期待することができる。また，そのような適切な規範とそれに基づく適切な指導によって，数学的コミュニケーション能力の構成要素の第4の⑨「根拠や合理性などを問わなければならないという意識をもち，また，問おうとする」や⑩「考えを深め，表現を的確にし，また，これらを発展させるためにも，話し合い活動をすることには価値があるという意識をもち，また，話し合い活動を進めていこうとする」の項目を子どもたちが身に付けていくことを期待することができる。

② 多層的なコンテクストへの着目とコミュニティの構成

次に，3章2では，外部的構造を明らかにすることとして，社会的コンテクストや言語的コンテクストを保持している集団であるコミュニティ，すなわち，学級というコミュニティに着目し，焦点を当てた。そして，このことを基に，第4章において，コミュニティの構成が数学的な意味の構成と結びついていることを明らかにしてきた。

まず，3章1で明らかにされた社会的コンテクストや第2章で明らかにされた言語的コンテクストを保持している学習集団，特に学級という学習集団において，それらのコンテクストが多層的なものとして存在していることが明らか

になった。したがって，数学的コミュニケーションの外部的構造としての社会的コンテクストや内部的構造としての言語的コンテクストの重層的な織りなしの中に，いわば多層的なコンテクストの構造をもった学級というコミュニティが存在をすることになる。

具体的には，社会的規範という社会的コンテクスト，社会数学的規範という社会的コンテクスト，「推論する」・「議論する」・「記号化する」など，その学習集団において共有された方法に着目した数学的実践，そして，その実践として取り組んでいる数学的な問題に関わっての個人の言語的コンテクストや共有されている言語的コンテクスト，また，公共化された言語的コンテクストなどによって，多層的なコンテクスト構造は存在している。

このようなコンテクスト構造を踏まえた上で，コミュニティを次のように定義した。すなわち，コミュニティとは，社会的規範や社会数学的規範，また，現に取り組んでいる問題に対する数学的実践，及び，そのコンテクストを共有し，そこに何らかの参加構造をもった教師と子どもたちによる集団のことである。

このようなコミュニティの定義は，コミュニティを理想的なものとして捉えるのではなく，現に存在しているものとして捉えるものである。そして，このことによって数学的コミュニケーションがどのような階層のコンテクストと関わりつつなされているかを明らかにすることができる。また，このようなコミュニケーションの外部的構造と内部的構造との統合理論を基にして，数学的コミュニケーションを展開するための授業構成の視点を得るためである。

このようなコミュニケーションの外部的構造の特徴からは，数学的コミュニケーションを展開するに当たって重視したいこととして，授業の場において，次の点に留意することが示唆される。すなわち，

○数学的な問題解決に取り組む過程において，また，そこに入る前や解決過程の後においても，算数数学学習にとって適切と考えられる社会的コンテクストの構成に取り組むこと。しかも，これらコンテクストの多層性を意識して，子どもたちの学習活動全体に対してよりよいコンテクストの構成に留意すること

○これら多層的なコンテクスト及びコミュニティが，学習活動を組織し数学的コミュニケーションを展開していくに当たって機能していることを捉え，一人一人の子どもが多層的なコンテクストに留意したり，それらを組織したりすることに参加したりするようにすること。また，それとともに，学級というコミュニティがよりよい集団として機能するように，

適切なコンテクストと，構成員間の適切な参加構造を築くようにするこ
　　　と
である。これらのことが，学級において授業を展開し，数学的コミュニケーションを進めていくに当たって重要なこととして存在するということである。
　そして，これらのことが，数学的コミュニケーション能力の育成，特に，その構成要素の第4「数学的な考えや考え方についての話し合い活動への適切な価値意識と態度が形成されている」の⑨「根拠や合理性などを問わなければならないという意識をもち，また，問おうとする」や⑩「考えを深め，表現を的確にし，また，これらを発展させるためにも，話し合い活動をすることには価値があるという意識をもち，また，話し合い活動を進めていこうとする」の項目を子どもたち一人一人が身に付けていくに当たって，そして，子どもたちの所属している学級というコミュニティの構成，よりよいコミュニティの構成に当たっての示唆となっている。

3　統合的なコミュニケーション構造理論に基づく授業構成の諸課題

(1)　統合理論に基づく授業構成の原則

　第4章において，特に4章2の中で，意味とコミュニティとが相互に構成されることを明らかにした。コミュニティを，規範と数学的実践及びそのコンテクストを共有し，何らかの参加構造をもった教師と子どもたちによる集団のことであると捉え，学級での意味構成の活動は，その意味を共有し公共化する学級というコミュニティの構成と相互的であることを明らかにした。いわば，意味の構成及びその構成活動の仕方は，コミュニティが保持するコンテクスト及び参加構造に埋め込まれており，逆に，コミュニティの構成は，数学的実践における意味の構成と共有そして公共化によって，また，それに伴ってなされることである。このような特徴を，理論的な検討，また，具体的な授業の検討によって明らかにしてきた。そして，そのことを基に，数学的コミュニケーションの内部的構造と外部的構造の統合理論を構築してきた。その特徴点を4章2(3)より再掲すると，次の通りである。
　(1)主体はコミュニケーションを通して数学的な意味の構成を行う。

(2) 主体は数学的な意味の構成に当たって，授業の目標に関わる公共的な言語的コンテクストに依拠しながら行う。
(3) 主体は数学的な意味の構成活動に当たって，学級というコミュニティの社会的コンテクストに準拠して活動に取り組む。それとともに，学級というコミュニティの社会的コンテクストをも創っていく。
(4) 数学的な意味の構成活動とその活動での主体の在り方とは同時的に存在する。
(5) 主体の数学的な意味の構成は，主体がコミュニケーションを行うコミュニティと不可分の関係にあり，いわば数学的な意味とコミュニティは相互に構成されるということができる。
(6) 主体の数学的な意味の構成活動の在り方は，主体がコミュニケーションを行っているコミュニティにおいて公共化されている社会的コンテクストに依存をするとともに，そのコミュニティの在り方を決める。

これらの特徴点から，数学的コミュニケーションを展開する授業を構成していくための課題について，原則的な部分とさらに具体的な部分とから提示することとする。

統合された理論に基づき，次の点を原則として示すことができる。数学的コミュニケーションの内部的構造及び外部的構造とそれぞれの特徴から示唆を引き出すだけでなく，この統合された理論より示唆を引き出すに当たっては，特に(3)(4)(5)で示した「同時的な存在」・「相互構成性」という特徴に依拠することとなる。

《数学的コミュニケーションにおいてコミュニティの果たす役割を重視し，授業におけるコミュニケーション活動においては数学的コミュニケーションを促す手立てを講じることと同時に，よりよいコミュニティ構成に向けた取り組みをすることが必要である。》

そのために，次の事項を重視したい。
第1に，コミュニケーションによって数学的な意味構成を行うに当たり，その共有と公共化を重視した経験の蓄積を大切にすることである。特に，式などの数学的表現についての理解の交流と共有そして公共化が理解のコンテクストを豊かにする経験，また，公共的なものと関わりながら公共化されていくことの経験を大切にしたい。これら式などの数学的表現はコミュニケーションを数学的であることを決定していくものであるが，それらは，個人の言語的コンテクストの中で用いられるとともに，社会的にも存在しているものであって，こ

のような交流を通した共有と公共化において，コミュニティの中においてコンテクストの同一性を創り出し，コミュニティのさらなる構成となっていく。そして，このようなことが，話し合い活動を通じて理解し合い，みんなで納得したことや確かめたことを大切にするということであり，また，公共化されたものを基に進めることを大切にすることによってコミュニケーションを図っていくことでもある。また，ときには，コミュニティの成員による役割分担などを行った協同学習などの取り組みも示唆できよう。それは，公共化されたコンテクストや共有されたものと関わりながら，個々の子どもの活動とそのコンテクストが配置されるものである。これらのような活動の経験の蓄積が大切であり，そのことが，みんなで創っていくことを大切にするコミュニティの構成へとつながる。そして，このような活動の経験とその蓄積が，数学的コミュニケーション能力の育成には欠かせない。

第2に，そのような活動の経験を蓄積していく際に，数学的な意味構成の活動の仕方について共有し公共化しようとする，あるいは，公共化されたものを基に進めるという活動の仕方の明確化と価値づけが必要であり，また，その認識をメタレベルの認識として共有することが大切である。そして，そのことを，様々な規範の構成と一体化しておくことである。そして，その規範についても，公共的なものを大切にすることや協同性に関わるものについての価値づけがよりよいものを築いていくに当たって重要になってこよう。これらのためにも，意味構成に関わるコミュニケーションだけではなく，それに関わるメタレベルのコミュニケーションを大切にし，そのようなコミュニケーションの意識化と価値づけ，そして，蓄積を図ることが欠かせない。

(2) 授業展開の諸場面での強調点

　これら原則的な事項等を基に，本研究での授業場面を取り上げ具体的に強調点を明らかにしておきたい。数学的コミュニケーションを展開する授業を構成していくに当たっての示唆となる。

1) 学習活動の初めにおいて基礎的・基本的な知識の確認とともに「みんなで解決していく」ことを強調する場面

　まずは，学習活動の初めにおいて，図形の名前を確かめていく場面である。［エピソード4章2-2］の場面で，教師の「今，3つ出てきました。四角形，正方形，長方形。まずは，解決していこう，みんなで。」という発話がなされていることである。また，ある子どもの「ひし形だと思います」という発話に対

する他の子どもたちの反応「違います」「他にあります」に対する教師の「ちょっと待って。今，意見を聞いているんだから。違うとか合ってるとか。他に意見のある人は」と述べている場面である。前者は，問題解決に当たって活動の仕方について述べているし，後者は，そのような問題解決活動を進めるに当たって他者の考えについてみんなで吟味することなく可否を決めることはしないという，いわば問題解決活動への参加の仕方について述べている。

このような問題解決活動の中に，数学的コミュニケーションを促す手立てを講じることと同時的に，図形とその用語を確認し公共的なものとして位置づけていくこと，そして，その過程で「みんなで確認をしていく」ことに関する社会的コンテクストの構成と参加の仕方への指導が重要であり，コミュニティ構成に向けた取り組みへの手立てが大切になる。

2) 考え方の発表の際に他者の考えを読みとり共有するとともに多様な考えを公共的なものとすることを強調する場面

次に，台形の面積を求める問題での自力解決のあとの発表場面を取り上げる。[**エピソード1章2(1)-2**]である。子どもたちの考えの発表に際し，教師は「じゃあね。また発表してもらいたいと思います。今日は一人ずつは言ってもらいません。ばっと張り出しちゃいますから。この人は，どういう考え方をしたのかなっていうことを見て下さい。よく見えなかったら，これから2分あげるから，前出てきていいよ。ちょっと式がね，今日書いてくれた人たち，ちっちゃかったんだよね。だからちょっと見づらいかも知れないから。遠慮せずに出てきていいよ。どういう考え方をしたのか」と言って，5人のプリントを張り出している。その5人の考えを張り出す行為と，「この人は，どういう考え方をしたのかなっていうことを見て下さい」の発話で，考えを共有することを求めている。さらに，発表に際しては，「○○さんの考え方はどんな考え方だったでしょう」や「○○くんの気持ちわかってくれた」というように，考えを書いた子どもと異なる子どもに説明をさせていることが，そのことをさらに強調し，また，確認する行為となっている。そして，[**エピソード1章2(1)-3**]での答えの確認によって，より確かな「求め方」を共有することになる。しかも，これらの全体が公共化されることとなる。

このような発表の仕方とそこへの参加の促し，そして，確認の活動によって，共有，そして，公共化を目指すことが重要である。しかも，「ほら，調子が悪いのにWasaさんが手を挙げてくれたじゃないか，すばらしいですね。はい，Wasaさん」という言葉が典型として示すように，このような交流活動への参加に関する社会的コンテクストの構成を行い，これらの全体でもってコミュニ

ティ構成に向けた取り組みを進めることが大切である。

3) 共有し公共化された考えとその表現を基に数学的な表現とその処理の仕方の整合性について考えることを強調する場面

次は，小数のかけ算の筆算の仕方について考える場面である［**エピソード2章1－3**］から［**エピソード2章1－4**］を取り上げる。筆算の仕方を考える場面の前に，「1.2×7.3の計算のしかたを考えよう」という課題に対して，2つの考え方，すなわち，「かけられる数，かける数ともに10倍する」という方法と「kgをgになおす」という方法で答えが8.76であると求めている。その上で，教師が4年の教科書の「小数×整数」の筆算の仕方の部分を読み上げながら，黒板に，小数点をそろえてそのまま答えのところに下ろしてくるという方法を示し，筆算の答えの部分に「87.6」と書き，「4年生の小数のかけ算でできるだろうか」と問うた場面である。

ここでは，すでに「かけられる数，かける数ともに10倍する」という方法と「kgをgになおす」という方法で「1.2×7.3＝8.76」と求められ，共有し，公共化されている。その上で，4年の筆算のある面から見た方法の適用によって，改めて小数のかけ算の筆算形式の意味と表現を問うているのである。このことは，筆算の仕方が正しいか否かだけではなく，公共化された「1.2×7.3＝8.76」の考え及びその表現と関わらせながら，4年の筆算形式の意味及び表現の5年のこの場面への拡張に当たって整合性を求めることになる。そして，そのことが，公共化されたものを基に考えていくことの社会的コンテクストを築いている。教師の「みんなは，これやってくれた。8.76と出ていることを見ると，どこが違うんでしょうね。4年生のやりかたでやったらだめなんですね，87.6」の発話や「さあ，皆さんの計算の仕方で考えて求めた結果と比べてみて，どうなんでしょう？」の発話がそのことを示している。

このように，式や筆算形式という数学的表現を公共的なものとして位置づけ，そこに示された意味や方法と表現の整合性を検討することにより数学的コミュニケーションを際だたせることが重要である。また，そのことと同時に，「公共的なものとして構築をしていく」ことに関する社会的コンテクストを構成すること，また，そのことを重視したコミュニティ構成を進めていくことが大切である。

4 相互構成性に基づく授業構成原理

(1) 授業構成原理の骨格

先に**序章1**において、数学教育学は理論と実践の二つの相補的側面をもつ設計科学（Wittmann, 1995；ヴィットマンほか, 2004）ということができ、本研究は数学的コミュニケーションを展開するための理論構築をするとともに、実践的側面として、子どもたちの数学的コミュニケーション能力の育成を図る授業構成原理を検討・考察するものであるとした。本節では、**5章2**及び**5章3**において具体的事例の検討から得られた授業構成の視点また諸課題を踏まえ、授業構成原理の骨格となるものを明らかにすることとする。

第1に、本研究における数学的コミュニケーション能力が近年の〈新しい能力〉概念（松下, 2010）の中に位置づいていることから、その特徴を自ずとあわせ持つことに留意をしたい。すなわち、数学的コミュニケーション能力の4つの構成要素の提起とそれらの構成要素の関連性の強調は、松下（2010）のいう"統合的なアプローチ"となっているものである。その意味で、4つの構成要素を高めていく手立ては、授業展開場面においていずれかの構成要素に重点化されることがなされても、「どの要素もいったんばらばらに切り離されたあとに、組み合わされて全体を構成する」（松下, 2010, p.28）という立場をとっているのではない。授業展開において重点化しつつも、つねに4つの構成要素が実現され、高められていくようにすべきことと考えている。

第2に、学級というコミュニティを含んだ数学的コミュニケーションの統合理論の構築とそこに依拠した数学的コミュニケーションの展開は、「文脈によって変化する対象世界・道具や他者との相互作用」（松下, 2010, p.30）という特徴を含むこととなる。授業展開の文脈の中に組み込まれ、そこでの数学的な問題・教材に取り組む中で、「ある特定の文脈における要求に対してそれらの要素を結集して応答する能力」（松下, 2010, p.29）として数学的コミュニケーション能力も捉えることが必要であり、その数学的な問題・教材の文脈の中で数学的コミュニケーション能力の4つの構成要素を用いていくことができるように設計することが求められている。

第3に，これらのことを前提に，本研究においてキーコンセプトとしてきた①「算数数学の表現の使用」と②算数数学の授業における交流活動の本質である「公共化」を軸に据え，また，コミュニティ構成と一体的なものとしての構造をもった，数学的コミュニケーション能力の育成を図る授業構成原理を構築し，そこに個々の授業構成の視点を位置づけることが適切であると考えている。それを，下の表のように捉えることとする。なお，上記の第1と第2で述べたことから，表の中での項目の位置づけは，その箇所に固定化されているものではなく，そこにおいて重点化されているという趣旨である。

〈個人への働きかけ〉	〈コミュニティへの働きかけ〉
①算数数学の表現の使用	
・活動の経験 ・活動の仕方の理解 ・言語的コンテクストの自己組織の明確化・広がり	・公共化されている算数数学の表現の使用 ・活動の仕方の明確化と価値づけ ・公共的なコンテクストの意識化・構成 ・価値意識及び態度形成
・言語的コンテクストの共有そして公共化 ・公共的な言語的コンテクストの意識化 ・活動の仕方の理解の共有そして公共化 ・活動の自覚とコントロール	・公共的なコンテクストの意識化・構成 ・規範などの社会的コンテクストの構成 ・多層的なコンテクスト構造の構成 ・価値意識及び態度形成 ・参加構造の構築
②話し合い活動などの交流活動 共有そして公共化	

数学的コミュニケーション能力の4つの構成要素の互いの関連性は，第1の「算数数学の表現が使用できる」と第2の「数学的な考えや考え方についての話し合い活動などの交流ができる」が表現と活動についての理解や技能に関するものであり，第3と第4がそれらのメタレベルにあるもので価値意識や態度に関するものとなっていた。前掲の表は，その表現と活動に対応し，それらのメタレベルにあるものの構成が，個々の学習者が存在をしているコミュニティへの働きかけと一体的になされていくことが必要であることを示している。

　また，そのような認識の下で，数学的コミュニケーションの内部的構造として言語的コンテクストの自己組織の様相や公共化について明らかにしてきたこと，すなわち，数学的コミュニケーション能力の第1と第2の表現と活動についての理解や技能に関する構成要素が算数数学の具体的な授業展開すなわち数学的コミュニケーションの展開において実現をしていくに当たっての特徴点を簡単なキーフレーズにて示している。また，数学的コミュニケーションの外部的構造として社会的コンテクストの様相とコミュニティについて明らかにしてきたこと，すなわち，数学的コミュニケーション能力の第4の適切な価値意識と態度の形成に関する構成要素が数学的コミュニケーションの展開を保証する社会的コンテクストに依拠しながら，また，それらを保持しているコミュニティと個人との関係性の中で進められる数学的な意味構成活動の過程において実現をしていくこととして，その特徴点を簡単なキーフレーズにて示している。このような数学的コミュニケーションの内部的構造及び外部的構造への取り組みを一体的に行っていくことが必要なこととしてある。

　なお，数学的コミュニケーション能力の第3の「数学の記述的な表記としての表現のよさが理解できる」については本研究で考察には至っていないので明示的ではないが，表の上段「算数数学の表現の使用」の右〈コミュニティへの働きかけ〉の中の「価値意識」に合わせて位置づけられると考えている。そして，そのこととの関わりの中で〈個人〉の側での表現のよさの理解・感得があると考えている。

(2) 算数数学の表現を媒介にした活動の充実――言語ゲーム論の展望

　本研究では，数学的コミュニケーションの規定に当たって，1章2(5)において「数学的」ということについての補完的考察を行った。それは，数学的コミュニケーションの規定が表現に依拠した定義となっているからであり，そのことの根拠として，主にSfard（2000）及びその研究が依拠しているウィトゲンシュタインのテーゼ，さらに，心理学的研究の知見等を挙げた。

ここでは，算数数学の表現を媒介にした活動の充実という方向性で，言語ゲーム論の数学教育学研究上における展望そして算数数学の学習指導における展望について，次の2点から述べることとしたい。
　すなわち，第1に，本研究の数学的コミュニケーションの規定及び数学的コミュニケーション能力の規定に関わっているウィトゲンシュタインの「語の意味とは，言語におけるその使用のことである」（『哲学探究』1部43節；黒田（編），2000, p.181）のテーゼに関わってである。
　また，第2に，2章3(1)にて言及したことでもあるが，Sfard (2000) が表現の意味は表現のシステムの中でのその使用の仕方であると述べる（pp.46-47）とともに（このことは前述のウィトゲンシュタインのテーゼに基づく），さらに，新たな表現の使用や表現の新たな使用の仕方が生み出されてくるに当たっては，その新たな使用への期待と確かめによってなされること，また，そこではメタファーやアナロジーの働きが重要であることを指摘している（p.66）ことに関わってである。

①　数学的な意味の構成としての「言語の使用」

　語の意味をその使用でもって規定することは，単にそれだけに留まるのではなく，言語ゲーム論の中に身を置くことになる。「『言語ゲーム一元論』とは，『〈言語ゲームの世界〉こそ，我々にとっては唯一の〈所与〉であり，全ては，そこにおいて考えられねばならない』という思想」（黒崎, 1997, p.43）であり，また，「事実が事実として成立するためには，それが言語的に表現されねばならない。言語が事実を成立させるのだ」（黒崎, 1997, p.27）との認識である。
　このことに関わって，3点の留意すべき事項を指摘しておきたい。
　第1は，1章2(1)において述べたことであるが，Sfard (2000) は，「いったい負の数について語り，負の数についてシンボル化する以前に，子どもたちは負の数の考えをもつのであろうか」(p.43) と述べていることに関わってである。そのことは，例えば，ある地点から東に3kmの地点，西に2kmの地点という表現ではプラスやマイナスの数による表現ではなく，東西の方向と距離によるコンテクストの中での表現でしかないということであり，それが「+」「−」の記号を用いた数の表現の使用とその一定の使用の仕方によって，数学的な意味としての正負の数を生み出すことになるということである。
　同様のことを，ブルア（1988）は次のように述べている。

　「数学的なものの物理的なものからの発生は，経験的操作が或る使用に供せられたとき，つまりそれが或る言語ゲームの中で採り上げられ技術の一部になったと

き，そしてそれが一定の慣習や規範に支配されるようになったときに初めて起こるのである」(p.149)

　このことは，算数数学の指導での具体的な事象からの理想化・抽象化において，数学的表現の媒介とその一定の（算数数学の学習における）使用の仕方を介在させることが必要であることを述べている。そして，このことは，数学的な意味の構成に当たって，表現の導入をかなり早くから必要とすることとなる。

　第2は，これらの新しい表現が既習の表現の使用の体系の中に持ち込まれ，新たな表現の使用の体系を創り出すことになるということに関してである。あるいは，それは，新たな表現の使用の体系によって差し替えられていくということであったりする。いわば，「多種多様な言語ゲームは一旦固定してしまうともう変わらないようなものではない」(ブルア,1988, p.39)ということであり，「新しいタイプの言語が，あるいは新しい言語ゲームが次々に発生し，その一方では他のものがすたれ，忘れられていくのである」(『哲学探究』1部23節：黒田（編），2000, p.174) ということである。

　このことから，表現とその使用を固定的なものではなく発展性のあるものとして捉えておくことが必要となる。また，算数数学の学習指導に引きつけて言うならば，表現の使用によって発展性が感じられるような展開をしていくことが大切であるということである。単に表現は覚えることというのではなく，数学の世界が広がっていくように実現できることが大切となっている。

　第3は，このような新たな表現が使用されていく状況は，個人としての学習者がその使用に慣れていくというようなことではないという点である。ブルア(1988)は，「まず初めにあるものは使用の体系的なパターンなのである。これは，共有された公的なものであって，決して私的なものではない」(p.30)と述べている。と同時に，「我々は今や，語や文の『生命』の本当の源泉は個人の心ではなく，社会なのだということを理解すべき」であり，「文や語が意味によって生命を与えられるのは，それらを不可欠の要素として含む社会的実践のおかげなのである」(p.33)と述べている。また，次のようにも強調している。

　　「ウィトゲンシュタインは，認識を，まさにその本質において社会的なものとして扱う。彼にとって，我々が互いに働きかけること，我々が社会集団に加わっていることは，単なる付随的な事柄ではなかった。こういった事柄は，我々が何かを知るということに伴う非本質的な付帯事情ではなく，我々が知識を通じて主張しうる全てのものの本質をなすものなのである」(p.4)

　このことから，新たな数学的表現の使用も，その表現が用いられる子どもた

ちによる「社会的実践」として捉えられる必要があり，また，その表現が用いられる「社会集団」の形成，本研究における学級というコミュニティの構成とともに進められることが求められる。

さらに，「社会的実践」として進められることになる諸「数学的手続き」について，ブルア (1988) は次のようにその実践の特徴を明らかにしている。

> 「数学的手続きの強制力は，それが超越的であることに由来するのではなく，それが人々の集団に受け入れられ用いられていることに由来するのである。この手続きは，それが正しいとか理念に対応しているという理由で受け入れられているのではない。逆に，それが受け入れられているからこそ正しいと見なされるのである。数学的真理は，あたかも我々がみな『その目撃者』であるかのような一致によって成り立つものではない。『我々がそれを規則として定め，公文書庫に収めること』に同意したからこそ成り立つのである」(p.145)

このような特徴を，算数数学の学習指導における数学的表現の使用において留意しておきたい。表現は単に覚えるものというのではなく，その使用の仕方を「社会集団」における実践として進めること，また，皆で認め進めるものであるという特徴として，学習活動において実現していきたいと考える。

② 「言語の使用」の発展性・多様性

すでに，5章4(2)の初めでも述べたことであるが，Sfard (2000) は表現の意味は表現のシステムの中でのその使用の仕方であると述べる (pp.46-47) とともに，さらに，新たな表現の使用や表現の新たな使用の仕方が生み出されてくるに当たっては，その新たな使用への期待と確かめによってなされること，また，そこではメタファーやアナロジーの働きが重要であることを指摘している (p.66)。ここでは，この「言語の使用」の発展におけるメタファーやアナロジーの働きについて，さらに述べておきたい。

第1は，ブルア (1988) が，「どのようにして自分の考えを拡張し，より広い範囲の数学の営みを処理しようとしているか」(p.150) についてのウィトゲンシュタインの考えとして，「経験から取り出して，同一性の範型に仕立て上げていくことのできるモデルの範囲は，あらかじめ限界が知られているわけではない。しかし，利用可能なモデルは，その当のモデルに，これまでにない事例や問題を含むケースを同化吸収することによって発展していくのである。そして，モデルが新しいケースに適用できるようになるのは，それらの間に類比を生み出すことによる」(p.150) と述べている点である。

アナロジーの働きによって，モデルの考えの拡張がなされることを主張して

いる。そのことにより，「より広い範囲の数学」，本研究に引きつけていいかえれば，Sfard（2000）のいう新たな表現の使用や表現の新たな使用の仕方へと進めていくことが期待できる。その際に，「利用可能なモデルは，その当のモデルに，これまでにない事例や問題を含むケースを同化吸収することによって発展」させていくことが大切であるということである。本研究の2章3(1)において，小学校4年「大きな数」の中で距離57900000kmを読む課題に関する事例を挙げた。子どもたちの意見の中に，「百→千→万といって，十万,百万,千万で一万とくるかもしれないけど，一万だと一万四千九百六十万でもいいけど，おかしいし，なんかへん。それに，テレビとかで一おく四千とかといっている」と考えているものがある。既習の十進法の考えで数の表現が「百→千→万といっている」ことに注目し，それを発展的に用いて「一万四千九百六十万」と考え出しているのである。表現とそこにある数学的な考えを発展的に用いている様子にアナロジーの働きを見ることができる。

　第2は，「いかにして或る語が，新しい場面に適用されるようになるのか」（ブルア，1988, p.46）の問いに対する答えとして，ウィトゲンシュタインが「家族的類似（family resemblance）」を主張している点である。ブルア（1988）は，その問いに対する標準的な答えである「新しい適用への移行は，分類を待つ新しい個体の中に存在している『普遍』を把握する」あるいは「新しい事例の『本質』を把む」ことにより新しい場面に適用されるようになるという考えをウィトゲンシュタインは否定していること，その代わりに「言語ゲーム内で行われる類似性の判断に基礎を置く」ことによってなされると考えていると指摘している（pp.46-47）。それが「家族的類似」である。

　その「家族的類似」について，ウィトゲンシュタインは次のように述べる。

> 「『ゲーム』と呼ばれる諸過程について，まず考察してみよう。つまり盤ゲーム，カード・ゲーム，球戯，競技，等々のことである。これらすべてに共通なものとは何であろうか。――『何かがそれらに共通でなくてはならない。そうでなければそれらは〈ゲーム〉とは呼ばれない』などと言ってはいけない。――それらのすべてに何かが共通するかどうかを，見ることが大切だ。――というのは，それらを注視すれば，すべてに共通なものは一向に見えなくても，君にはその間の類似性や類縁性が見える。（中略）この考察の結果は次のようになる。我々は互いに重なったり，交差したりしている複雑な類似性の網の目を見ている。大まかな類似性も見れば，こまかな類似性も見るのである」（『哲学探究』1部66節：黒田（編），2000, pp.186-188）

> 「私としては，こうした類似性を特徴づけるのに『家族的類似性』という言葉に

まさるものは思いつかない。というのは，家族の構成員の間に見られるさまざまな類似性，例えば体つき，顔つき，眼の色，歩きかた，気質，等々も同じように重なり合い，交差し合っているからである。——そこで私は，『ゲーム』は一家族をなす，と言おう。同様にして，例えば数の種類も一家族をなしている。我々が或るものを『数』と呼ぶのはなぜか。おそらくそれが，これまで数と呼ばれてきたものの多くと一つの——直接的な——類縁を有するからであろう。またそのことによって，同じくそう呼ばれる他のものと間接的な類縁関係を結ぶことになるからである，といえよう。そして我々は，繊維と繊維を縒り合わせて一本の糸を紡ぐのとちょうど同じようにして，数という我々の概念を拡張していくのである」
(『哲学探究』1部67節：黒田（編），2000，p.188)

このようにして，初めの問い「いかにして或る語が，新しい場面に適用されるようになるのか」に対して，類似性を捉えていくこと，しかも，その特徴の多様さとそれらが「重なり合い交差し合っている」状態でその類似性を捉えていくことが強調されることとなる。

このことは，「家族的類似」という類似性を捉えていく力に多様性を生み出す根源となるものが存在すると見ることができる。多様なものを似ていると捉える，関連づけて捉えるということもできよう。本研究の2章1において，小学校5年「小数のかけ算」の中で筆算形式で計算するときの小数点の処理の仕方の説明を挙げた。4年での方法と5年での方法を見比べての説明は，ある部分を同じと見て，そして，ある部分は違うと見ての考えが説明されている。そのような多様な考えに気づいていくとき，そこに「ある部分を同じと見ながら違うものを見いだす」あるいは「違うもので，ある部分を同じと見ていく」というような類似性を捉えていく根源となる力が存在することになる。そのようなものが，「家族的類似」という"働き"を基に捉えていくことができる。数学的コミュニケーションを豊かにするためには多様な考えを生み出すことが大切であるが，このような捉え方はその示唆となってくる。

(3) 算数数学の授業実践に向けて——算数数学の表現を用い，話し合い活動を通じて共有・公共化し，協同的に創っていく授業の展開とそれを支えるコミュニティの相互的構成

これまでの考察を基に，子どもたちの数学的コミュニケーション能力の育成を図る授業実践に向けた提言を行うこととする。本研究において，算数数学の授業における数学的コミュニケーションについて分析をし，さらに，数学的コミュニケーション能力の育成のための授業構成の視点を述べ，授業構成原理と

してそれらについて,「算数数学の表現の使用」と交流活動の本質に位置する「公共化」を軸に据え,また,コミュニティ構成と一体的なものとして整理をした。個人への働きかけとともに,コミュニティへの働きかけを明示的にすることで整理をした。そして,その整理を基に,授業構成原理を提起したことになる。ここでは,そのこととウィトゲンシュタインの言語ゲーム論についての展望も含め,数学的コミュニケーション能力の育成を図る授業実践に向けた提言を行うこととしたい。

次の4点を掲げることにする。
(1) 多様な算数数学の表現を関連づけて用いたり,発展的に用いたりして,思考過程とその結果を表現し交流する授業展開
(2) 話し合い活動を通じて考えと表現を共有し,さらに公共化すること,また,公共的なものを基にみんなで創っていくことを強調した授業展開
(3) 算数数学を創っていくことを支え,また,協同的に創っていく活動を進めるコミュニティの構成を意識した授業展開
(4) これらを発達的に配置し,ある水準を目標に据えた数学的コミュニケーションの展開と数学的コミュニケーション能力のカリキュラム化

1) 多様な算数数学の表現を関連づけて用いたり,発展的に用いたりして,思考過程とその結果を表現し交流する授業展開

算数数学の表現としての文字,式,言葉,記号,絵,図,表,グラフ,具体物,行為などを関連づけて用いること,特に数学の記述的な表記と関連づけることが大切である。また,発展的に用いることも大切である。それらによって,自らの思考の過程やその結果を表現したり,交流したりすることが大切である。さらには,その過程と結果を振り返って,思考や表現を改善することができるようにしたい。さらには,思考を進める際に,そして,思考過程や結果の表現の際に,帰納的,類推的,演繹的に,また,発展的,統合的に考え,そして,それらの過程が表現できるようにしたいものである。それらも含めて表現し交流する授業展開を,単元計画の中で重点化を図りながら進めていきたい。

2) 話し合い活動を通じて考えと表現を共有し公共化すること,また,公共的なものを基にみんなで創っていくことを強調した授業展開

表現し交流する授業展開において,話し合い活動を通じて考えと表現を共有し,さらに公共化すること,また,公共的なものを基にみんなで創っていくことを強調した活動を進めることが大切である。授業における公共化とは,特にその授業の目標との関わりで考えや意味が共有されることであり,授業におけ

るコミュニケーションを捉えるためには，共有という概念を設定しつつ，その中に公共化という概念を設定することが重要になると本研究では考えた。公共的なものを基にみんなで創っていくということは，みんなで認めた既習の内容を基にして考えるということである。このような活動を通して，算数数学を創っていくことが大切であるとの認識を築いていきたいものである。協同的な学習活動も，このことと関わって重視をしていきたいものである。

3） 算数数学を創っていくことを支え，また，協同的に創っていく活動を進めるコミュニティの構成を意識した授業展開

本研究では，授業が展開される学級というコミュニティ，また，「学級の文化」を重視してきた。それは，授業での学習活動が学級というコミュニティとともに展開されているからである。そのことは，コミュニティの構成ということで本研究で取り上げてきたことであるし，言語ゲーム論が社会集団を基盤に据えたものとなっていることからも指摘ができる。

また，教師が授業を展開するとき，数や図形についての内容を創っていくとともに，その学習活動の在り方をも子どもたちとともに築いている。本研究では特に「数学的な意味の構成活動の在り方」について取り上げてきたが，そのような活動の在り方の構成とその活動が，それに関わる規範などの社会的コンテクストを生み出し，また，逆にそのような社会的コンテクストが活動を組織し，そして，学級というコミュニティをつくっている。そして，算数数学の内容についての活動とともに，「学級の文化」を築いている。

授業は，このような学級というコミュニティを，また，そのコミュニティがもつ文化をどのようなものとして築いていくかということと切り離すことができない。子どもたちみんなで考えを共有し，助け合いながら，よりよいものを創っていこうとする，また，さらに発展させていこうとする文化を築き，コミュニティをはぐくんでいくことが欠かせない。数学的コミュニケーション能力は，そのような文化とコミュニティの中で豊かに伸ばしていくことができると考えている。

コミュニティをはぐくんでいくに当たって重視すべき要素には，社会的規範，社会数学的規範，数学的実践で典型的なものを挙げることができる。ただ，本研究では，それらについての具体的なものを体系的に示すところにまでは至っていない。

コミュニティの構成に当たっての意識的取り組みとは，よりよいコミュニティの構成，すなわち，数学的コミュニケーションを豊かに展開し，数学的な意味の構成を実現し，数学的コミュニケーション能力が高まっていくようなコ

ミュニティの構成を目指したものである。したがって，そこにはよりよい参加構造が築かれていくことを期待している。そのためにも，他者との関係性のよりよい構築は欠かせない。その意味で，ペア学習やグループ学習はコミュニケーション活動の形態として捉えるだけでなく，コミュニティ構成に寄与するものとしても捉えることができる。さらには，グループなどの集団による協同的な問題解決を取り入れた協同学習の形態も工夫の一つである。例えば6年での授業として，公園にある噴水が水を噴き上げたときの高さを測ろうという問題設定をし，グループで解決方法を話し合い，役割分担をして様々な長さを測ったり写真を撮ったりしてデータを集め，それらを基に検討し，水の高さを求め，発表ボードにまとめ，発表するというような，協同で行う活動が挙げられる。算数を活用してこのような活動ができることが，算数数学学習において実現したい教育的価値の一つになるとともに，そのような活動がよりよいコミュニティ構成に寄与すると考えられる。

4) これらを発達的に配置し，ある水準を目標に据えた数学的コミュニケーションの展開と数学的コミュニケーション能力のカリキュラム化

　前述のようにコミュニティ構成を発達的に配置することを基盤にして，ある水準を目標に据えた数学的コミュニケーションの展開と数学的コミュニケーション能力のカリキュラム化を進めることが大切であると考える。「発達的に」ということについては，小学校は低学年・中学年・高学年で段階的な区分をしたい。また，中学校は1年を小学校高学年とつなげながら，1年と2・3年とで区分をしたい。それは，小学校算数科の観点別学習状況評価の観点「数学的な考え方」すなわち「思考・判断・表現」の評価規準の区分が低学年・中学年・高学年になっていることと，そのことが発達的な区分として肯定されていることによる。金本（1998）をも参照することができる。中学校では平成20年版学習指導要領数学に指導内容として示された数学的活動が，1年と2・3年とで区分をしていることを考慮している。

　このような発達的区分の上で，数学的コミュニケーション能力の各構成要素が発達的に配置されることが重要になってくる (cf. 金本, 1998)。また，各単元の計画の中に，数学的な内容と問題・教材に即して実現したい数学的コミュニケーションの"姿"を描き，その活動を通じて数学的コミュニケーション能力が身に付けられ高まっていくように設計をしたいものである。また，特に各学校種ごとに最終的に実現したい"姿"を，1章3(3)で示したような国際的な数学カリキュラムの状況と国際的な学力調査とともに，我が国でのカリキュラム及び評価規準，そして，全国的な学力調査で実現が求められているものをも参

照しながら決めていくようにしたいものである (cf. 金本, 2010b)。

5　第5章のまとめ

　本章では，数学的コミュニケーションの内部的構造及び外部的構造とそれぞれの特徴から，そして，統合されたコミュニケーション構造理論に基づき，数学的コミュニケーションの展開と数学的コミュニケーション能力育成を目指した授業構成の視点について述べてきた。さらには，これらを基にし，また，展望を含めながら，「算数数学の表現の使用」と交流活動における「公共化」を軸に据え，コミュニティ構成と一体となった授業構成原理を提起した。
　まず，数学的コミュニケーションの内部的構造の特徴から見た授業構成の視点，また，外部的構造の特徴から見た授業構成の視点について，次の点などを示唆として述べてきた。
　内部的構造の特徴から見た授業構成の視点として，例えば，「どのような言語的コンテクストの中で結論を導き出しているかを明らかにしながら説明する」ことや「解決したことの結果だけを表現するのではなく，互いに共有している，よく分かっていることを基にしながら，それをどこにどのように生かしていけばよいかを明らかにし，そして，生かしていく」ことや「公共的な言語的コンテクストを共有するだけではなく，算数数学の学習活動においてそのねらい（授業の目標）の達成のために大切なものとして共有し，また，そのようなものを創っていく」ことなどを示してきた。また，外部的構造の特徴から見た授業構成の視点について，例えば，「学級の規範に子どもたちの情意が依拠することから，よりよい情意の形成を期待し，よりよい規範を構成すること，また，自らの情緒的行動の自覚とコントロールが，よりよい規範に依拠することによってよりよく可能となると考えられる」ことや「数学的な問題解決に取り組む過程において，また，そこに入る前や解決過程のあとにおいても，算数数学学習にとって適切と考えられる社会的コンテクストの構成に取り組むこと。しかも，これらの多層性を意識して，子どもたちの学習活動全体に対してよりよいコンテクストの構成に留意する」ことなどを述べてきた。
　そして，それらと区別しながら，統合された理論を基にその特徴を強調する点として，次の点を示唆として述べた。

《数学的コミュニケーションにおいてコミュニティの果たす役割を重視し，授業におけるコミュニケーション活動においては数学的コミュニケーションを促す手立てを講じることと同時に，よりよいコミュニティ構成に向けた取り組みをすることが必要である。》

そして，重視したい事項として次のことを掲げた。
第1に，コミュニケーションによって数学的な意味構成を行うに当たり，その共有と公共化を重視した経験の蓄積を大切にすることである。また，公共化されたものを基に進めることを大切にすることによってコミュニケーションを図っていくことである。このような活動の経験の蓄積が，みんなで創っていくことを大切にするコミュニティの構成へとつながる。そして，このような活動の経験とその蓄積が，数学的コミュニケーション能力の育成には欠かせない。
第2に，数学的な意味構成の活動の仕方について，共有し公共化しようとする，あるいは，公共化されたものを基に進めるという活動の仕方の明確化と価値づけが大切であり，また，その認識をメタレベルの認識として共有することである。そのためにも，意味構成に関わるコミュニケーションだけではなく，それに関わるメタレベルのコミュニケーションを大切にし，そのようなコミュニケーションの意識化と価値づけ，そして，蓄積を図ることが欠かせない。

さらに，これらの明らかになったことを基に，また，さらなる展望を付け加えて，「算数数学の表現の使用」と交流活動における「公共化」を軸に据えコミュニティ構成と一体となった授業構成原理を提起した。それは，第1に，数学的コミュニケーション能力の4つの構成要素についてはそれらの構成要素を関連させて高めていくことが必要であり，授業展開において重点化しつつも，つねに4つの構成要素が実現され，高められていくようにすべきであるということ，第2に，授業展開の文脈の中に組み込まれ，そこでの数学的な問題・教材に取り組む中で，数学的コミュニケーション能力の4つの構成要素を用いていくことができるように，子どもたちを高めていくことが必要であるということ，第3に，「算数数学の表現の使用」と「公共化」を軸に据えコミュニティ構成と一体的なものとしての構造をもった，数学的コミュニケーション能力の育成を図る授業構成原理を構築し，そこに本章で明らかにした個々の授業構成の視点を位置づけたということである。
また，算数数学の表現を媒介にした活動の充実という問題意識により，ウィトゲンシュタインの言語ゲーム論が算数数学の学習指導へ示唆すること及び数学教育学研究への展望として，数学的な意味の構成としての「言語の使用」及

び「言語の使用」の発展性・多様性についての所見を述べ，これらをも含めて，算数数学の授業実践に向けての提言を行った。次の4点である。
  (1) 多様な算数数学の表現を関連づけて用いたり，発展的に用いたりして，思考過程とその結果を表現し交流する授業展開
  (2) 話し合い活動を通じて考えと表現を共有し公共化すること，また、公共的なものを基にみんなで創っていくことを強調した授業展開
  (3) 算数数学を創っていくことを支え，また，協同的に創っていく活動を進めるコミュニティの構成を意識した授業展開
  (4) これらを発達的に配置し，ある水準を目標に据えた数学的コミュニケーションの展開と数学的コミュニケーション能力のカリキュラム化

　本章で明確にされたことや提言により，算数数学の授業における数学的コミュニケーションの展開がさらに充実され，また，数学的コミュニケーション能力の育成がさらに進められることが期待される。

終章 本研究の総括と今後の課題

1 研究の結論と成果

　算数数学の授業において数学的コミュニケーションを展開し，数学的コミュニケーション能力を育成したいと願った。そして，そのためにはどのような授業を構成すればよいかを考えるための視点を得たいと考えた。本研究の目的は，数学的コミュニケーションを展開する授業構成原理を明らかにすることである。そのために，数学的コミュニケーションの構造の検討を通して，その内部的構造と外部的構造を明らかにし，さらに，それらを統合的に捉えるための理論を構築し，それから，算数数学の授業における数学的コミュニケーションの展開と数学的コミュニケーション能力育成のための授業構成の視点を得，また，その在り方を提言してきた。
　本研究の研究課題は，次の通りであった。

［課題1］　算数数学の授業における数学的コミュニケーションの内部的構造，すなわち，表現の使用と意味構成における言語的コンテクストの自己組織の特徴を明らかにする。
［課題2］　算数数学の授業における数学的コミュニケーションの外部的構造，すなわち，表現の使用と意味構成に伴うメタレベルのコンテクストである社会的コンテクスト，特に学級の規範の役割及び外部的構造にひらかれた学級というコミュニティの役割を明らかにする。
［課題3］　数学的コミュニケーションの内部的構造と外部的構造との統合の

ための枠組みを提起する。
[課題4] 数学的コミュニケーションの内部的構造及び外部的構造の特徴を基にして，また，それらを統合するための新たな理論を基にして，数学的コミュニケーション能力の育成が図られるような授業をどのようにつくっていけばよいかを考えるための視点，すなわち授業構成の視点を得る。そして，これらから得られる授業構成の在り方を提言する。

そして，これらの課題を追究するに当たり，第1章において，授業におけるコミュニケーションモデルの検討と，本研究において重要な役割を果たす「コンテクスト」概念を明確にした。特に，コミュニケーションにおける「言語的コンテクスト」に着目をした。さらに，意味と表現との相互構成的な関係を基に，また，「語の意味とは，言語におけるその使用のことである」とのテーゼと心理学的知見，数学教育学上の先行研究を基に，数学的コミュニケーションを「数理的な事象に関わるコミュニケーションであり，また，算数数学の表現を使用しているコミュニケーション」として規定をした。また，算数数学の授業における数学的コミュニケーション能力を「算数数学の授業において数学的コミュニケーションを進めていく能力」として規定をし，その構成要素として4点を掲げた。本研究のテーマである「数学的コミュニケーションを展開する授業構成原理」は，ここで規定をした数学的コミュニケーションの展開であり，また，数学的コミュニケーション能力の育成を重視した授業の展開である。

このような基礎的な検討と概念規定によって，本研究における第2章からの考察へと進み，これら4つの研究課題の探究を行った。次に，これらの課題に即して，結論を述べる。

(1) 課題1「数学的コミュニケーションの内部的構造」について

第2章において，数学的コミュニケーションの内部的構造，すなわち，表現の使用と意味構成における言語的コンテクストの自己組織の特徴として，(1)言語的コンテクストの自己組織の明確化，また，(2)言語的コンテクストの自己組織の広がりとしての，言語的コンテクストの転換，言語的コンテクストの発展，言語的コンテクストの関連，さらには，(3)言語的コンテクストの公共化，を明らかにした。ここで，「公共化」の概念は「共有」の概念の中に設定するものである。考えが公共化されるとは，それが共有されるだけではなく，その授業の目標の実現として「みんなで決めたこと」として理解し，また，その考えを

基にして学習を進めていくべきものとして理解するということである。このようなものとして,「公共的な言語的コンテクスト」の提示とこのコンテクストとの関わりでのコミュニケーションが学級での授業の特徴の一つとなっており,授業におけるコミュニケーションの特徴を明らかにするには欠かすことができないものとして示した。なお,ここでの公共性は,「授業の目標」を「数学的な意味の構成」との関わりで捉え提起しているものである。

(2) 課題2「数学的コミュニケーションの外部的構造」について

　数学的コミュニケーションの外部的構造を明らかにするために,第3章において,授業における社会的コンテクストである規範,さらに,学級というコミュニティについて検討した。社会的コンテクストは「数学的な意味の構成活動の在り方」に関する目標に関わるコンテクストである。社会的コンテクストとしての学級の規範が「数学的な意味の構成活動の在り方」に関して存在しており,それ故その規範は数学的な問題解決を進めることや情意形成に機能しているといえる。さらには,そのような社会的コンテクストが授業においては多層的に存在し,コンテクストの構造を創っている。そのことから,数学的コミュニケーションはそのような社会的コンテクストとの関わりでも捉えていくことが必要となることを示した。
　さらに,外部的構造を明らかにすることによって,社会的コンテクストや言語的コンテクストを保持している集団である学級がコミュニティとして規定され,そこに研究の橋頭堡を築くことができた。コミュニティの構成が数学的な意味の構成と結びついていることを明らかにし,数学的コミュニケーションの内部的構造と外部的構造の統合的把握の必要性を指摘した。

(3) 課題3「内部的構造と外部的構造の統合」について

　数学的コミュニケーションの内部的構造と外部的構造の統合を図るため,第4章において,まず,公共的な言語的コンテクストと社会的コンテクストとの関連を明確にし,次に,これらを接続面としてコミュニケーションの新たな構造理論を構築した。そこでは,「公共的なコンテクスト」を,言語的コンテクストから社会的コンテクストまでを含む統合的な概念として捉えなおし,このように捉えていくことの根拠を,意味とコミュニティとの相互構成的な関係を指摘することによって進めた。
　これらのことを基に,数学的コミュニケーションの内部的構造と外部的構造

の統合を行い，その特徴を，「主体は数学的な意味の構成活動に当たって，学級というコミュニティの社会的コンテクストに準拠して活動に取り組む。それとともに，学級というコミュニティの社会的コンテクストをも創っていく」，「主体の数学的な意味の構成は，主体がコミュニケーションを行うコミュニティと不可分の関係にあり，いわば数学的な意味とコミュニティは相互に構成されるということができる」，「主体の数学的な意味の構成活動の在り方は，主体がコミュニケーションを行っているコミュニティにおいて公共化されている社会的コンテクストに依存をするとともに，そのコミュニティの在り方を決める」などにまとめた。このことにより，新たな理論に基づいた数学的コミュニケーション能力育成のための授業構成の視点を得，また，その在り方を示すことが可能となった。

(4) 課題4「授業構成の在り方」について

　数学的コミュニケーション能力の育成が図られるような授業をどのように構成していけばよいかという課題に対する視点，すなわち授業構成の視点を得るために，コミュニケーションの内部的構造の特徴及び外部的構造の特徴から数学的コミュニケーションの展開と数学的コミュニケーション能力の育成のための規範的な示唆を得るとともに，統合理論を基にした示唆を引き出した。また，これらから得られる授業構成の在り方を提言した。

　まず，第1に，数学的コミュニケーションの内部的構造の特徴から見た授業構成の視点として，「どのような言語的コンテクストの中で結論を導き出しているかを明らかにしながら説明する」ことや「解決したことの結果だけを表現するのではなく，互いに共有している，よく分かっていることを基にしながら，それをどこにどのように生かしていけばよいかを明らかにし，そして，生かしていく」ことや「公共的な言語的コンテクストを共有するだけではなく，算数数学の学習活動においてそのねらい（授業の目標）の達成のために大切なものとして共有し，また，そのようなものを創っていく」ことなどを示してきた。

　また，第2に，外部的構造の特徴から見た授業構成の視点について，例えば，「学級の規範に子どもたちの情意が依拠することから，よりよい情意の形成を期待し，よりよい規範を構成すること。また，子ども自らの情緒的行動の自覚とコントロールがよりよい規範に依拠することによってよりよく可能となると考えられる」ことや「数学的な問題解決に取り組む過程において，また，そこに入る前や解決過程の後においても，算数数学学習にとって適切と考えられる社会的コンテクストの構成に取り組むこと。しかも，これらコンテクストの多

層性を意識して，子どもたちの学習活動全体に対してよりよいコンテクストの構成に留意する」ことなどを述べてきた。

そして，第3に，それらと区別しながら，統合された理論を基に，「数学的コミュニケーションにおいてコミュニティの果たす役割を重視し，授業におけるコミュニケーション活動においては数学的コミュニケーションを促す手立てを講じることと同時に，よりよいコミュニティ構成に向けた取り組みをすることが必要である」という点を原則として，また，重視したい事項を引き出し，さらに，これらを基に授業構成の在り方を提言した。

(5) 研究の成果

本研究では，数学的コミュニケーションを展開するための授業，そして，数学的コミュニケーション能力の育成を目指した授業の展開について論じてきた。

そのため，まず，算数数学の授業におけるコミュニケーションをどのようなモデルで捉えるとよいかを検討し，また，数学的コミュニケーションの規定と数学的コミュニケーション能力の規定を行い，その「能力」の特徴も明らかにした。そして，数学的コミュニケーションに関する内部的構造と外部的構造とを捉え，「公共的なコンテクスト」を基本概念として，また，数学的な意味の構成とコミュニティの構成が相互構成的であることを根拠に，2つの構造の統合を行った。

これらの考察から得られたことを，数学的コミュニケーションを展開するための授業構成の視点，そして，数学的コミュニケーション能力の育成を目指した授業構成の視点を引き出し，さらに，授業構成の在り方を提言した。これらのことは，数学的コミュニケーションを展開するための授業において，授業での数学的な問題解決活動とその授業が進められている学級というコミュニティのよりよい構成とを切り離すことなく，場合によっては相対的にどちらかの指導に重点が置かれても，両者のコンテクストを消滅させることなく授業を進めることが大切であるということである。また，この考察の過程で明らかになったこととして，第1に，式などの数学的表現とその使用が重要な役割を果たしているということ，第2に，公共性の概念が，学級での授業の展開において，また，その授業が展開される学級というコミュニティの構成にとっても重要な役割を果たすということである。

さらに，これらの明らかになったことを基に，また，さらなる展望を付け加えて，「算数数学の表現の使用」と交流活動における「公共化」を軸に据え，コミュニティ構成と一体となった授業構成原理を提起した。また，算数数学の

表現を媒介にした活動の充実という問題意識により，ウィトゲンシュタインの言語ゲーム論が算数数学の学習指導へ示唆すること及び数学教育学研究への展望として，数学的な意味の構成としての「言語の使用」及び「言語の使用」の発展性・多様性についての所見を述べ，これらをも含めて，算数数学の授業実践に向けての提言を行った。

これらの点も含めて，本研究の成果とすることができる。

2　研究の意義

本研究の意義は，次の3点である。

第1に，数学的コミュニケーションを展開し，数学的コミュニケーション能力の育成を重視した授業構成についての理論を構築したことである。授業においてコミュニケーションを充実させることは近年強く主張されてきている。そのような中で，数学的コミュニケーションを規定し，それを進める能力としての数学的コミュニケーション能力を明確にして，その育成を教育的価値として捉え，それを目標の一つとして授業を展開するために必要な理論の構築は，本研究によって進めることができたと考えられる。

第2に，数学的コミュニケーションの特徴を明らかにするために，「公共的なコンテクスト」という概念を提起していることであり，そのことによって複数の人間の間のコミュニケーションから学級というコミュニティにおけるコミュニケーションまでを統合的に捉えたことにある。複数の人間の間のコミュニケーションについて推論モデルを拡張したコミュニケーションモデルによって捉え，そこにおいて本質的役割を果たしている言語的コンテクストに対して公共性の概念を持ち込み「公共的な言語的コンテクスト」を捉えることによって，学級における規範などの社会的コンテクストと接続を行っている。そのことによって，複数の人間の間のコミュニケーションから学級というコミュニティにおけるコミュニケーションまでを統合的に把握することを行っているが，そのことの妥当性を，意味とコミュニティの相互構成性によって明らかにしている。このようにして，授業における数学的コミュニケーションを理論的に捉えるための新たな視点を提供することによって，数学教育学研究の進展に寄与しうると考えられる。

第3に，本研究において教育的価値として考えている数学的コミュニケーション能力の育成について，その4つの構成要素のいくつかについて理論的・実証的に検討をし，学級というコミュニティの構成と一体的に捉える視点を提起したことである。数学的コミュニケーションの内部的構造及び外部的構造の検討から授業構成の視点，また，統合理論を基にして授業構成の視点を引き出し，さらにそれらを基にしながら，「算数数学の表現の使用」と交流活動における「公共化」を軸に据え，コミュニティ構成と一体となった授業構成原理を提起し，授業実践に向けての提言を行っていることは，本研究の重要な特徴となっている。それらのことは，算数数学の学習指導の改善に寄与するものと考えられる。

3　今後の課題

　本研究は，理論的検討と実証的検討とを含み，また，実証的検討で取り上げた授業は，いわゆる一斉で進める形態での授業である。しかも，授業例は小学校の事例を用いている。このことから，本研究での成果には自ずと制約がかかっている。そのことを広げていくことが今後の課題として挙げることができる。また，数学的コミュニケーションを展開する授業を，数学的コミュニケーション能力の育成という視点とあわせて捉えてきた。その数学的コミュニケーション能力の育成という点についても，いくつかの構成要素に関わって議論をしたに留まっている。いくつかを整理しておきたい。

　第1に，数学的コミュニケーション能力の育成及びコミュニティ構成について発達的な段階を示すことが必要である。本研究では，数学的コミュニケーション能力についてその構成要素の提起を行っているが，それらの発達的な段階を示すことには至っていない。5章4(3)にて議論すべき事項として言及しているが，このことはカリキュラム編成の問題として別途に議論が必要であると考えている (cf. 金本, 1998)。また，コミュニティ構成についても，小学校では中学年での取り組みが重要視されているが (cf. 金本, 2010a)，その発達的な段階に関する検討は残された課題となっている。目指すべき水準とあわせた議論が必要である (cf. 金本, 2010b)。

　第2に，数学的な表現を重視した理論の構築を行っているが，実践研究で強

調されている数学的な表現のよさの理解・感得がもつ役割について言及していく必要がある。数学的な表現のよさの理解・感得は，表現の使用に対してメタレベルに位置づくものであり，本研究でも数学的コミュニケーション能力の構成要素の一つとして掲げているものでもあったが，そのことについての考察には至っていない。今後に残された課題である。

第3に，学級を基にしながらもその中に班学習などの授業形態を盛り込んだ場合の数学的コミュニケーション能力の育成及びコミュニティ構成について検討する必要がある。本研究で取り上げた授業は，いわゆる一斉で進める形態での授業である。そのことは，教師と子どもたち，また，子どもたちどうしのコミュニケーションについて，コミュニティを捉えながら分析するに当たっては単純なものとしてあり，そのことにより理論構築を容易にすることができる。班学習などの授業形態を盛り込んだ場合は一斉で進める形態でのものより複雑なものとしてあるが，実践的によりよい「参加構造」を築いていくためには検討すべき事項の一つであると考えている。

第4に，本研究での実証的検討においては，具体的事例を基にそれを解釈する，言い換えればそれを記述することを行ってきたために，これらの事例に依拠した研究となっており，それ故，さらなる事例でもって本研究の結果をより一層確かなものとしていくことが必要である。本研究は理論的検討と実証的検討とを含み，また，実証的検討で取り上げた授業は，前述のように小学校における一斉で進める形態での授業であり，このことから，本研究での成果には自ずと制約がかかっている。そのことを広げていき，また，構築した理論をさらに精緻化するためにも，さらなる事例による検討が今後の課題として残されている。

第5に，本研究において数学教育学研究上の先行研究としてSfard（2000）を用いており，この研究はSfardがそれ以前の認知的な研究から新たな段階へと入ったときのものであるが，その後の研究を含めてSfard（2008）にまとめていることに関わってである。そこでは，認知とコミュニケーションの両者を同じ現象の異なる側面として捉えるためにコモグニション（Commognition）という概念を提起している。今後，Sfard（2008）の検討も含めて，数学教育学研究上の言語とコミュニケーションに関する研究を顧み，本研究で提起したことを補完していくことが課題として残されている。

第6に，**序章1**で平成20年の学習指導要領改訂によって目標と内容に表現力に関わる事項が位置づけられたが，今後の展望も含めて，数学的な表現力・コミュニケーション能力の育成に関してどのように展望すればよいかという点である。そのことは第1の点とも関連するが，我が国の算数数学教育の根幹に

何が位置づいているかということを踏まえて，本研究の成果を基に展望を示していく必要がある。

補論

算数数学の論理的・創造的な構築を基軸に据えた数学的コミュニケーションの展開

　本研究の結論を我が国の算数数学の学習指導への提言としてさらに進めるために，今日的な課題とともに，我が国の算数数学教育の根幹に位置づくものを見据え，そのことを含めていくことが重要であると考えている。

　そのために，この補論において，我が国の算数数学教育の根幹に位置づくものとしての「算数数学の創造」を捉え，その立場を重視しての数学的コミュニケーションの展開について論ずることにする。

　そのことは，本研究が重視した「算数数学の表現の使用」と交流活動における「公共化」を軸に据えコミュニティ構成と一体となった授業構成原理を授業実践へと具体化する際に，算数数学の教科の本質をどのように捉え，どのような方向性で進めるかということを明らかにすることでもある。それを　この補論で，「算数数学の論理的・創造的な構築を基軸に据えた数学的コミュニケーションの展開」として提言することとする。

1 共同性／協同性と創造性

　本研究が重視した「算数数学の表現の使用」と交流活動における「公共化」を軸に据えコミュニティ構成と一体となった授業構成原理を授業実践へと具体化する際に，算数数学の教科の本質をどのように捉え，どのような方向性で進めるかということを明らかにしておきたい。そのことは，どのような立場で算数数学の指導を考えるのかという，立場を明確にすることでもある。

　算数教育の実践において坪田耕三は，「共生・共創の学び」を追究している（坪田，2001）。共同性／協同性と創造性とをつなげ，「これからの算数授業の中では，子どもも教師も共に新しいものを創り上げるという態度が必要になる」（p.84）と主張している。そして，次のように述べている（p.95）。

　「『学び』の楽しさは，知るということであり，できるようになるということである。
　しかし，この『知る』とか『できる』ということの質が問題である。本を読んで知るとか，黙々と一人で努力してできるようになるといった場合があるが，これは，山登りにたとえるならば単独行といった登り方であり，頂上に到達することのみが目的になったようなものである。
　だが，同じ知るとかできるといったことでも，周りの者が共に同じ行為をしてこその知り方があったり，でき方があったりする。つまり，そこに共に学ぶ者がいてこその楽しさ，苦しさなどがあって，共に学ぶ過程そのものが『学び』の対象となっている。山登りでいえば，友と一緒に登る登り方である。このような登り方は，頂上に至る登山の過程に様々な協力があって初めて成功することになる。
　前者が直線的な目的達成のための静的な学びであるならば，後者は広がりをもって目的に向かう過程を大切にした動的な学びであるといえる。」

　このような共同性／協同性と創造性とをつなげ算数数学の授業実践を展開することについて，本研究においても同様の立場に立つ。坪田はさらに次のように続ける（p.95）。

　「学校で学ぶということの本質は，一つところにみんなが共に学ぶというところにある。つまり，学びの過程そのものを目的にし，自らの存在とは異なるものが周りにいて，それを認めながら，そういうものがいてこそ初めて創れるものがあ

るということを体験する学びである。」

「みんなが集まっている場所」は一人一人の子どもの学習のための便宜的なものではなく，そのような場所としての共同性／協同性を捉えるために本研究では学級というコミュニティという捉え方を持ち込み，また，数学的コミュニケーションの統合理論の構築を行ったのであった。

坪田（2001）の主張のもう一つの重要点であるのが「創造」である。この創造性という視点は実践家の中に存在するのみならず，算数・数学科の教育課程に関わる議論の中にも見ることができるものであるが，本研究では，研究目的との関連から検討することができなかったものである。それ故，この補論において論じておくことが必要であると考えたのである。

これら共同性／協同性と創造性という視点は，近年の教育改革においても重要視されてきている。

例えば，平成20・21年の学習指導要領改訂に関わる中央教育審議会答申「幼稚園，小学校，中学校，高等学校及び特別支援学校の学習指導要領等の改善について」（中央教育審議会，2008）は，思考力・判断力・表現力の育成にとって各教科で行うことが不可欠な学習活動として6つの活動を掲げているが，その中の一つに，「互いの考えを伝え合い，自らの考えや集団の考えを発展させる」ことを挙げ，共同性／協同性と創造性とを結びつけた活動を重視している。

また，前記の答申の中で強調されている言語活動に関わって，文部科学省が進めている「言語活動の充実」の取り組みにおいても，例えば教科横断的な活動として，「帰納・類推，演繹などの推論を用いて，説明し伝え合う活動を行う」，「日常生活の中で気付いた問題について，自分の意見をまとめ説得力ある発表をする」，「社会生活の中から話題を決め，それぞれの視点や考えを明らかにし，資料などを活用して話し合う」，「グループで協同的に問題を解決するため，学習の見通しを立てたり，調査や観察等の結果を分析し解釈したりする話合いを行う」（文部科学省，2011）など，共同性／協同性を踏まえた活動の強調を見ることができる。

さらには，平成25年の中央教育審議会答申「第2期教育振興基本計画について」（中央教育審議会，2013）では，「『自立』『協働』『創造』を基軸とした新たな社会モデルを実現するための生涯学習社会の構築」（p.16）が提起され，今後5年間の要点が明確にされている。その中で，社会を生き抜く力の養成等，4つの基本的方向性を提言しているが，第1に掲げている「社会を生き抜く力の養成〜多様で変化の激しい社会での個人の自立と協働〜」において，次のよう

に述べられている (pp.17-18)。

> (個人の自立と様々な人々との協働に向けた力)
> ○グローバル化や情報化の進展などにより予想を超えたスピードで変化し多様化が一層進む社会を生き抜くためには、これまでの大量生産・流通・消費などのニーズに対応し与えられた情報を短期間に理解、再生、反復する力だけでなく、個人や社会の多様性を尊重しつつ、幅広い知識・教養と柔軟な思考力に基づいて新しい価値を創造したり、他者と協働したりする能力等が求められる。
> ○換言すれば、多様な知識が生み出され、流通し、課題も一層複雑化し、一律の正解が必ずしも見いだせない社会では、学習者自身が、生涯にわたり、自身に必要な知識や能力を認識し、身に付け、他者との関わり合いや実生活の中で応用し、実践できるような主体的・能動的な力が求められている。(中略)
> (東日本大震災の教訓)
> ○特に、東日本大震災を受け、上記の力の中でも、非日常的、想定外の事象や社会生活・職業生活上の様々な困難に直面しても、諦めることなく、状況を主体的かつ的確に判断し臨機応変に行動する力やコミュニケーション能力などの必要性が改めて浮き彫りになった。
> (今後の学習の在り方)
> ○このような力やそれを身に付けさせるための教育の必要性は、知識基盤社会への移行を踏まえて課題とされ、OECDが主導し国際合意された「キー・コンピテンシー」に代表されるように、今や国際的に常識となりつつある。また、我が国において育成を目指してきた「生きる力」や「課題探求能力」なども、上記の能力と軌を一にするものである。
> ○上記を踏まえた教育の在り方として、今後は、一方向・一斉型の授業だけではなく、ICTなども活用しつつ、個々の能力や特性に応じた学びを通じた基礎的な知識・技能の確実な習得や、子どもたち同士の学び合い、さらには身近な地域や外国に至るまで学校内外の様々な人々との協働学習や多様な体験を通じた課題探求型の学習など、学習者の生活意欲、学習意欲、知的好奇心を十分に引き出すような新たな形態の学習の推進が求められる。

このようにして、「協働」という新たな視点を持ち込み、自立と協働さらに創造へと向けた教育の実現が目指されている。なお、ここで「協働」という言葉には「働」という文字が当てられ、「様々な個性を持つ人々や集団が、多様な価値観・ライフスタイル等を受容しながら相互に学び合い、支え合い、高め

合うこと」（中央教育審議会，2013, p.6）とされているが，本稿における共同性／協同性また協同的な問題解決・協同学習（cf. 金本・野崎，1995；加治佐・金本，1996；金本・小林，1997）と同様の意味の範疇に位置づくものであると捉えている。このような共同性／協同性の上に創造というものを位置づけていくことが，今日的に一層重要となっている。

2　創造性の教育課程への位置づけ

　算数数学教育に関わって創造性の議論がなされ，教育課程上に位置づけられることになったものの一つに，教育課程審議会が出した平成10年の学習指導要領改訂に関する答申「幼稚園，小学校，中学校，高等学校，盲学校，聾学校及び養護学校の教育課程の基準の改善について」（教育課程審議会，1998）がある。その中で，算数・数学科の基本方針について次のように「創造性の基礎を培う」ということが示された。

> 　小学校，中学校及び高等学校を通じ，数量や図形についての基礎的・基本的な知識・技能を習得し，それを基にして<u>多面的にものを見る力や論理的に考える力など創造性の基礎を培う</u>とともに，事象を数理的に考察し，処理することのよさを知り，自ら進んでそれらを活用しようとする態度を一層育てるようにする。
> 　　　　　　　　　　　　　　　　　　　　　　　　　　　（※下線は引用者）

　いわゆる「ゆとり教育」の時代へと進むことになる答申であるが，「創造性の基礎を培う」という提言は今日までも引き継がれることになる重要なものとなっている。
　そのような認識をすることの理由の第1は，我が国の算数数学教育の歴史的な背景の下，数学教育現代化の頃に，中島健三が算数・数学科の目標の中に創造性を位置づけたことにある。前記のことは，そのことを平成10年において新たな形で強調しているものということができよう。教科の目標を考える場合，実用性，陶冶性，文化性の3点を挙げることは広く認められることであるが（cf. 日本数学教育学会，2010），中島（1974）はさらに創造性を位置づけることの重要さを強調していた。このような流れの近年における現れ方と見ることができる。

また，理由の第2は，「創造性の基礎」について，「多面的にものを見る力」や「論理的に考える力」という2つの要素的な能力を例示していることによる。それらの能力は，「創造性の基礎」という言葉とともに今日においても算数・数学科の教育課程に関わって見ることができるものである。

　中島健三が提起した「目標を考える基本的観点」は次の通りである（中島，1974, pp.108-118）。このうち第4の観点として「創造的活動の実践」が付け加えられ提起されている。

> ①人間が社会の一員として生活を実践するのに必要な能力をもつように，若い世代を育てあげること（実用的目的）
> ②人間の過去における生活の実践や創造が文化遺産として蓄積され，学問として体系化されてきている。こうした文化遺産は生活の実践に活用されるだけでなく，それ自体重要な価値をもつものであるから，これらが次の世代に受けつがれるようにすること（文化的または教養的目的）
> ③人間が本来具えているとみるべき諸能力を可能なかぎり引き出し育てること（陶冶的目的）
> ④創造的な実践活動を行うことができ，それに美しさ楽しさを認めることができるようにすること（創造的活動の実践）

　また，このような第4の事項は，第1・2・3の事項と並置されるものではなく，より包括的なものとして次のように捉えられている（中島，1974, p.118）。

> 　ここでの「創造的活動」というものは，実用的目的，文化的目的，陶冶的目的というそれぞれの立場から究極においてねらうことがらを統合したものであるということができる。

　このような目標構造を基に，「創造的活動としての『数学的な考え方』」（中島，1974, p.124）が示されることになる。そして，「数学的な考え方というものを，1つの合目的的な創造的活動ができるという，『行為』の形でとらえる」（中島，1974, p.125）と強調している。

　これらのことから，算数数学に関わって<u>創造的活動ができることが数学的な考え方を身に付けたということである</u>として受け止めることができる。そして，平成10年の教育課程審議会の答申での算数・数学科の基本方針は，本書の1

章3(4)で明らかにしたように，1980年代以降の諸「能力」の育成に関する，構成要素を明確にしながら具体的文脈における統合的な実践として捉えていく「能力」像についての国際的な動向に沿ったものとなっている。

なお，「数学的な考え方」という言葉が昭和33・35年版の学習指導要領において用いられて後，算数数学教育界では「数学的な考え方」とは何かという議論が展開されてきたが（cf. 1966年『算数と数学』誌 No.174 及び No.175 において「数学的な考え方とは」という特集がもたれている），東京都立教育研究所が「数学的な考え方に関する研究」(1969)をまとめて以降，特筆される片桐重男の一連の研究（例えば，1974；1988a；1988b；etc）は，中島健三の提起したことの具体化・実践化としての発展的な特徴をもつ。そして，今日的には1980年代以降の，「能力」の構成要素を明確にしながら具体的文脈における統合的な実践として実現を目指すという，「能力」育成に関する国際的な動向としての要素的・統合的・文脈的な取り扱いへと生かしていくことのできる研究となっている。

他方，数学的な考え方を中島(1974)の意図のように「行為」として捉えることに関わって，さらに能力としての性格を明確にして「数学的に考える力」という言葉が，平成17年の「特定の課題に関する調査」（国立教育政策研究所, 2005a）において示されている。この言葉「数学的に考える力」は，平成9年の教育課程審議会「教育課程の基準の改善の基本方向について（中間まとめ）」において「改善の内容」の項で次のように示されたものでもある。

> 実生活との関連を考慮しつつ，ゆとりをもった作業的・操作的学習や問題解決的学習を通して，学ぶことの楽しさや充実感を味わいながら，数量や図形に関する基礎的・基本的な知識・技能に習熟させるとともに，<u>数学的に考える力を身に付け</u>，創造性の基礎を培うことを重視し，例えば，次のような事項について内容の改善を図る。　　　　　　　　　　　　　　　　（※下線は引用者）

この言葉が平成17年の「特定の課題に関する調査」の実施において，平成10年版学習指導要領で示された算数的活動・数学的活動との関連で用いられていることになる。「特定の課題に関する調査」は，特定の課題に関して小学校4年から中学校3年までの複数の学年で継続的な傾向を探るために実施されたものであり，その課題の一つとして数学的に考える力に焦点が当てられたものである。ここで「数学的に考える力」とは，「算数的活動や数学的活動を支え，遂行するために必要な資質や能力の総称」（国立教育政策研究所, 2005b, p.2）とし

て捉えられている。そして、問題レベルにおいては3つの項目「日常事象の考察に算数・数学を生かすこと」・「発展的・創造的に考えること」(中学校数学科では「算数・数学の世界で事象を考察すること」とされた)・「論理的に考えること」によって調査がなされているもので、これらは要素的な能力と捉えることができる。なお、この調査では、次のような課題が明らかになっている。

> 1) 情報を選んで問題を解決したり、変化の様子をグラフに表現するなど、日常事象の考察に算数・数学を生かすことに課題が見られる。
> 2) 演繹的な考え方を説明・記述する力に課題が見られる。
> 3) 数量の関係について決まりを見つけたり、面積の求め方について発展的に考える力は十分ではないが、児童は「役立つ」「これまで学習したことを使って、新しい問題を解決したい」と考えている。

「創造性の基礎を培う」はこのような経緯の中で意義をもつものであり、今日においても引き継がれ直接的に示されているものである。例えば平成21年版高等学校学習指導要領数学科の目標において、平成10年版の目標に位置づけられた「創造性の基礎を培う」という文言を継承して、次のように示されている。

> 　数学的活動を通して、数学における基本的な概念や原理・法則の体系的な理解を深め、事象を数学的に考察し表現する能力を高め、創造性の基礎を培うとともに、数学のよさを認識し、それらを積極的に活用して数学的論拠に基づいて判断する態度を育てる。　　　　　　　　　　　　　　（※下線は引用者）

さらに、平成20年版中学校学習指導要領数学科では、指導内容としての数学的活動の一つとして、「既習の数学を基にして、数や図形の性質などを見いだし、発展させる活動」が位置づけられている。また、全国学力・学習状況調査の数学の「活用」問題の作成の枠組みにある「数学的なプロセス」の中に、例えば次のような項目を見ることができる（国立教育政策研究所, 2008）。

> $\beta 1$：課題解決のための構想を立て実践すること
> 　$\beta 1(1)$　筋道を立てて考えること
> $\beta 2$：結果を評価し改善すること
> 　$\beta 2(3)$　発展的に考えること
> $\gamma 1$：他の事象との関係をとらえること

γ2：複数の事象を統合すること
　γ3：多面的にものを見ること

　なお，中島健三が算数・数学科の目標の中に創造性を位置づけたことは，昭和43年版小学校学習指導要領算数科及び昭和44年版中学校学習指導要領数学科の総括目標の中において，次のように盛り込まれることとなる。

　　日常の事象を数理的にとらえ，筋道を立てて考え，統合的，発展的に考察し，処理する能力と態度を育てる。

　　事象を数理的にとらえ，論理的に考え，統合的，発展的に考察し，処理する能力と態度を育成する。

　これら「数理的にとらえ，論理的に考え，統合的，発展的に考察し，処理する能力」の育成は，「創造的活動としての『数学的な考え方』」の中島の主張の具体化であった。
　ただ，今日においてはこれらの主張点だけでよいとはいえず，「特定の課題に関する調査」でも考慮されていた「表現する能力」の位置づけ及び「活用する」ことの一層の明確化が必要となる。このことを「数理的にとらえ，論理的に考え，統合的，発展的に考察し，処理する能力」の育成とともに捉えることにより，それらの流れの延長に位置づけることができ，いわば我が国の算数数学教育の根幹に据えることができると考えている。

　このような中で，「創造性の基礎を培う」という特質は，今日においては論理的に考えるという「縦」方向と多面的にものを見るという「横」方向の「横」を数学の世界の中だけで捉えるのではなく，「日常の事象」，「日常生活や社会」という広がりにおいて捉えることが求められることとなる。いいかえれば，「活用」を含めて捉える必要がある。
　そして，そのことは，第1には，数学の世界の中で捉えることによる数学的な考え方の強調，いわば帰納的・類推的・演繹的に考えること，さらに統合的・発展的に考えることによる創造的活動の実践として実現をしていくことが強調されるということとともに，第2には，「多面的にものを見ること」において，数学の世界での多面性だけではなく，数学の外との多面的な関わりを通した認識の「横」への広がりを創り出しつつ，その状況に応じて具体化・特殊化し活用していくことに必要とされる能力の育成が求められるということでもある。

その部分を具体的に捉えるに当たって，全国学力・学習状況調査の「活用」問題の枠組みである「数学的なプロセス」は参考になるものとなっている。さらには，数学教育学研究において進展が見られる数学的モデリング過程とそれに関わる能力は，「横」への広がりを遂行していくに当たって必要となる活動や能力について明らかにしてきているということができる。そして，このような能力も含めることによって，今日の社会において求められる「創造性の基礎を培う」という特質の実現が可能となってくると考えている。

3　「算数数学の創造」への取り組みに向けて

　これらの教育課程に関する検討を基にして，次のような「算数数学の創造」への取り組みに関する全体構造を示しておきたい。
　第1に，事象を数理的にとらえ，構想を立て，論理的に考え判断し，数学的に表現したり，数学的コミュニケーションを展開していくことの重視である。事象を数理的にとらえることには，「既習の数学を基にして」ということが不可欠である。構想を立てるということは，見通しをもつことでもある。そして，数学的に表現するためには，「言葉や数，式，図，表，グラフなどの数学的な表現を用いる」ことや思考過程を論理的に表現することが不可欠である。さらに，これらの活動において，「その過程を振り返って考えを深めたり」，豊かで的確な表現を実現することが大切である。また，個人の考えだけではなく，協同的な問題解決や話し合い活動を通して集団の考えを高め発展させていくこと (cf. 文部科学省，2011；中央教育審議会，2008) が重要である。このような活動も含めての，創造的活動が求められる。
　第2に，このような「事象を数学的にとらえ，構想を立て，論理的に考え判断し，数学的に表現したり，数学的コミュニケーションを展開していく」活動を進めていくに当たって，それを創造性という文脈の中に，そして，それは今日的には発展・活用という文脈の中に算数数学の指導を位置づけることの重視である。そのことが，我が国の今日的な算数数学教育の在り方であると思うし，子どもの側から述べると，数学を創るという文脈，そして，発展させる・活用するという文脈の中に算数数学の学習活動を位置づけることとなってくる。

第3に，前述の意味での創造・発展・活用という文脈の根幹に，帰納的な考え方・類推的な考え方・演繹的な考え方，統合的な考え方・発展的な考え方を位置づけ，機能していくようにすることである。また，活用することに関わる要素的な能力についても必要視していくことが求められる。

　以上のことを共同性／協同性の視点とともに築いていくことにより，また，その中に，「算数数学の表現の使用」と交流活動における「公共化」を軸に据えコミュニティ構成と一体となった授業の展開を位置づけることにより，本研究の授業実践への提言として，「算数数学の論理的・創造的な構築を基軸に据えた数学的コミュニケーションの展開」を提言することができる。
　また，このことのために，本研究の特徴点である「算数数学の表現の使用」に関わって，数学的な表現そして論理的・創造的な構築を表す言語の使用とともに，このような数学的コミュニケーションの展開が必要であると考えている。ここで，数学的な表現とは，算数・数学科の授業で学習することになる言葉，数，式，図，表，グラフ，また，具体物を用いた表現のことであるし，また，論理的・創造的な構築を表す言語とは，帰納的考え方・類推的考え方・演繹的な考え方，統合的な考え方・発展的な考え方など数学的な考え方を機能させていることを表す言葉や，思考過程の表現に当たって用いられる言葉，特に根拠・理由と結論の関係を表す言葉や論理的に考え説明するときの「論理」を表す言葉などである。これらの表現の使用を，適切な発達的段階を踏まえながら進め，算数数学の論理的・創造的な構築を基軸に据えた数学的コミュニケーションの展開の実現を期待していきたい。

〈引用参考文献〉

(出版に寄せて)
Wittmann, E. (2001). The alpha and omega of teacher education : organizing mathematical activities. In D. Holton (ed.), The teaching and learning of mathematics at university level : an ICMI study (pp.539-552). The Netherlands : The Kluwer Academic Publishers.

(本文)
アイゼンク, M. W. (編) (1998).『認知心理学事典』. 新曜社. (原著 : Eysenck, M.W. (Ed.) (1990). The Blackwell Dictionary of Cognitive Psychology. Basil Blackwell.)
青山征彦・茂呂雄二 (2000). 活動と文化の心理学. 心理学評論, 43 (1), 87-104.
阿部 裕・伊藤道男 (1995). 数学の授業を支える情意的側面について-従来型授業と問題設定型授業との比較を手がかりとして-. 数学教育研究, 第10号, 上越教育大学数学教室, 143-152.
新井郁男 (2011). 子どもの学びを拓く学校の創造-学校の学習社会化-. 教育展望, 臨時増刊 No.43, 4-9.
飯田正宜 (1964). 数学教育における表記の問題 (第3報の2). 日本数学教育会誌「数学教育学論究」, Ⅷ, 27-32.
礒田正美・阿部 裕 (1994). 表情からみた学習指導による数学観育成に関する一考察-授業への参加形態としての認めあう活動と, 個の欲求, 自己実現-. 日本数学教育学会誌「数学教育」, 76 (11), 312-321.
伊藤圭子 (1995). 数学教育における質的研究について : その前提と方法. 日本数学教育学会誌「数学教育」, 77 (3), 2-12.
井上達夫 (1998). 規範. 廣松 渉ほか (編),『哲学・思想事典』(pp.322-323), 岩波書店.
今井邦彦 (1995). 関連性理論の中心概念. 言語, 24 (4), 20-29.
今井むつみ (2010).『ことばと思考』. 岩波書店.
今井むつみ・佐治伸郎 (2010). ことばの意味を「習得」するとは何を意味するのか-認知心理学からの言語発達理論への貢献. 遊佐典昭 (編),『言語と哲学・心理学』(pp.143-171), 朝倉書店.
今井むつみ・針生悦子 (2007).『レキシコンの構築-子どもはどのように語と概念を学んでいくのか』. 岩波書店.
岩合一男・板野暢之 (1964). 数学教育における表記の問題 (第2報の1). 日本数学教育会誌「数学教育学論究」, Ⅶ, 35-42.
岩崎秀樹 (2007).『数学教育学の成立と展望』. ミネルヴァ書房.
岩崎 浩 (1993). 数学教育における「メタ知識」に関する研究-コンテクストとメタ知識との関連について-. 西日本数学教育学会誌「数学教育学研究」, 第19号, 29-35.
ヴィットマン, E. ほか (2004).『算数・数学 授業改善から教育改革へ-PISAを乗り越えて : 生命論的観点からの改革プログラム』(國本景亀・山本信也 (訳)). 東洋館出版社.
上野直樹 (1999).『仕事の中での学習-状況論的アプローチ-』. 東京大学出版会.
上野直樹 (編著) (2001).『状況論的アプローチ1 : 状況のインタフェース』. 金子書房.
ウォーフ, B.L. (1993).『言語・思考・現実』. 講談社.
エンゲストローム, Y. (1999).『拡張による学習 : 活動理論からのアプローチ』. 新曜社. (原

著：Engestroom,Y.（1987）．Learning by Expanding：An Activity-Theoretical Approach to Developmental Research．Orienta-Konsultit Oy.）

江森英世（1993）．数学の学習場面におけるコミュニケーション・プロセスの分析．日本数学教育学会誌「数学教育学論究」，Vol.59，3-24．

大澤真幸（1996）．社会学を駆動する問い．大澤真幸（編），『社会学のすすめ』（pp.171-188），筑摩書房．

大谷 実（1997）．授業における数学的実践の社会的構成－算数数学科の授業を事例に－．平山満義（編），『質的研究法による授業研究』（pp.270-285），北大路書房．

大谷 実（1999）．豊かで数学的なコミュニケーションのための学級づくり．清水静海ほか（監修）・金本良通（編），『生きる力をはぐくむ算数授業の創造：第6巻，数学的なコミュニケーションができる子ども』（pp.233-238），ニチブン．

大谷 実・中村雅恵（2000）．数学的活動におけるシンボル化と談話の役割：小学校6年比例の教授実験．日本数学教育学会第33回数学教育論文発表会論文集，101-106．

大谷 実・中村雅恵・漢野有美子（2001）．比例の指導におけるグラフのシンボル化と談話の機能：小学校と中学校の関数指導の接続性に向けて．日本数学教育学会第34回数学教育論文発表会論文集，151-156．

加治佐英樹・金本良通（1996）．アメリカにおける協同学習の動向．数学教育学会研究紀要，臨時増刊（数学教育学会発表論文集），130-135．

片桐重男（1974）．『数学的な考え方を伸ばす算数指導細案』．明治図書．

片桐重男（1988a）．『数学的な考え方・態度とその指導1，数学的な考え方の具体化』．明治図書．

片桐重男（1988b）．『数学的な考え方・態度とその指導2，問題解決過程と発問分析』．明治図書．

片桐重男（1995）．『数学的な考え方を育てるねらいと評価』．明治図書．

片桐重男・金本良通（編）（2000）．『算数が主役の総合的な学習実践プラン集』（全2巻：中学年編，高学年編）．明治図書．

加藤 浩・有元典文（編著）（2001）．『状況論的アプローチ2：認知的道具のデザイン』．金子書房．

金本良通（1993）．構成主義的意情論について．東北数学教育学会年報，第24号，31-40．

金本良通（1994）．1970年代キャリア教育の数学教育への影響．日本カリキュラム学会誌「カリキュラム研究」，第3号，3-12．

金本良通（1995）．アメリカの数学カリキュラムにおけるコミュニケーションの位置．埼玉大学紀要教育学部（数学・自然科学Ⅱ），44（1），37-42．

金本良通（1998）．『数学的コミュニケーション能力の育成』．明治図書．

金本良通（1999a）．算数科の授業におけるコミュニケーションの様相－5年「四角形と三角形の面積」の指導を通して－．日本数学教育学会第32回数学教育論文発表会論文集，101-106．

金本良通（1999b）．数学教育におけるコミュニケーション研究の展望．埼玉大学紀要教育学部（教育科学），48（2），21-26．

金本良通（1999c）．算数科の活動的な学びの創造へ．二杉孝司（編著），『新学習指導要領の解説と授業づくりのアイデア』（pp.75-94），学事出版．

金本良通（2000a）．算数科の授業における多層的なコンテクストとコミュニケーションの機能．全国数学教育学会誌「数学教育学研究」，第6巻，77-87．

金本良通（2000b）．授業において相互構成的であるもの．日本数学教育学会第33回数学教育論文発表会論文集，107-112．
金本良通（2001）．ある算数科の授業における意味とシンボルとコミュニティの相互的構成．日本数学教育学会誌「数学教育学論究」，Vol.77，3-21．
金本良通（2004）．授業でのコミュニケーションを捉えるモデルについて－推論モデルの拡張とその活用について－．日本数学教育学会誌「算数教育」，86（8），14-23．
金本良通（2005a）．【第5章第1節】算数科授業のデザイン．高垣マユミ（編著），『授業デザインの最前線』（pp.80-89），北大路書房．
金本良通（2005b）．領域を横断することの重視そして方法領域の設定．日本数学教育学会誌「算数教育」，87（12），27-28．
金本良通（2007a）．数学的コミュニケーション能力に関する基礎的考察．日本数学教育学会誌「算数教育」，89（4），18-26．
金本良通（2007b）．算数・数学科の改訂の重点とこれからの授業．小島宏（編），『新教育課程をめざした授業づくり』（pp.80-81），教育開発研究所．
金本良通（2008a）．フィンランドにおける学力保障方策と算数・数学教育．日本数学教育学会誌「算数教育」，90（2），58-68．
金本良通（2008b）．算数・数学の授業で実現したいこと－「表現する力」と「活用」の充実－．教育展望，54（4），教育調査研究所，23-28．
金本良通（2008c）．算数科における表現力の位置付けに関して．日本数学教育学会誌「算数教育」，90（6），18-28．
金本良通（編著）（2008d）．『小学校学習指導要領の解説と展開：算数編』．教育出版．
金本良通（編著）（2008e）．『小学校新学習指導要領の展開：算数科編』．明治図書．
金本良通（編著）（2009a）．『新小学校算数科・重点指導事項の実践開発』．明治図書．
金本良通（2009b）．算数・数学で言語活動をどう取り入れるか～コミュニケーション能力の育成～．星野昌治・廣田敬一（編），『理数教育充実への戦略』（pp.36-39），教育開発研究所．
金本良通（2010a）．教科の学習における「公共性」．楽しい算数の授業，25（6），明治図書，38-39．
金本良通（編著）（2010b）．『活用力を育てる！ 算数授業プラン＆ワークシート30』（全3巻：低学年編，中学年編，高学年編）．明治図書．
金本良通（2010c）．【小学校】算数．無藤隆（編），『速解 新しい指導要録とこれからの評価〈平成22年改訂〉』（pp.94-95），ぎょうせい．
金本良通（編著）（2012a）．『表現力・コミュニケーション能力を育てる算数授業』．明治図書．
金本良通（2012b）．数学的表現そして論理的構築を表す言語とともに．学校教育，No.1141（2012年8月号），6-11．
金本良通（2012c）．考え方の状況横断的な取扱い．新しい算数研究，No.503（2012年12月号），1．
金本良通（2013a）．【授業をみる視点Ⅲ】言語活動を生かした学び．新しい算数研究，No.505（2013年2月号），113-113．
金本良通（2013b）．【第37回セミナー講演】数学的コミュニケーションを展開する授業の在り方．新しい算数研究，No.506（2013年3月号），113-120．
金本良通・赤井利行・滝井章（編著）（2008）．『小学校新学習指導要領ポイントと授業づくり：算数』．東洋館出版社．

金本良通・新井 靖・中野浩義・岸田健吾（1996）．数学学習におけるコンテクストの役割と構成－数学的な関連を生かした授業への基礎的研究－．日本数学教育学会第29回数学教育論文発表会，373-378．

金本良通・小川良雄・大谷一義・福島正美（1992）．数学的コミュニケーション能力の育成への視点－小学校第1学年「100までの数」の授業をもとにし－．東北数学教育学会年報，第23号，65-74．

金本良通・大谷一義・福島正美・馬場敏男（1993）．算数科の話し合い場面における典型児の様相と態度の特徴．日本数学教育学会第26回数学教育論文発表会，389-394．

金本良通・大谷一義・福島正美・馬場敏男（1994a）．命題問題の解決時に見られる比喩的表現の活用－数学的コミュニケーション能力の育成に向けて－．日本数学教育学会第27回数学教育論文発表会，541-546．

金本良通・大谷一義・福島正美・馬場敏男（1994b）．算数科の学習活動における話し合いへの態度の様相と指導－数学的コミュニケーション能力の育成にむけて－．日本教育大学協会（編）「教科教育学研究」，第12集，18-22．

金本良通・大谷一義・福島正美・馬場敏男（1994c）．数学的コミュニケーション能力の育成（Ⅰ）－考えの交流のよさと交流を促す方法の指導を通して－．日本数学教育学会誌「算数教育」，76（6），18-22．

金本良通・大谷一義・福島正美・馬場敏男（1995）．数学的コミュニケーション能力の育成（Ⅱ）－『話し合いへの適切な態度形成』のための子どもの意識調査の検討－．日本数学教育学会誌「算数教育」，77（10），19-23．

金本良通・大谷一義・福島正美・馬場敏男（1996）．数学的コミュニケーション能力の育成（Ⅲ）－多様な表現の関連づけと思考過程の表現の指導を通して－．日本数学教育学会誌「算数教育」，78（2），31-37．

金本良通・大谷一義・福島正美・馬場敏男・小川良雄（1993）．数学的コミュニケーション能力の育成への視点（Ⅱ）．埼玉大学紀要教育学部（教育科学Ⅰ），42（1），33-46．

金本良通・菊地昭男・細野純子（1992）．算数・数学科カリキュラム編成原理の検討（1）－国民学校理数科における統合－．埼玉大学紀要教育学部（教育科学），41（2），3-11．

金本良通・栗原孝子（2004）．算数の学習活動に対する子供たちの意識－ある小学校での調査を基に－．日本数学教育学会誌「算数教育」，86（6），11-19．

金本良通・小林 徹（1996）．算数・数学教育における情意研究の動向と方向性及び授業実践モデルの提案．埼玉大学紀要教育学部（教育科学）（Ⅰ），45　（1），23-38．

金本良通・小林広利（1997）．数学科での協同学習の意義とあり方に関する一考察－選択教科としての数学における探究的活動への取り組みを通して－．日本数学教育学会誌「数学教育」，79（3），16-23．

金本良通・設樂政夫・中村一夫（1992）．算数・数学科カリキュラム編成原理の検討（2）－『夏休み課題』による総合活動－．埼玉大学教育実践研究指導センター紀要，第6号，35-42．

金本良通・野崎陽子（1995）．数学の協同学習における社会的技能：「チームワークプロジェクト」の過程分析．数学教育学会誌，36（1），87-95．

金本良通・福島正美・馬場敏男（1997）．数学的コミュニケーション能力の育成（Ⅳ）－算数科授業での発話におけるコンテクストの設定－．日本数学教育学会誌「算数教育」，79（10），276-284．

金本良通・山本耕司・新井 靖・中野浩義（1994）．数学的な関連を生かした教材構成への視点．埼玉大学紀要教育学部（教育科学），43（2），25-39．

金本良通・山本耕司・新井 靖・中野浩義（1995）．数学的な関連を生かした授業への試み．日本数学教育学会誌「数学教育」，77（11），2-7．
岸本忠之（1995）．小数の除法の子どもの概念変容について－「授業コンテクスト」に焦点を当て－．日本数学教育学会第 28 回数学教育論文発表会論文集，213-218．
北山 忍・宮本百合（2000）．文化心理学と洋の東西の巨視的比較－現代的意義と実証的知見－．心理学評論，43（1），57-81．
キャロル，J.B.（1993）．編者解説．ウォーフ，B.L.（1993）．『言語・思考・現実』(pp.237-296)．講談社．
教育課程審議会（1998）．教育課程の基準の改善の基本方向について（中間まとめ）．文部省．
教育課程審議会（1998）．幼稚園，小学校，中学校，高等学校，盲学校，聾学校及び養護学校の教育課程の基準の改善について（答申）．文部省．
國岡高宏（2007）．数学教育におけるアナロジーの研究（1）－数学の理解に果たすアナロジーの機能－．全国数学教育学会誌「数学教育学研究」，第 13 巻，67-73．
熊谷光一（1986）．授業における相互作用の分析に関する一考察－文脈の変容を手がかりにして－．筑波数学教育研究，第 5 号，23-33．
熊谷光一（1989）．算数・数学の授業における共有プロセスに関する考察．日本数学教育学会誌「数学教育学論究」．Vol.51，3-24．
グライス，P.（1998）．『論理と会話』．勁草書房．（原著：Grice,P.（1989）．Studies in the Way of Words. Harvard University Press.）
グリン，S.M.・イェーニィ，R.H.・ブリットン，B.K.（1993）．『理科学習の心理学：子どもの見方と考え方をどう変容させるか』．東洋館出版社．
紅林伸幸（1995）．授業コミュニケーションと社会化．東京大学大学院教育学研究科紀要，第 35 号，105-127．
黒崎 宏（1997）．『言語ゲーム一元論：後期ウィトゲンシュタインの帰結』．勁草書房．
黒田 亘（編）（2000）．『ウィトゲンシュタイン・セレクション』．平凡社．
　この中に，『哲学探究』1 部 43 節として，「語の意味とは，言語におけるその使用のことである」と紹介されている（p.181）．
クロン，アラン（1996）．『入門エスノメソドロジー』（山田富秋・水川善文（訳））．せりか書房．
国立教育政策研究所（2005a）．特定の課題に関する調査．国立教育政策研究所．
国立教育政策研究所（2005b）．特定の課題に関する調査（算数・数学）調査結果．国立教育政策研究所．
国立教育政策研究所（2009）．平成 20 年度全国学力・学習状況調査解説資料：中学校数学．国立教育政策研究所．
国立教育政策研究所（2009）．平成 21 年度全国学力・学習状況調査解説資料：小学校算数．国立教育政策研究所．
国立教育政策研究所（2011）．『評価規準の作成，評価方法等の工夫改善のための参考資料【小学校算数】』．教育出版．
国立教育政策研究所（2012a）．『全国学力・学習状況調査の 4 年間の調査結果から今後の取組が期待される内容のまとめ（小学校編）』．教育出版．
国立教育政策研究所（2012b）．『全国学力・学習状況調査の 4 年間の調査結果から今後の取組が期待される内容のまとめ（中学校編）』．教育出版．
国立教育政策研究所（2013a）．平成 24 年度小学校学習指導要領実施状況調査の実施について．国立教育政策研究所．

国立教育政策研究所（2013b）．平成25年度全国学力・学習状況調査解説資料：中学校数学．国立教育政策研究所．
斎藤純一（1998）．公共性．廣松 渉ほか（編），『哲学・思想事典』(pp.486-487)，岩波書店．
佐伯 胖（1995）．正統的周辺参加論とその学習観．学習評価研究，No.22，みくに出版，28-39．
佐伯 胖・藤田英典・佐藤 学（編）（1995）．『学びへの誘い』．東京大学出版会．
佐伯 胖・藤田英典・佐藤 学（編）（1996）．『学び合う共同体』．東京大学出版会．
佐藤三郎（1986）．『ブルーナー「教育の過程」を読み直す』．明治図書．
佐藤 学（1995）．教室のディレンマ－生成の構造．佐藤 学（編），『教室という場所』(pp.15-43)．国土社．
佐藤 学（1996）．『教育方法学』．岩波書店．
重松敬一（1994）．『子ども・生徒の数学的問題解決に影響する「メタ認知」を測定するアンケートの開発研究』．平成4・5年度科学研究費補助金（一般研究（C））研究報告書（課題番号04680311）．
清水静海ほか（監修）・金本良通（編著）（1999）．『CREAR 生きる力をはぐくむ算数授業の創造：第6巻，数学的なコミュニケーションができる子ども』．ニチブン．
シャノン，C.E.・ウィーバー，W.（1969）．『コミュニケーションの数学的理論—情報理論の基礎—』．明治図書．（原書：Shannon, C.E. & Weaver, W. (1949). The Mathematical Theory of Communication.. The University of Illinois Press.）
菅野盾樹（1998）．コンテクスト．廣松 渉ほか（編），『哲学・思想事典』(pp.558-559)．岩波書店．
関口靖広（1997）．認知と文化：数学教育研究の新しい方向．日本数学教育学会誌，79（5），14-23．
添田佳伸（1989）．数学的表記とレトリックについて－転義の認識の問題について－．西日本数学教育学会誌「数学教育学研究」，第15号，102-107．
田島信元（2000）．文化心理学の起源と展開．心理学評論，43（1），1-7．
田代裕一（1986）．授業における子どもの比喩的表現についての研究－教科内容の認識と日常生活の認識との相互関連の視点から－．教育方法学研究，第12巻，91-99．
中央教育審議会（2005）．新しい時代の義務教育を創造する（答申）．文部科学省．
中央教育審議会（2008）．幼稚園，小学校，中学校，高等学校及び特別支援学校の学習指導要領等の改善について（答申）．文部科学省．
中央教育審議会（2013）．第2期教育振興基本計画について（答申）．文部科学省．
坪田耕三（2001）．『算数の授業を創る－共生・共創の学びをめざして－』．東洋館出版社．
戸田 清・藤井昌興・横田孝志・平林一栄・藤原 茂・岩合一男・富田 昇・飯田正宜・福森信夫・板野暢之・畦森宣信・片山一法・三野栄治（1963）．数学教育における表記の問題（第1報）．日本数学教育会誌「数学教育学論究」，VI，25-36．
中島健三（1974）．数学教育の目標とカリキュラム構成のための原理．中島健三・大野清四郎（編著），『数学と思考』(pp.97-130)．第一法規．
中島健三（1981）．『算数・数学教育と数学的な考え方－その進展のための考察』．金子書房．
中原忠男（1994）．数学教育における構成主義の展開－急進的構成主義から社会的構成主義へ－．日本数学教育学会誌，79（11），2-11．
中原忠男（1995）．『算数・数学教育における構成的アプローチの研究』．聖文社．
西谷 修（1998）．共同体／共同性．廣松 渉ほか（編），『哲学・思想事典』(pp.1677-1678)．

岩波書店.
西山佑司（1999）．語用論の基礎概念．田窪行則ほか（編），『談話と文脈』（pp.1-54），岩波書店.
西山佑司（2010）．言語学から見た哲学．遊佐典昭（編），『言語と哲学・心理学』（pp.9-38），朝倉書店.
日本数学教育学会（編）．『数学教育学研究ハンドブック』．東洋館出版社．
橋内　武（1999）．『ディスコース－談話の織りなす世界－』．くろしお出版．
日野圭子（1999）．数学的表記の内化の過程：面積の授業を通して．日本数学教育学会第32回数学教育論文発表会論文集，281-286.
日野圭子（2002）．授業における個の認知的変容と数学的表記の役割：「単位量あたりの大きさ」の授業の事例研究を通して．日本数学教育学会誌「数学教育学論究」，Vol.79，3-23.
平林一栄（1964）．　数学教育における表記の問題（第2報の2）．日本数学教育会誌「数学教育学論究」，Ⅶ．43-52.
平林一栄（1987）．『数学教育の活動主義的展開』．東洋館出版社．
平林一栄・藤井昌興（1965）．　数学教育における表記の問題（第4報）．日本数学教育会誌「数学教育学論究」，Ⅹ，1-14.
藤井聖子（2010）．言語獲得論－用法基盤・構文理論的アプローチ．遊佐典昭編，『言語と哲学・心理学』（pp.143-171），朝倉書店.
藤田英典（1996）．はしがき．佐伯胖・藤田英典・佐藤　学（編），『学び合う共同体』（pp.ⅰ-ⅵ），東京大学出版会．
藤原　茂（1964）．　数学教育における表記の問題（第3報の1）．日本数学教育会誌「数学教育学論究」，Ⅷ，18-26.
ブルア，D．（1988）．『ウィトゲンシュタイン：知識の社会理論』．勁草書房．（原著：Bloor, D. (1983). Wittgenstein, A Social Theory of Knowledge. The Macmillan Press.）
ブルーナー，J.S．（2004）．『教育という文化』．岩波書店．（原著：Bruner, J.S. (1996). The Culture of Education. Harvard University Press.）
ベイトソン，G．（1990）．『精神の生態学』．思索社．（原著：Bateson, G. (1972). Steps to an Ecology of Mind. Harper & Row）
ホランド，J.H.ほか（1991）．『インダクション－推論・学習・発見の統合理論へ向けて－』．新曜社．（なお，「基底」「目標」を「ソース」「ターゲット」とかえて引用した。）
マッギン，C.（1990）．『ウィトゲンシュタインの言語論』．勁草書房．（原著：McGinn, C.(1984). Wittgenstein on Meaning : An Interpretation and Evaluation. Basil Blackwell Ltd.）
松下佳代（2003）．『学習のコンテクストの構成－活動システムを分析単位として－』（博士学位論文）．京都大学．
松下佳代（2010）．〈新しい能力〉概念と教育－その背景と系譜．松下佳代（編著），『〈新しい能力〉は教育を変えるか』（pp.1-42），ミネルヴァ書房．
三島憲一（1998）．コミュニケーション能力．廣松　渉ほか（編），『哲学・思想事典』（p.546），岩波書店．
水谷雅彦（1998a）．妥当要求．廣松　渉ほか（編），『哲学・思想事典』（p.1036），岩波書店．
水谷雅彦（1998b）．理想的発話状況．廣松　渉ほか（編），『哲学・思想事典』（pp.1677-1678），岩波書店．
湊　三郎・浜田　真（1994）．プラトン的数学観は子供の主体的学習を保証するか：数学観と数学カリキュラム論との接点の存在．日本数学教育学会誌「数学教育」，76（3），2-8.

村中知子 (1996). 『ルーマン理論の可能性』. 恒星社厚生閣.
村松賢一 (1998). 『いま求められるコミュニケーション能力』. 明治図書.
村松賢一・金本良通・梶浦 真 (2006). 『コミュニケーション能力の育成と指導』. 教育報道出版社.
森本信也 (1993). 『子どもの論理と科学の論理を結ぶ理科授業の条件』. 東洋館出版社.
茂呂雄二 (1997). 発話の型－教室談話のジャンル－. 茂呂雄二（編）, 『対話と知－談話の認知科学入門－』(pp.47-75), 新曜社.
茂呂雄二（編著）(2001). 『状況論的アプローチ３：実践のエスノグラフィ』. 金子書房.
文部科学省 (2008a). 『小学校学習指導要領解説, 算数編』. 東洋館出版社.
文部科学省 (2008b). 『中学校学習指導要領解説, 数学編』. 教育出版.
文部科学省 (2010). 小学校, 中学校, 高等学校及び特別支援学校等における児童生徒の学習評価及び指導要録の改善等について（通知）. 文部科学省.
文部科学省 (2011). 『言語活動の充実に関する指導事例集【小学校版】』. 教育出版.
文部科学省 (2012). 『言語活動の充実に関する指導事例集【中学校版】』. 教育出版.
柳沢昌一 (1995). 問いと分かち合いの拡大と深化－学習共同体の漸成. 佐藤学（編）, 『教室という場所』(pp.155-184), 国土社.
矢野智司 (1996). 『ソクラテスのダブルバインド：意味構成の教育人間学』. 世織書房.
山住勝広・保坂裕子 (2000). 21世紀の活動理論へ－青山・茂呂論文に対するコメント－. 心理学評論, 43 (1), 105-108.
山田富秋 (1998). エスノメソドロジー. 廣松 渉ほか（編）, 『哲学・思想事典』(pp.155-156), 岩波書店.
吉村直道 (1994). 数学の授業におけるコミュニケーションに関する研究（Ⅳ）－個人的知識から共有される知識を目指した授業構成の実践とその考察－. 西日本数学教育学会誌「数学教育学研究」, 第20号, 87-99.
ランパート, M. (1995). 真正の学びを創造する－数学がわかることと数学を教えること－. 佐伯 胖・藤田英典・佐藤 学（編）, 『学びへの誘い』(pp.189-234), 東京大学出版会. (原著：Lampert, M. (1990). When the Problem is Not the Question and the Solution is Not the Answer：Mathematical Knowing and Teaching. American Educational Research Journal, 27(1), 29-63.)
Bauersfeld, H. (1995). "Language Games" in the Mathematics Classroom：Their Function and Their Effects. In P.Cobb & H.Bauersfeld (Eds.), The Emergence of Mathematical Meaning: Interaction in Classroom Cultures (pp.271-291). Lawrence Erlbaum Associates.
Blakemore, D. (1992). Understanding Utterances：An Introduction to Pragmatics. Basil Blackwell. (武内道子・山崎英一（訳）, 『ひとは発話をどう理解するか－関連性理論入門－』. ひつじ書房, 1994.)
Boaler, J. (1993). The Role of Contexts in the Mathematics Classroom：Do They Make Mathematics More "Real"?. For the Learning of Mathematics, 13 (2), 12-17.
Brown, J.S., Collins, A. & Duguid, P. (1989). Situated Cognition and the Culture of Learning. Educational Researcher, 18 (1). (杉木卓（訳）,「状況に埋め込まれた認知と, 学習の文化」, 安西祐一郎ほか（編）, 『認知科学ハンドブック』, 共立出版, 1992.)
Bruner, J. (1990). Acts of Meaning. Harvard University Press. (岡本夏木ほか（訳）, 『意味の復権』, ミネルヴァ書房, 1999.)

Cobb, P. (1999). Individual and Collective Mathematical Development : The Case of Statistical Data Analysis. Mathematical Thinking and Learning, 1 (1), 5-43.

Cobb, P. & Bowers, J. (1999). Cognitive and Situated Learning Perspectives in Theory and Practice. Educational Researcher, 28 (2), 4-15.

Cobb, P., Gravemeijer, K., Yackel, E., McClain, K. & Whitenack, J. (1997). Mathematizing and Symbolizing : The Emergence of Chains of Signification in One First-Grade Classroom. In D.Kirshner & J.A.Whitson (Eds.), Situated Cognition : Social, Semiotic, and Psychological Perspectives (pp.91- 119). Lawrence Erlbaum Associates.

Cobb, P., Wood, T. & Yackel, E. (1993). Discourse, Mathematical Thinking, and Classroom Practice. In E.A.Forman, N.Minick & C.A.Stone (Eds.), Contexts for Learning : Sociocultural Dynamics in Children's Development (pp.91-119). Oxford University Press.

Cobb, P. & Yackel,E. (1998). A Constructivist Perspective on the Culture of the Mathematics Classroom. In F.Seeger, J.Voigt & U.Waschescio (Eds.), The Culture of the Mathematics Classroom (pp.159-190). Cambridge University Press.

Cobb, P., Yackel, E. & McClain, K. (Eds.) (2000). Symbolizing and Communicating in Mathematics Classrooms : Perspectives on Discourse Tools, and Instructional Design. Lawrence Erlbaum Associates.

Cobb, P., Yackel, E. & Wood, T. (1989). Young Children's Emotional Acts While Engaged in Mathematical Problem Solving. In D.B.Mcleod & V.M.Adams (Eds.), Affect and Mathematical Problem Solving (pp.117-148). Springer-Verlag.

Davidson, N. (1990). Small-Group Cooperative Learning in Mathematics. In T.J.Cooney & C.R.Hirsch (ed.), Teaching and Learning Mathematics in the 1990s, NCTM.

Finnish National Boad of Education (2004). National Core Curriculum for Basic Education. FNBE.

Forman, E.A., Minick, N. & Stone, C.A. (Eds.) (1993). Contexts for Learning : Sociocultural Dynamics in Children's Development. Oxford University Press.

Hechman, P.E. & Weissglass, J. (1994). Contextualized Mathematics Instruction : Moving Beyond Recent Proposals. For the Learning of Mathematics, 14 (1), 29-33.

Kanemoto,Y. (2000). The Context in the Discussion Activities of Mathematics Classes. Proceedings of the 24th Conference of the International Group for the Psychology of Mathematics Education, Volume 1, 163.

Kirshner, D. & Whitson, J.A. (Eds.) (1997). Situated Cognition : Social, Semiotic, and Psychological Perspectives. Lawrence Erlbaum Associates.

Lee,Y. (1999). A Study on Collaborative Mathematical Problem Solving : Focusing on Emergent Goals Perspective. 日本数学教育学会第32回数学教育論文発表会論文集, 185-190.

Lee,Y. & Nohda, N. (2000). The Process of Collaborative Mathematical Problem Solving : Focusing on Emergent Goals Perspective. Journal of Science Education in Japan, 24(3), 159-169.

McLeod, D.E. (1988). Affective Issues in Mathematical Problem Solving: Some Theoretical Considerations. Journal for Research in Mathematics Education, 19 (2) , 134-141.

McLeod, D.E. (1992). Research on Affect in Mathematics Education: A Reconceptualization.

In D.A.Grouws (Ed.), Handbook of Research on Mathematics Teaching and Learning (pp.575-596). NCTM/Macmillan Publishing Co.

Mellin-Olsen, S. (1987). The Politics of Mathematics Education. D.Reidel.

Presmeg, N.C. (1992). Prototypes, Metahores, Metonymies and Imaginative Rationality in High School. Educational Studies in Mathematics, 23, 595-610.

NCTM (1989). Curriculum and Evaluation Standards for School Mathematics. NCTM.

NCTM (1991). Professional Standards for Teaching Mathematics. NCTM.

NCTM (2000). Principles and Standards for School Mathematics. NCTM.

Saxe, G.B. (1991). Culture and Cognitive Development : Studies in Mathematical Understanding. Lawrence Erlbaum Associates.

Saxe, G.B., Dawson, V., Fall, R. & Howard, S. (1996). Culture and Children's Mathematical Thinking. In R.J.Sternberg & T.Ben-Zeev (Eds.), The Nature of Mathematical Thinking (pp.119-144). Lawrence Erlbaum Associates.

Seeger, F., Voigt, J. & Waschescio, U. (Eds.) (1998). The Culture of the Mathematics Classroom. Cambridge University Press.

Sfard, A. (1994). Reification as the Birth of Metaphor. For the Learning of Mathematics, 14 (1), 44-55.

Sfard, A. (2000). Symbolizing Mathematical Reality into Being — Or How Mathematical Discourse and Mathematical Objects Create Each Other. In P.Cobb, E.Yackel & K.McClain (Eds.), Symbolizing and Communicating in Mathematics Classrooms (pp.37-98). Lawrence Erlbaum Associates.

Sfard, A. (2008). Thinking as Communicating : Human Development, the Growth of Discourses and Mathematizing. Cambridge University Press.

Sierpinska, A. (1995). Mathematics : "In Context", "Pure", or "With Applications"?. For the Learning of Mathematics, 15 (1), 2-15.

Silver, E.A. & Smith, M.S. (1996). Building Discourse Communities in Mathematics Classrooms : A Worthwhile But Challenging Journey. In P.C.Elliott & M.J.Kenney (Eds.), Communication in Mathematics, K-12 and Beyond (pp.20-28). NCTM.

Sperber, D. & Wilson, D. (1986). Relevance : Communication and Cognition. Harvard University Press. (内田聖二ほか (訳),『関連性理論-伝達と認知-』, 研究社出版, 1993.)

Wittmann, E. Ch. (1995). Mathematics Education as a 'Design Science'. Educational Studies in Mathematics, 29 (4), 353-374.

Wood, T. (1999). Creating a Context for Argument in Mathematics Class. Journal for Research in Mathematics Education, 30 (2), 171-191.

Yackel, E. (2000). Introduction: Perspectives on Semiotics and Instructional Design. In P. Cobb, E.Yackel & K.McClain (Eds.), Symbolizing and Communicating in Mathematics Classrooms (pp.1-13). Lawrence Erlbaum Associates.

Yackel, E. & Cobb, P. (1996). Sociomathematical Norms, Argumentation and Autonomy in Mathematics. Journal for Research in Mathematics Education, 27 (4), 458-477.

Yackel, E., Cobb, P. & Wood, T. (1999). The Interactive Constitution of Mathematical Meaning in One Second Grade Classroom : An Illustrative Example. Journal of Mathematical Behavior, 17 (4), 469-488.

Yokochi, K., Suzuki, M., Machida, S., Kanemoto, Y. et.al.（1993）. Educational Features and the Role of Computers in Japan. Zentralblatt für Didaktik der Mathematik, 25（2）, 67-75.

あ と が き

　岩崎秀樹先生に出会うことができました。学会でお目にかかることが多かったのですが，文部科学省の関係の仕事もご一緒させていただく機会もあり，いろいろな面で教えていただくことが多くありました。そのようなとき，自分の研究のまとめをしたいというようなことを迷いながらもご相談しましたら，背中を押していただき，博士学位論文の指導を受けることとなりました。本書は，「まえがき」でも述べましたが，博士学位論文「数学的コミュニケーションを展開する授業構成原理の研究」を出版に当たって加筆・修正したものです。
　まとめをすることは自分が研究職に就いてからを振り返ることになりますが，そこでこだわってきたものを底流に置きながら，特に埼玉大学に着任して以降に取り組んできた研究を学位論文としてまとめることにしました。

　大阪教育大学教育学部及び大学院教育学研究科において，阿部浩一先生の下で学び，思いがけなく教育研究職の道へと進むことになりました。鹿児島短期大学に赴任をしましたのは，1976年春のことです。それから10年を経て，福島大学教育学部に転任をし，そして，1991年に埼玉大学教育学部に着任をしました。
　学部・大学院の学生時代に読んだ阿部先生の論文に次のものがあります。
「数学教育『現代化』の発想と論理 − OEEC 報告とその分析 −」（1962）
「数学教育『現代化』の発想と論理（第2報）−アメリカの場合−」（1963）
「"heuristic" について」（1964）
「数学教育の『現代化』と発見学習」（1965）
　これらの論文を読んだ昭和40年代後半は，我が国でも「現代化」の学習指導要領が告示され，関心の広がりと高まりがあった時期です。もちろん，これは後から知ることになりますが，1960年代の後半は例えばアメリカでいえば「現代化」の軌道修正でスローラーナーへの取り組みが進められていた頃であり，1971年にはブルーナー自身「『教育の過程』再考」で「現代化」への反省と決別をしていくことになります。
　教育という取り組みを捉えるとき，その運動を時代的状況から切り離して捉えることはできないと思っています。阿部先生の1962年の論文に，次の記述を見ることができます。

　　「現代化とは，とりもなおさず，"現代"化であり，したがって，数学教育に限

定しても，現代について語ることは，現代のイメージを語ることにほかならない。しかし，現代化を推進しようとする人たちの視線は，未来への接点としての現在に向かってよりも，むしろ，過去の遺産をどう処理すべきかに，注がれているように見える。現代数学と学校数学との背離現象である。」(1962)

「この危機を解消するただ一つの手段は，学校数学の現代数学への積極的な接近のほかにはない。現代化論者のすべてに共通する発想の起点である。そして，この場合，現代数学のモデルが N. BOURBAKI の数学である。」(1962)

「現代化」は Bourbaki 化であったという指摘は重要になります。と同時に，なぜ Bourbaki でなければならないかは今でも問うておかなければならないことだと思います。阿部先生は，「Bourbakism は現代の科学技術の原因でもなければ，結果でもない。ある意味では，科学技術の世界における，数学のモンロー主義宣言でもある。現代化論者はつねに，科学技術に対する社会的要請を，現代化の第一の理由にあげるが，そこには，知能犯的な"すりかえ"が，無意識的にもせよ，行われているといわねばならない。」(1962)，「さきに，筆者は，西ヨーロッパにおける現代化を考察するにあたって，現代化されるべき数学教材の最終的イメージが，なぜ BOURBAKI の数学でなければならないか，を問わねばならなかった。西ヨーロッパに比べて，現代化がより政治的課題あるいは政策的課題であるアメリカの場合，同じ問いは，はるかに大きな疑問符をもって，投げかけられる必要がある。」(1963) と述べられ，次のように結論づけておられます。「アメリカの政治的，社会的条件下にあって，現代化の機能そのものが，どのように異質化していくかを見ることができたとともに，現代化がなぜ BOURBAKI 化でなければならなかったか，その内的必然性をついに見出しえなかったと思わざるをえない。」(1963) そして，最後に論文を次のように結んでおられます。1963 年のことです。

「現代アメリカ社会の嵐の中にあって，数学教育の現代化が，推進者たちの主観的な善意と気負いにもかかわらず，有効な結実をみないのではないかという印象を否定できないのである。」(1963)

数学教育研究をその内実とともに，時代の中で捉えることの重要さをずっと感じています。そのような立場で，今日にまで至っているように思います。そして，本研究は，今日の時代的状況の中で，言語とコミュニケーションに関する知見を生かして，理論的また実践的に進めてきたものです。

博士学位論文作成というアカデミズムの中での仕事の中でこのようなことをまとめることを認めていただいたのは，岩崎先生のおかげです。

岩崎先生に論文作成の指導を受けることに伴い，数学教育学の会（D.D.の会）に参加をさせていただきました。学位論文を目指す志を同じくする人たちとともに，互いに刺激し合い高め合うという機会に恵まれてきました。
　その過程で，平林一榮先生の指導を受ける機会を得ることができました。
　平林先生の論文を読むようになったのは，大学院生になる前後あたりから学術論文を読むようになってからです。その当時は，阿部浩一先生の下いろいろな文献を読んでいましたが，平林先生の「図的表記の言語性」(1969) という論文に出会ったときはショックを受け，夢中になりました。その後，鹿児島短期大学を経て，福島大学に勤めたときは，長期研修の先生といっしょに『数学教育の活動主義的展開』を読むことができました。いまでも時折線を引いて読み，付箋を付けたりしています。
　そのようにして文献でのみの遠い存在であった先生に，目の前でお話をお伺いし，指導を受けることができるようになりましたのはまことに有り難いことでした。しばらくは直接声をかけていただくこともなかったのですが，2011年3月の東日本大震災後のD.D.の会で，会が終わって帰るときに，「金本さん，放射能に気をつけて」と声をかけていただき，気遣っていただいたことをすごくうれしく覚えています。でも，それが最後になりました。
　平林先生からは，D.D.の会でたくさんご指導いただき，大切にしています。また，最後には，応援していただいていると（勝手にですが）感じていました。厳しくも温かいお言葉です。第1回D.D.の会での発表に対して指導していただいた中から少し記しておこうと思います。

　　「学位論文はacademic societyに属する。したがって，学習指導要領などは無視しないまでも，それを超えた論議を展開する必要がある。」
　　「数学は国語，外国語とともに，特定の事物を研究対象にしてはいない。それは単なる知識ではなく，知識獲得，ないしは，知識伝達のための知識である。ここに数学教育がコミュニケーションに関連する必然性がある。」
　　「文脈（context）とは何かという議論があったが，私はそれは，方向づけられた状位（oriented situation），あるいは思考の方向だと思う。さらに，状位（situation）とは何かと問われたら，問題の生起する場，思考（thinking）のはじまる舞台だといえよう。問題の生起していないときの状位（シツエーション）は，西田哲学でいわれる（恐らくDeweyからの借用かと思うが）『純粋経験』である。人生は『経験』の連続で，そこでの純粋経験とは，例えば，よい音楽に聞き惚れてほっとしている状態で，そこには，主客の区別はない（主客一如である）。ところが，『この音楽変だぞ』などということが起こると，問題が起きたことになり，状位は音楽を聴く主体と音楽という客体に分裂し，思考がはじまる。それがある方向

に持続されれば，そこには，文脈が生じたといえよう。人生は主客一如の経験の連続で，そこでは時には主客が分裂して問題が生じたり，それがまた一つに合体して問題が解決されたりする，そんな状位（situation）である……そんなことを考えながら論文を読ませていただいた。」

　（Bauersfeldの論文（1995）を示し）「そこでは，Wittgensteinの"Language Games"の概念が基礎になっているが，数学教育は言語学ないしは言語哲学との関連をもたないでは，学問になりえないことが分かるであろう。」

これらは文書でいただいたものでもあり，大切にしています。このような指導や助言を，岩崎先生が主宰されるD.D.の会で多くいただいてきました。

岩崎先生の論文を読んだり，D.D.の会でのご挨拶（そのほとんどは文章にされておられました）を聞いたりしながら，自分にはこのようなセンスのある文章は書けないなといつも思っておりました。岩崎先生の博士学位論文の序章にある「研究のねらい」の冒頭は，次のような文章です（岩崎，2007）。数学教育を学として展開するに当たっての視座について述べておられます。

　「数学という普遍的な性格をいくら強調したところで，数学教育が社会的・歴史的営為であることに変わりない。そのため数学教育を教員養成の教授法にとどめ，学と一線を画することに合理性がないわけではない。また数学教育学を「数学」と「教育学」といった異質な学問分野の安易な結合ないし妥協の産物とでもすれば，ますます学を標榜する根拠は希薄になるだろう。しかし一旦人間精神に内在する数学性を問題にするなら，人間を数学的に陶冶する視座から，数学教育を中心に据えた，いくつかの関連諸学の複合領域として，その知識体系の構築が始まると思う。」

そのような「知識体系の構築」の一部分を，岩崎先生の下で進めることができたと思っています。また，本書によって，学校現場での授業実践にとっての手がかりを提供することができたのではないかと思っています。

出版するに当たって，教育出版株式会社の阪口建吾氏をはじめ，同社の多くの人にお世話になりました。厚く御礼を申し上げます。

最後になりましたが，我を導きしすべての人々に感謝をいたします。

【著者略歴】

金本　良通（かねもと　よしみち）

1976（昭和51）年 3 月	大阪教育大学大学院教育学研究科数学教育専攻修了　教育学修士
1976（昭和51）年 4 月	鹿児島短期大学児童教育学科助手
1979（昭和54）年 4 月	鹿児島短期大学児童教育学科講師
1984（昭和59）年 4 月	鹿児島短期大学児童教育学科助教授
1986（昭和61）年10月	福島大学助教授教育学部
1991（平成 3 ）年 4 月	埼玉大学助教授教育学部・大学院教育学研究科修士課程
1996（平成 8 ）年 4 月	東京学芸大学助教授大学院連合学校教育学研究科博士課程併任
1997（平成 9 ）年 4 月	埼玉大学教授教育学部・大学院教育学研究科修士課程
1997（平成 9 ）年 4 月	東京学芸大学教授大学院連合学校教育学研究科博士課程併任
2002（平成14）年 4 月	埼玉大学教育学部附属幼稚園長併任（2005（平成17）年 3 月まで）
2008（平成20）年 4 月	埼玉大学教育学部附属教育実践総合センター長併任　　（2012（平成24）年 3 月まで）
2012（平成24）年 3 月	広島大学から学位論文提出による博士（教育学）の学位授与

数学的コミュニケーションを展開する授業構成原理

2014年 5 月12日　初版第 1 刷発行

著　者　　金本良通
発行者　　小林一光
発行所　　教育出版株式会社

〒101-0051　東京都千代田区神田神保町2-10
電話 03(3238)6965　振替 00190-1-107340

ⒸY.Kanemoto 2014
Printed in Japan
落丁・乱丁本はお取替えいたします。

印刷　モリモト印刷
製本　上島製本

ISBN 978-4-316-80383-8 C3037